우리가 예배하는 하나님

전례 신학 탐구

여호와께서 말씀하신다. "나는 내 백성이 부르짖는 소리를 들었다."

출애굽기 3:7 (각색함)

일러두기

• 〔 〕안의 내용 및 *표시된 각주는 독자의 이해를 돕기 위해 옮긴이가 추가한 것이다.

우리가 예배하는 하나님
: 전례 신학 탐구

2023년 5월 26일 초판 1쇄 발행

지은이 니콜라스 월터스토프
옮긴이 이민희, 김동규, 설요한
펴낸이 김지호

도서출판 100
전　화 070-4078-6078
팩　스 050-4373-1873
소재지 경기도 파주시 아동동
이메일 100@100book.co.kr
홈페이지 www.100book.co.kr
등록번호 제2016-000140호

ISBN 979-11-89092-38-2 03230

차례

〈에라스무스 총서〉를 발간하며

2023년 지금 우리는 인문학 위기를 넘어, 인문학 종언을 향해 가는 시대를 살고 있다. 연구자들은 설 자리를 잃고, 시간과 수고를 들여야 하는 인문학적 수련보다는 일회성 흥미를 유발하는 콘텐츠가 더 각광받고 있다. 특별히 깊은 사유의 기반이 되는 독서의 영역이 좁아지고 있는 현상은 현재 표면적으로 일고 있는 인문학 열풍과는 달리, 실제로는 위기에 처한 인문학의 현주소를 보여 주는 사례라고 할 수 있다. 이러한 위기는 신학에도 비슷하게 도래하고 있다. 시대의 위기를 극복하기 위해 지혜를 키워 가야 할 신학마저도 절대자를 위시한 고유한 진리에의 열망, 인문학자들마저 매료시킬 역사적 원천에 대한 탐구, 인간과 신의 화해를 향한 자유로운 사유의 실험보다는 실용적인 교회성장이나 교파주의를 강화하기 위한 방편으로 활용되는 경우가 많다.

이러한 위기 가운데, 인문학&신학연구소 에라스무스와 도서출판 100은 신학과 대화하는 인문학, 인문학과 대화하는 신학, 더 나아가서는 양자가 서로를 비판하고 전유하는 사유의 모험을 보여 주는 일련의 실험들을 〈에라스무스 총서〉라는 이름 아래 선보이고자 한다. 르네상스 인문주의를 대표하고, 종교개혁에도 지대한 영향을 미친 데시데리우스 에라스무스는 탄탄한 인문학적 사유를 기반으로 삼아 성서와 전통에 대한 풍요로운 이해를 보여 주었고, 교회를 존중하면서도 교회에 대한 신랄한 비판을 서슴없이 할 줄 알았던 세계인이었다. 그에게 철학을 비롯한 인문학은 일부 중세인들이 간주했던 것처럼 신학의 시녀가 아니었고, 일부 종교개혁의 후예들이 폄훼한 것처럼 신학의 장애물도 아니었다. 오히려 그는 탄탄한 인문학적 훈련과 사유를 겸비한 사람이었고, 그 속에서 성서 이해와 신학이 풍요롭게 발전할 수 있음을 알았으며, 이러한 인문주의적 신학을 그의 생애 동안 몸소 보여 주었다.

〈에라스무스 총서〉가 지향하는 바도 큰 틀에서 탁월한 인문주의자 에라스무스가 시도했던 모험을 따른다. 우리는 성서와 전통에 대한 협소한 교파주의적 이해나 일부 인문학자들이 보여 주는 신학 자체에 대한 무시 내지 몰이해를 넘어, 양자 간 자유로운 대화와 비판적 전유를 보여 주는 탁월한 연구자들의 성과를 총서 기획 속에 편입시켜 세상에 선보이고자 한다. 여기에는 저명한 외국 학자들의 작품은 물론이고 참신한 생각을 가진 국내 학자들의 성과가 함께 들어갈 것이며, 인문학적 사유가 탄탄하게 배어 있는 전문 학술서부터 독자들이 다소간 접근하기 쉬운 대중적인 학술서에 이르는 다양한 형태의 연구 성과들이 포함될 것이다. 이러한 시도는 인문학과 신학의 위기 속에서도 학문적 상상력과 인내 어린 성찰을 지속하려는 사람들의 작은 소망을 지켜 나가는 운동이 될 것이다. 인문학&신학연구소 에라스무스와 도서출판 100의 우정의 연대를 통해 시작한 이러한 기획이 꾸준하게 결실을 맺음으로써, 한국 사회와 교회 안에 새로운 이론적 성찰의 가능성을 제안하기를 간절히 염원한다.

인문학&신학연구소 에라스무스

도서출판 100

시리즈* 서문

〈칸처 계시 신학 강연〉은 자연신학을 다루는 그 유명한 기포드 강연에 상응하는 복음주의적 강연이 되고자 한다.

기포드 강연은 1885년 애덤 기포드 경의 유언을 따라 넉넉한 지원으로 설립되었으며, 또한 그는 유언에 스코틀랜드의 네 대학교에서 번갈아 가며 강연을 열라고 명시했다.

기포드 강연은 처음부터 과학, 철학, 자연에 기초하여 하나님에 대한 지식을 추구하도록 준-제도적인, 대학교 기반의 틀을 제공해 왔다. 전체적으로 볼 때, 기포드 강연은 20세기의 가장 중요한 지적 경향에 대한 기록으로 이루어져 있다. 하지만 기포드 경은 강연자들이 "진리의 진실된 연인이자 진리를 쫓는 성실한 탐구자들"이 되기를 바란다고 했음에도 또한 강연자들이 각자 맡은 주제를 "소위 기적적 계시 내지 특별한 예외로 가정된 것을 언급하거나 의존하지 않은 채 무한한 존재에 대해 … 엄밀한 자연과학으로" 다루라고 명시했다.

• 이 책은 원래 〈칸처 계시 신학 강연〉(The Kantzer Lectures in Revealed Theology) 시리즈 중 하나다. 한국어판에서는 〈에라스무스 총서〉로 선정하여 출간한다.

모든 사람이 "좋은 삶의 기저에 자리한" 하나님에 대한 지식으로 부터 유익을 얻어야 한다고 한 기포드 경의 전제에 동의하면서도, 칸처 강연은 기포드 강연이 멈추는 자리에서 시작한다. 즉 하나님의 말씀에 자리한 하나님에 대한 지식, 구원의 역사에서 삼위일체 하나님의 자기-현전, 예수 그리스도의 인격과 역사에서 정점에 이르는 성서의 증거에 계속해서 초점을 맞추는 데서 시작한다는 말이다.

계시 신학을 다루는 이 강연의 명칭을 고 케네스 칸처(Kenneth S. Kantzer, 1917-2002)의 이름에서 따온 것은 심히 적절하다. 칸처 박사의 경력은 북미 복음주의가 다시 용솟음치는 과정 전반에 걸쳐 있었고, 이 과정을 자극한 요인 중 하나였다. 칸처 박사는 휘튼 칼리지에서 17년간 성서신학 및 조직신학 교수로 재직했고, 트리니티 복음주의 신학대학원 총장직을 15년 이상 역임했으며,『크리스 채너티 투데이』편집장을 맡기도 했다. 1984년에 그는 트리니티 신학대학원으로 돌아와 여기서 마침내 신학 연구 박사 과정 프로그램의 첫 번째 책임자가 되었다. 이 각각의 역할에서 칸처 박사는 신학이 교회에 봉사하기를 바라는 마음에서 우러나오는 열망으로 동기를 부여받았다. "성서는 교회에 주어졌고, 신학은 교회의, 교회에 의한, 교회 안에서, 교회를 위한 필수 사역이다."

칸처 박사의 가장 중요한 유산은 금전적 유산이 아니라 신학교, 곧 트리니티 복음주의 신학대학원이었다. 중도적인 복음주의 신학의 신념과 학문적 탁월성을 향한 헌신을 결합하는 게 그의 비전이었다. 그의 관심은 복음주의자들이 부전공보다는 전공을 전공하도록 돕는 것이었다. 그런 의미에서 그는 '가톨릭 복음주의'의 전형이었다. (그는 교회 전통의 역할이 "신앙에서 만형이 맡는 역할과 같다"고 쓴 바 있다.) 칸처 박사는 자애로운 마음으로 경청한 다음에만 비판할 수 있다는 품격 있는 태도의 전형이었다. ("차이가 반드시 모순인 것은 아니다.") 한 예로 그는 칼 바르트에게 배우고자 바젤로 갔던 최초의 복음주의자 중 하나였다. 또 그는 하버드 대학교에서 박사 학위 과정을 마쳤고, 거기서 장 칼뱅의 신학에서의 하나님 지식에 초점을 맞추어 박사 논문을 썼다. 그러므로 그가 자기 일생의 전성기를 바쳤을 뿐만 아니라 열정, 에너지, 지혜를 쏟아부은 기관에 칸처라는 이름이 새겨진 강연이 자리하는 것은 적합한 일이다.

칸처 강연은 사회학자 앨런 울프(Alan Wolfe)가 저서 『미국 종교의 변형』(*The Transformation of American Religion*)에서 "교회 내 교리의 기이한 실종"이라고 표현한 것에 대해 말한다. 너무나도 자주 성서적·신학적 교리는 규준이 되는 성서보다 현대 대중문화의 규준에서 더 많이 도출된 치유적 지식이나 관계적 지식이나 경영적 지식에 의해 폐기되거나 망각되어 왔다.

칸처 강연은 교회 내 신학의 위기를 다룬다. 특히 이 강연은 신학이 현실의 삶에 부적절하고 무관하다는 강력하면서도 전적으로 부당한 편견에 맞선다. 강연은 계시 신학에서 파생된 하나님 지식이 정말로 실제적임을 보여 줌으로써 이를 수행한다.

칸처 강연의 특별한 초점은 성서로부터 교리가 발전하는 것, 그리고 교리가 하나님에 대한 **살아 있는** 지식을 일으키는 방식에 있다. 지금 교회가 살아가는 점점 더 복잡해지는 세계를 고려할 때, 그리스도교의 지혜보다 더 실제적인 것은 찾기 힘들다. 따라서 강연의 목적은 교회의 정보 더미—누가, 무엇을, 어디서—를 더하는 게 아니라 교회의 지혜와 이해를 더하는 것, 곧 교회의 증인과 지복을 더하는 것이다. 계시 신학은 난해하거나 쓸모없는 지식을 다루지 않는다. 신학은 사소한 추구가 아니다. 그와 반대로 칼뱅과 칸처 모두 주장하듯이 하나님에 대한 지식은 본질적으로 자기 이해와, 그리고 하나님의 영광 가운데 잘 사는 법을 아는 일과 연결되어 있다.

복음주의 신학이 우리 시대의 교회에 건설적으로 이바지한다면, 그 기여는 그리스도교적 사유와 삶을 예수 그리스도의 복음의 현실성 안에 뿌리내리려는 열정이다. 다만 계시 신학에 초점을 맞추는 것은 고대 팔레스타인의 모래에 우리 머리를 파묻는 게 아니라 삼위일체 신앙을 원천으로 하여 우리 시대의 가장 시급한 도전에 접근하는 것이다. 칸처 강연은 이해를 추구하는 신앙 프로젝트와 이 이해를 실제화하는 데 헌신하는 저명한 신학자들을 연사로 하여, 위와 같은 식의 그리스도교적 사유를 위한 플랫폼을 제공한다. 그러므로 〈칸처 계시 신학 강연〉의 소임은 지혜를 얻는 일, 이해를 얻는 일, 그리스도의 마음을 얻는 일이다.

토머스 H. 맥콜

더글라스 A. 스위니

케빈 J. 밴후저

감사의 말

2013년 가을, 나는 일리노이주 디어필드에 있는 트리니티 신학교 (Trinity Evangelical Divinity School)에서 〈칸처 계시 신학 강연〉을 했다. 이 논고는 그 강연의 원고를 수정한 것이다. 트리니티 신학교에 감사를 전한다. 초청받아 강연할 수 있는 영예를 선사해 주었고, 캠퍼스에 있을 때 남다른 환대를 베풀어 주었으며, 매번 강연 후 질의응답 시간에는 학생들과 교수들이 예리하고 도움 되는 의견을 주었다. 또한 매튜 푸퍼(Matthew Puffer)가 조직한 버지니아 대학교의 학생 그룹에도 감사드린다. 그들은 강연 초안을 읽고 도움이 되는 여러 의견을 제시해 주었다. 마찬가지로 이 강연 원고를 읽고 여러 의견을 말해 준 테런스 쿠니오(Terence Cuneo)에게도 고마운 마음을 전한다.

1

프로젝트: 전례 신학

신학은 여러 가지 구성으로 나타난다. 아퀴나스는 『신학대전』에서 신학을 자신이 학문―라틴어 *scientia*―의 요건으로 간주한 것에 적합하도록 구성했다. 그는 이 특수한 *scientia*의 대상, 즉 하나님이라는 대상의 현존에 대한 증명으로 논의를 시작했다. 아퀴나스는 실재가 너무 구조화되어 있어서, 자신과 동일하지 않은 모든 것의 무조건적 조건이 되는 어떤 것이 존재해야 한다고 주장했다. 우리는 모두 이를 '하나님'이라고 부른다고 그는 말한다. 하나님이 하나님 자신과 동일하지 않은 모든 것의 무조건적 조건이라는 사실은, 아퀴나스가 논증한 긴 연역의 사슬 속에서, 하나님은 단순하고, 완전하며, 선하고, 무한하며, 불변하고, 영원한 등등의 존재임을 함축한다.

칼뱅이 『기독교 강요』에서 발전시킨 신학은 그 구성이 매우 달랐다. 그 신학에서는 칼뱅이 '경건'이라고 부르는 것을 독자들이 함양하도록 성서 해석법을 제시했는데, 여기서 경건은 하나님의 "유익에 대한 지식이 불러일으킨, 하나님에 대한 사랑과 경외심의 결합"(*Institutes*, I.ii.1)으로 이해되었다.[1] 아퀴나스가 신학에 부여한 구성에는 하나님의 단순성에 대한 교리가 중요한 자리를 차지하는 것처럼 보이는 반면, 칼뱅의 신학 구성에서는 그것이 전혀 중요해 보이지 않는다.

공의회(conciliar) 신학 내지 **신경**(creedal) 신학이라고 부를 수 있는 여러 신학이 있다. 이는 초기 에큐메니컬 공의회에서 논의되고 결정되었으며 니케아신경과 사도신경에 요약된 기본적인 주제 교리로 받아들여진 것으로, 삼위일체 교리와 성육신 교리가 그 가운데서 가장 우선시된다. 또 다른 신학은 **신앙고백적**(confessional) 신학이다. 이는 종교개혁의 신앙고백 가운데 이런저런 고백에서 공식화된 기본적인 주제 교리로 받아들여진 것으로, 선택 교리와 칭의 교리가 그 가운데서 주요한 교리로 여겨진다. 그리고 수 세기에 걸쳐 인식론적 관심을 염두에 둔 여러 신학은 계시를 가장 중요한 신학 범주로 삼았다.

『그리스도교 신앙』에서 슐라이어마허의 신학은 그가 "종교적 자기의식"(self-consciousness)이라고 부른 데서 출발하여 형성되었다. 『교회 교의학』에서 칼 바르트의 신학은 "교의학은 하나님에 대한 교회의 독특한 담화(talk)와 관련한 그리스도교 교회의 학문적 자기 검증(self-examination)이다"[2]라는 도입부 선언으로 형성되었으며,

---

[1]   내가 사용하는 *Institutes* 번역본은 포드 루이스 배틀즈(Ford Lewis Battles, Philadelphia: Westminster Press, 1960)가 번역한 판본이다. 인용구는 p. 41. 『기독교 강요』(CH북스).

그 독특한 담화의 내용은 바르트가 주장한 대로 하나님의 말씀, 즉 그리스도이다.

그리스도교 신학에 대한 논고를 작성하는 사람은 누구나 자신의 마지막 문장으로 "이것이 우리 그리스도인이 예배하는 하나님이다"라고 쓸 수도 있을 것이다. 아퀴나스가 『신학대전』의 마지막 문장으로, 칼뱅이 『기독교 강요』의 마지막 문장으로, 슐라이어마허가 『그리스도교 신앙』의 마지막 문장으로 이 말을 썼어도 적절했을 것이다. 그리스도교 신학은 그리스도인이 예배하는 하나님에 관한 것이다. 다른 것은 없다. 그리스도교 신학자들이 글로 쓰는 하나님과 그리스도인들이 예배하는 하나님이라는 두 하나님이 있는 것이 아니다.

『우리가 예배하는 하나님』을 나의 연구 주제로 설정하는 데 있어, 나는 글의 맨 마지막 대목에 "이것이 그리스도인들이 예배하는 하나님이다"라는 문장을 첨가할 수 있는, 앞서 언급한 이런저런 구성을 갖춘 조직신학을 발전시킬 생각은 하지 않았다. 나는 예배에 대한 언급을 추가하기보다 예배로 시작할 것이다. 그리고 지나가는 말로 예배를 언급하기보다는 그리스도교 예배에 함축된 하나님 이해를 명시적으로 드러내는 것을 목표로 삼을 것이고, 그다음 몇 가지 점에서 그 이해를 정교하게 표현하기를, 즉 그것을 설명하고 발전시키며 상세히 기술하고 변호하기를 목표로 삼을 것이다. 나의

---

2   Karl Barth, *Church Dogmatics*, Volume 1, Part 1: *The Doctrine of the Word of God*, ed. T. F. Torrance, trans. G. W. Bromiley (Edinburgh: T&T Clark, 1975), p. 3. 『교회 교의학』(대한기독교서회).

프로젝트는 전례 신학이다.

이렇게 나의 프로젝트는 칼 바르트의 『교회 교의학』의 프로젝트와 유사하면서도 꽤 다르다. 바르트도 그리스도교 전례에서 논의를 시작한다. 하지만 바르트는 그가 하나님에 대한 말(speech)로 이해한 선포보다 전례에 더 많은 것이 있음을 인정하면서도 오로지 선포에만 초점을 맞춘다. 그리고 그 선포가 설교(preaching)와 성사(sacraments)에만 있지 않음을 인식하면서도 그것들에만 초점을 맞춘다. 그 둘 중에서 가장 크게 이목을 끄는 것은 설교다. 바르트에게 교의 신학은 본질적으로 교회의 설교 내용에 대한 비판적 반성이었다.

바르트가 설교에 집중한 반면, 나는 전례 전체에 관심을 둘 것이다. 그리고 바르트는 신학을 신학자들의 작업을 통해 교회가 교회의 선포 내용에 대한 비판적인 학적(*Wissenschaftlich*) 자기-검토를 수행하는 장소로 보았지만, 내가 이해하기로 전례 신학은 교회가 신학자들과 철학자들의 작업을 통해 전례 안에 암시되고 명시되어 있는 신학이라는 자기-이해에 이르는 장소다. 전례 신학자는 교회를 대신해서 전례 신학에 이러한 검토가 필요해 보일 때 비판적으로 자유롭게 검토한다. 하지만 전례 신학은 무엇보다도 전례에 대한 교회의 자기-검토가 아니라 전례 안에 암시되고 명시되는 신학에 대한 교회의 자기-검토다.

이런 점에서 전례 신학은 내가 **공의회** 신학 또는 **신경** 신학이라고 부르는 것과 비슷하다. 나는 아우구스티누스의 『삼위일체론』을 이런 종류의 신학 패러다임의 예로 받아들인다. 그 책에서 아우구스티누스는 교회의 신경과 공의회적 선언에서 삼위일체에 대해 말하는 부분을 정교하게 표현하고 있다. 다시 말해 그는 일차적으로 그 신경들과 선언들에 공식화된 삼위일체 교리를 비판적으로 검토하지 않는다. 그는 설명하고 발전시키고 정교하게 기술하면서 그 교리를 변호한다. 이 책 「후기」에서는 전례 신학이 공의회 신학이나 신경 신학과 유사함에 대해 더 많은 이야기를 할 것이다.

그리스도교 전례란 무엇인가?

내가 전례 신학의 프로젝트를 어떻게 이해하고 있으며, 왜 그 신학을 착수할 가치가 있다고 생각하는지 더 자세히 설명하기 위해, 그리스도교 전례의 본질에 대한 몇 가지 비평으로 논의를 시작해야 한다. 물론, 엄밀히 말해 **유일한** 그리스도교 전례 같은 것은 없다. 복수의 그리스도교 **전례들**이 있을 뿐이다. 그러나 정교회, 가톨릭 교회, 성공회, 루터파 교회, 개혁파 교회, 장로교회 등의 전례 가운데는 다수의 수렴 지점이 있다. 나는 이 전례들 가운데 기이한 특색 말고 유사성과 관련한 수렴 지점에 초점을 맞출 것이다. 이번 장 마지막 부분에서는 왜 내가 다른 것들보다 이 특수한 전례들 사이의 수렴 지점에 초점을 맞추기로 했는지 설명할 것이다.

내가 판단하기에 러시아 정교회 신학자 알렉산더 슈메만(Alexander Schmemann)은 20세기 정교회 최고의 전례 신학자였고, 많은 이가 나와 생각을 공유한다. 슈메만은 『전례 신학 입문』[3]을 여는 장에서 19세기 후반 및 20세기 전반에 정교회, 가톨릭, 개신교의 여러 분파에서 일어났던 전례 갱신 운동을 이야기하면서 이렇게 말한다. 그 운동의 "실체는 교회의 삶인 예배의 진정한 발견에 있으며, 그리스도의 몸인 교회의 본성을 영원하게 현실화하는 공적 행위에 있다"(p. 12). 그다음 장에서는 정교회에 대해 더 구체적으로 이야기하면서 그는 이렇게 말한다. "정교회의 예배는 질서를 따라, 즉 확실한 규례를 따라 행해진다"(p. 28). 이번 장의 이어지는 전례 해설에서, 나의 목표는 슈메만이 여기서 말하는 것을 우리가 이해할 수 있는 지점에, 그리고 그것이 정교회 전례만이 아니라 그리스도교 전례 일반에도 적용됨을 이해할 수 있는 지점에 이르는 것이다.

우선 전례의 **존재론**이라고 불릴 수 있는 것에 관한 몇 가지 비평으로 논의를 시작해 보자. 전례의 존재론은 우리가 처음에 추측하는 것보다 더 복잡한 것으로 판명된다.

'전례'라는 용어는 종종 텍스트를 지칭하기 위해 사용된다. 이 용례에서 전례는 우리 수중에 쥐고 있을 수 있는 어떤 것이다. 이것은 이 용어를 사용하는 완벽하게 올바른 방법이다. 하지만 19세기와 20세기의 전례 갱신 운동에 참여했던 사람들이 '전례'라는 용어를 사용했을 때, 그것은 대개 그들이 언급하고 있는 이런저런 텍스트를 뜻하지 않았다. 전례 텍스트는 그 텍스트 자체를 위해서가 아

---

3   Alexander Schmemann, *Introduction to Liturgical Theology* (Crestwood, NY: St. Vladimir's Seminary Press, 1966). 이후 이 책 인용 면수는 본문에 표기할 것이다.

니라 전례의 상연(enactment)을 위해 존재한다. 텍스트는 드라마 텍스트가 드라마 공연을 안내하고 악보가 음악 작품의 공연을 안내하는 것과 같은 방식으로 전례의 상연을 안내한다. 슈메만이 전례가 교회를 **현실화한다**고 말할 때 염두에 둔 것은 전례의 상연이다.

반면에 그가 정교회 전례를 언급할 때 염두에 둔 것은 특수한 전례의 상연이 아닌 다른 것이다. 무엇인가? 그는 수백 년 동안 다양한 장소에서 매 주일 사소한 변주만 있을 뿐 반복해서 상연된 무언가를 가리키고 있다.

반복해서 다양하게 상연될 수 있는 것은 모두 보편적이다. 정교회 전례는 보편적이다. 더 구체적으로 말해, 그것은 유형(type), 그 상연이나 예시(instantiation)가 특정 종류의 행위들의 연속으로 구성되는 유형이다. 그리고 우리 시대의 가톨릭 전례, 우리 시대의 다양한 성공회 전례, 우리 시대의 다양한 장로교 전례 및 다른 모든 전례도 그러하다. 무엇보다, 그것들은 반복해서 상연할 수 있다. 무엇보다, 그것들은 보편적이다. 무엇보다, 그것들은 특정 종류의 행위들의 순차적 배열(sequence) 유형이다.

이런 순차적 배열 유형 중 하나를 구성하기 위한 행위에는 언제나 다양한 종류의 신체적 행위가 포함된다. 집회에서 전례를 상연할 때, 집회에 모인 이들은 그들의 신체로 뭔가를 행한다. 이러한 신체적 행위 가운데 두드러지는 것은 듣기, 말하기, 노래하기다. 그러나 이런 것들이 두드러진다고 해서 서기, 무릎 꿇기, 행렬하기, 십자성호 긋기, 빵과 포도주를 나누기, 빵을 먹고 포도주를 마시기,

물 뿌리기, 물 끼얹기, 눈 감기, 헌금함에 돈을 투함하기, 손 씻기, 입 맞추기, 부복하기 등 다른 많은 행위가 있음을 간과하지 말아야 한다.

반면에, 그리스도교 전례의 상연에서 수행된 모든 행위가 신체적 행위인 것은 결코 아니다. 많은 신체적 행위 수행이 신체적이지 않은 행위 수행으로 여겨지기 때문에 대체로 이는 사실이다. 요한네스 크리소스토무스의 정교회 전례 영어판을 보면, 상연의 도입부에서 성직자는 다음과 같이 공언한다. "성부와 성자와 성령의 나라는, 이제와 항상, 또 영원히 복되도다." 성직자가 이 말을 공언하는 것이 곧 신체적 행위다. 성직자는 자신의 입과 성대를 사용하여 그 행위를 수행한다. 그러나 그 말을 공언한 그의 신체적 행위 수행은 다른 무언가를 하는 것, 즉 거룩한 삼위일체의 나라를 송축하는 것으로 **간주된다**. 그리고 이 송축 행위는 신체적 행위가 아니다. 이 점은 5장에서 발전시킬 것이다.

내 생각에, 전례의 존재론에 관하여 다음으로 제기할 점은 우선 음악에 대한 약간의 관찰을 한 다음 음악과 전례의 유사성을 지적함으로써 가장 잘 제시될 수 있다. 작곡가가 곡을 만들기 위해 악보를 쓸 때, 그가 본질적으로 하는 일은 올바른(correct) 음악 공연을 위한 일군의 규칙들을 제정하는 것이다. 이제 음악 공연이 올바르게 공연되는 새로운 방법이 생겼다. 그러나 작곡가가 악보에 쓴 내용이 규칙 전체를 명시하고 있지는 않다. 작곡가는 그 시대의 음악 문화에 내재된 올바름(correctness)에 대한 어떤 규칙들—예컨대 바이올린

연주에서 올바름을 위한 규칙들―을 항상 당연한 것으로 받아들인다. 작곡가가 도입한 올바름 규칙의 총집합, 즉 악보에 명시한 규칙과 그가 당연하게 받아들인 규칙을 통틀어 그 작곡의 **대본**(script)이라고 부르겠다. 물론 이는 '대본'이라는 단어의 일상적 의미를 길게 풀어놓은 것이다.

작곡가가 작곡한 음악 작품 자체는 대본을 구성하는 일군의 규칙과는 구별되는 특정 종류의 소리들이 순차적으로 배열된 유형이다. 구체적으로, 음악 작품은 작곡가가 제정한 올바름 규칙을 충실히 따랐을 때 예시되는 소리들의 순차적 배열 유형이다. 그것은 올바른 공연에서 예시되는 특정 종류의 소리들의 순차적 배열 유형이다. 음악 작품은 다양한 공연에서 예시될 수 있기 때문에 보편적이다.

우리가 음악에 대해 생각하고 이야기할 때 사용하는 개념성의 중요한 부분은, 음악 작품이 올바르게 공연될 수 있을 뿐만 아니라 올바르지 않게 공연될 수도 있다는 것이다. 작곡가가 제정한 올바름 규칙을 충실히 따르지 않을 때 음악 작품은 올바르지 않게 공연된다. 작품을 올바르지 않게 공연한 것도 여전히 작품을 공연한 것이다. 반면, 공연의 올바름 규칙인 대본에서 너무 멀리 벗어나서 그건 전혀 그 작품을 공연한 게 아니라고 판단하는 경우도 가끔 있다.

대본에 상응하는, 그리고 대본이 규정하는 음악 작품에 상응하는, 음악가 입장에서의 특정한 노하우가 있다. 구체적으로는, 작품을 올바르게 공연할 줄 아는 노하우와 이를 넘어 작품을 훌륭하게 공연하는 방식을 아는 노하우가 있다. 우리의 음악 문화에서, 한 작품을 올바르고 훌륭하게 연주하는 법을 아는 것은 넓은 범위의 작품을 올바르고 훌륭하게 연주하는 방법을 아는 것에 따라온다.

어떤 노하우는 자기 혼자 사용할 수 있고 다른 사람에게 딱히 전달하지는 않는 정도의 것이다. 내가 컴퓨터를 켰을 때 뭔가 문제가 있었다. 나는 컴퓨터를 작동시키는 우회법을 혼자서만 발견했을 뿐, 내 노하우를 다른 사람에게 전달할 기회는 없었다.

음악은 매우 다르다. 젊은 예비 음악가는 특정 범위의 음악 작품을 올바르고 훌륭하게 공연하는 노하우를 스스로 터득하지 못한다. 그는 이 특별한 노하우를 연습하기 위한 사회적 실천에 참여함으로써 노하우를 습득한다. 그런 노하우를 가진 다른 사람들도 있다. 음악적 노하우는 공유된 노하우다. 그 노하우는 이미 노하우를 가지고 있는 사람들에게서, 젊은 예비 음악가들이 얻는다. 음악적 노하우는 전해진다. 거기에 음악적 노하우의 전통이 있다. 더 정확히 말하면, 복수의(plural) 전통들이 있다.

이 점들을 염두에 두고 이제 전례를 살펴보자. 몇몇 전례 텍스트, 이를테면 성공회의 『성공회 기도서』(Book of Common Prayer)에 포함된 거룩한 감사성찬례 1형식 텍스트를 고찰해 보자. 그 텍스트는 올바른 전례의 상연을 위한 일군의 규칙들을 명시한다. 하지만 음악 악보가 결코 음악 공연에 대한 올바름 규칙 전체를 명시하지 않는 것처럼, 거룩한 감사성찬례의 1형식 전례 텍스트도 상연을 위한 완전한 일군의 규칙을 명시하지 않는다. 즉, 어떤 규칙은 성공회 교회의 전례 문화에서 발견되어야 한다. 음악의 경우와 같이, 올바른 전례 상연을 위한 완전한 일군의 규칙, 즉 전례 텍스트에 명시되어 있는 규칙과 관련된 전례 문화에서 발견되는 규칙을 통틀어 전례를 위한 **대본**이라고 부르자.

음악을 논할 때, 몇몇 음악 작품에는 악보가 없으며 있었던 적도 없다고 할 수도 있겠다. 일군의 올바름 규칙 전체는 그 음악 문화의 해당 부분에서 찾을 수 있다. 전례도 마찬가지다. 어떤 전례에는 텍스트가 없으며 있었던 적도 없다. 올바름 규칙이 기록된 적이 없다. 하지만 일군의 규칙 전체를 관련된 전례 문화에서 발견할 수 있다. 대본의 어떤 부분도 기입된 적이 없다. 그런데 내가 논의할 전례는 그런 종류의 것이 아니라, 각 전례마다 많은 대본이 기입되어 있는 것이다.

성공회 교회에서 "거룩한 감사성찬례 1형식"으로 지정한 성찬 전례는 그 전례의 대본과 구별되는 것으로, 올바른 상연이 이루어지도록 전례의 대본이 충실히 지켜질 때 예시되는 특정 종류의 행위들이 순차적으로 배열된 유형이다. 음악과 마찬가지로, 우리가 전례에 대해 사유하고 이야기할 때 사용하는 개념성의 중요한 부분은 전례가 올바르게 상연될 수 있을 뿐만 아니라 올바르지 않게 상연될 수도 있다는 것이다.

음악 작품 공연에 참여하는 것이 대본에 따라 규칙이 지배하는 행위들을 수행하는 것처럼, 전례의 상연에 참여하는 것은 대본에 따라 규칙이 지배하는 행위들을 수행하는 것이다. 이것이 바로 슈메만이 "정교회의 예배는 확실한 규정들을 … 따라서 행해진다"고 말했을 때 그가 암시하던 바다. 슈메만이 정교회 전례에 대한 "규정들"이라고 부른 것이 내가 **대본**이라고 부른 것이다. 그리고 정교회 전례 자체가 바로 이 올바름 규칙들이 대본으로 역할 하는 전례다. 정교회 전례는 이러한 대본을 충실히 따르면서 상연되는 전례다.

전례를 위한 대본에 상응하고 그 특수한 일련의 올바른 규칙이 규정하는 전례 자체에 상응하는, 그 전례를 상연하는 데 참여하는 사람들의 특정 노하우가 있다. 구체적으로는, 전례를 올바르게 상연하는 법을 아는 노하우와 그것을 넘어 전례를 훌륭하게 상연하는 법을 아는 노하우가 있다. 이 전례의 노하우는 그것이 덜 일반화된 노하우라는 점에서 그에 상응하는 음악적 노하우와는 다르다. 숙련된 피아니스트는 자신의 노하우로 베토벤 피아노 소나타 Op. 106과 슈베르트 소나타 D. 960을 모두 연주하는 방법을 아는 위치에 있다―물론 이 곡들을 연주해 본 적이 없다면 자신의 노하우를 발휘하기 위해 약간의 운지 연습을 해야 할 수도 있지만 말이다. 전례는 그렇지 않다. 전례의 노하우는 특정 전통에 접근하는 것이다. 성공회 교회의 1형식 상연에 참여하는 노하우를 가지고 있다면 2형식 상연에 참여할 노하우도 갖고 있는 것이다. 그러나 성공회 전례 중 하나 또는 다른 것의 상연에 참여할 수 있게 하는 노하우가 요한네스 크리소스토무스의 정교회 전례의 상연에 참여할 수 있게 하는 노하우는 아니다. 당연히 노하우가 전혀 없는 것은 아니다. 하지만 이전에 정교회 전례의 상연에 한 번도 참여한 적이 없다면, 주위를 둘러보고 어떻게 전례가 행해지는지 관찰하는 게 우선이다.

그렇더라도, 전례는 이 노하우를 실행하기 위한 사회적 실천에 가담함으로써 어떤 특수한 전례의 노하우를 습득한다는 점에서 음악과 같다. 문제의 노하우를 소유한 다른 이들이 있다. 전례의 노하우는 공유된 노하우다. 또한 노하우는 노하우가 없는 사람들이 전례를 행하는 사람들에게서 습득하는 것이다. 전례의 노하우는 전해진다. 거기에는 특수한 전례 노하우의 전통이 있다.

원리적으로 사람들은 아무 대본도 따르지 않고 모종의 사회적 실천으로 인도됨으로써 어떤 적절한 노하우를 습득하지 않고도 하나님을 예배할 수 있다. 그러나 이런 일이 처음에 생각했던 것보다 자주 일어나는 것 같지는 않다고 생각한다. 우리 대부분은 거의 모두 하나님을 예배하면서 대본을 따르며, 적어도 우리는 우리의 노하우를 다른 사람들에게서 습득했다. 그럼에도, 누군가는 신약성서에서 나온 몇 구절을 읽고 그가 읽은 하나님을 예배하되 올바름을 위한 어떤 규칙도 따르지 않고 예배하는 행위를 시작할 수도 있고, 그리스도인들이 서로에게 물려준 하나님을 예배하는 방법에 대해 완전히 무지한 사람도 있을 것이다.

만약 이것이 옳다면, 그리스도교의 전례 행위는 그리스도교 예배의 한 종(species)—극도로 두드러진 종, 하지만 실제로는 종에 불과한—으로 가장 잘 생각될 것이다. 예배 행위는 대본화되어 있을 때 전례적이다. 대부분의 전례적 예배는 공동체적이다. 예배에 관해 이야기할 때, 슈메만은 오로지 공동 예배에만 관심을 둔다. 하지만 방금 설명한 것처럼 예배는 공동체적일 필요가 없다. 사적 헌신으로 대본을 따를 수도 있다. 많은 사람이 그렇게 한다. 나는 그리스도교 예배란—반복하건대—대본에 따른 예배 행위의 수행일 때 전례적인 것이라고 제안한다.

중국 여행을 하면서 몇몇 젊은 중국 그리스도인을 알게 되었다. 내가 아는 한, 그들에게는 예배가 그리스도인의 삶의 일부가 아니었다. 내가 아는 한, 그들에게 그리스도교는 이웃 사랑을 포함하는 종교적 방향 설정이었으며 이는 곧 정부 비판을 초래하는 일이었다. 하지만 그것이 예배를 포함하지는 않았다.

세상에는 이런 개별 그리스도인이 있다. 자신을 그리스도인이라고 하지만 예배에는 거의 참여하지 않는다. 하지만 나는 예배를 위해 모이는 그리스도인 조직 중에서 전례적 예배 형태를 취하지 않는 조직을 본 적이 없다. 일부 비교파적 자유 교회의 집회에서는 어떤 전례 텍스트의 흔적도, 그에 대한 아무런 기록도 없을 수 있다. 그럼에도, 예배를 제대로 하기 위한 대본은 있다. 그러한 집회에서도 실수가 발생할 수 있으며 혼란과 와자지껄한 소리를 미연에 방지하기 위해서라도 예배는 대본에 따른 행위의 형태를 취한다. 또한 사람들은 항상 다른 사람들에게서 습득한 특정 노하우를 공유할 것이며, 결과적으로, 다른 사람들에게 전달할 수 있으며 종종 전달한다.

교회의 현실화로서의 전례

나는 전례 일반에 대하여, 알렉산더 슈메만이 제시한 두 논평의 의미만이 아니라 그 타당성을 식별할 수 있는 곳에 도달하기를 목표한다고 말함으로써 전례에 대한 논의를 시작했다. 슈메만의 두 논평 가운데 하나는 교회가 전례의 상연에서 그 스스로를 현실화한다는 것이며, 다른 하나는 정교회 전례가 규칙서(an Ordo)를 따라, 즉 명확한 규정을 따라 행해진다는 것이다. 슈메만이 말하는 정교회의 '규정'은 내가 '대본'이라고 부르는 것이다. 그리고 나는 정교회의 전례만이 아니라 모든 전례가 대본을 소유하고 있음을 논했다. 어떤 전례의 상연에 참여하는 것은 대본에 의한 행위에 관여하는 것이다.

여전히 불명확한 것은 슈메만이 교회가 전례의 상연에서 스스로를 **현실화**한다고 말한 바의 의미다. 앞서 나는 그것이 전례를 전례 텍스트로 구성된 것이 아니라 무언가를 하는 방식으로 이해하는 것과 관련이 있다고 제안했다. 그러나 그것은 슈메만이 의도한 바가 무엇인지 충분히 설명하기에는 부족하다.

나는 슈메만을 20세기 정교회의 가장 훌륭한 전례 신학자라고 평가한 것처럼, 스위스의 신학자 J.-J. 폰 알멘(von Allmen)을 20세기 개혁파 전통의 가장 훌륭한 전례 신학자라고 판단한다. 그의 대표작 『예배: 신학과 실천』의 첫 장에서 폰 알멘은 그리스도교 전례에 대한 세 가지 판명한 "견해"를 제공한다.[4] 그는 그리스도교 전례는 구원사의 총괄(recapitulation), 교회의 현현, 세계의 종말이자 미래라고 말한다. 나는 폰 알멘이 전례를 교회의 현현으로 기술할 때 염두에 두었던 것은 슈메만이 전례를 교회의 현실화로 기술할 때 염두에 두었던 것과 본질상 같은 것이라고 해석한다. 교회의 현현으로서의 전례에 대해 폰 알멘은 이렇게 말한다. "교회는 예배에 의해 교회 자신이 되고, 교회 자신을 의식하게 되며, 교회 자신을 판명한 실체로 고백한다"(p. 42).

전례의 상연을 교회의 **현현**으로 기술하는 것은 전례를 교회의 **현실화**로 기술하는 것만큼이나 불명확하다. 슈메만과 폰 알멘은 무엇을 염두에 두었는가? 그들이 염두에 둔 것은 슈메만이 정교회 형제자매들 사이에 자신의 견해와 반대되는 견해가 흔하다는 사실을 알고 이에 맞서 자신의 견해를 제시할 때 분명해지기 시작한다.

더 이상 예배를 교회의 기능으로 생각하지 않는 것이 사실이다. … 예배에 대한 우리 시대 특유의 접근 방식에서는 예배를 교회의 표현으로, 교회의 창조로, 교회의 충만으로 생각하지 않는다. 교회는 예배와 병합되었다. 교회를, 성스럽고 초시간적이며 불변하는 신비로 여겨진 신적 예배를 수행하기 위해 존재하는 성사적 위계 기관으로 생각하게 되었다. … 교회는 예배에서 교회를 표현

---

4   J.-J. von Allmen, *Worship: Its Theology and Practice* (London: Lutterworth Press, 1965). 『예배학원론』(대한기독교출판사). 프랑스어 원문에서 영어로 번역하는 작업을 한 이는 해롤드 나이트(Harold Knight)와 플레처 플릿(W. Fletcher Fleet)이다. 이후 이 책 인용 면수는 본문에 표기할 것이다.

하고 창조하며 충만하게 할 수 없다. 이 신비의 바깥에는 교회가 존재하지 않기 때문이다. 정도상의 차이는 있지만 예배와의 성스러운 접촉을 통해, 예배에서 받은 성화나 자양분을 통해 개별적으로 살아가는 분리된 신자들이 있다. … 교회에 가는 이 개별 신자는 자신이 예배의 참여자이자 집전자라고 느끼지 않으며, 이 예배 행위에서 자신과 함께 교회를 구성하는 다른 사람들과 더불어 교회를 새로운 삶으로 표현하도록, 다시 교회의 일원으로 변화되도록 부름받고 있음을 알지 못한다. 그는 예배의 '객체'가 되었고, 예배는 그가 개인으로서 자신의 '종교적 욕구'를 충족할 수 있도록 '자양분'을 공급하기 위해 거행된다. … 정확히 그런 숭배 행위의 목적은 영적 경험, 영의 양식을 주는 것으로 간주된다. 이는 교회 예배의 일원이 더 이상 교회의 자기 증거가 되지 못하기 때문이다. (pp. 23-25)

나는 슈메만의 주장을 다음과 같이 받아들인다. 교회의 많은 구성원은 교회를 종교적 또는 영적 요구와 욕망에 부응하는 서비스 조직으로 생각한다. 성직자들은 이 조직이 영적 자양분을 공급하고 교화시킨다고 생각하는 사람들의 이익을 위해 전례를 상연한다. 슈메만이—폰 알멘도 마찬가지로—심히 반대하는 것은 이렇게 교회를 예배의 기능으로 여기는 이해다.

두 사람 모두 전례는 성직자가 회중들의 욕구와 욕망, 즉 영적인, 감정적인, 미학적인, 또는 다른 어떤 욕구나 욕망을 충족시키기 위해 상연하는 것이 아니라고 주장한다. 전례의 상연은 성직자가 아니라 교회가 한다. 성직자들의 리더십 아래 교회가 그렇게 하는 것이더라도, 전례는 성직자들이 하는 것이 아니다. 그리고 교회는 회중 개개인의 욕구와 욕망을 충족시키는 전례가 아니라 하나님을 예배하는 전례를 상연한다. 교회는 하나님을 송축하고, 하나님을 찬양하며, 하나님께 감사하고, 하나님께 죄를 고백하며, 하나님께 청원하고, 하나님의 말씀을 경청하며, 성찬례를 집전한다. 이런 것들을 일제히 행하는 이는 개별 구성원이 아니다. 이를 행하는 이는 함께 모인 몸이다.

더 나아가서, 이런 것들은 교회가 하는 여러 좋은 일 중 하나가 아니다. 하나님께서 교회를 만드신 것은 이러한 행위들을 수행하기 위해서였다. 교회가 공동 예배를 위해 모일 때, 교회는 자신의 존재 목적인 것을 하는 것이다. 교회는 그리스도 안에서 하나님을 예배하기 위해 존재한다. 이런 의미에서 교회는 전례를 상연하면서 자신을 현실화하고, 자신을 현실화하면서 자신을 나타낸다. 폰 알멘의 용어를 사용하면, 전례는 교회의 현현이다.

슈메만이나 폰 알멘이 교회가 오직 예배라는 목적으로만 존재하며 교회가 자신을 현실화하는 일이 예배에서만 이루어진다는 견해를 가지지는 않았다는 점을 덧붙이는 게 중요하다. 교회는 교회의 존재 전반에 걸쳐, 즉 예배를 위해 모일 때뿐만 아니라 매일 교회의 삶에서도 하나님을 인정하기 위해 부름받았다. 슈메만은 마치 전례를 제외한 다른 행위는 교회가 아니라 개별 그리스도인이 하는 것처럼 말하는 경향이 있다. 하지만 그의 작은 저서 『세상의 생명을 위하여』에서,[5] 그는 그리스도인의 삶이 전체적으로 하나님이 누구신지와 하나님이 무슨 일을 하셨는지를 인정하는 방식으로 영위되어야 한다는 점을 힘 있게 전개했다.

그럼에도 슈메만과 폰 알멘은 교회의 본질과 목적이 세상에서 신자들이 하는 일에서 분명해진다기보다 전례의 상연에서 특히 분명해진다고 생각한다. 나는 이 점에 관해서 그들이 옳다고 생각한다.

나는 슈메만이 전례의 상연에서 교회가 스스로를 현실화한다고 말한다는 의미로 슈메만을 해석했고 폰 알멘이 전례의 상연을 교회의 현현이라고 말한다는 의미로 폰 알멘을 해석했으며 이를 긍정하지만, 거기서 멈추지 않고 곧바로 또 다른 언급을 덧붙이는 것이 중요하다고 생각한다. 전례의 상연에서 교회만이 자신을 현실화하고 드러내는 방식으로 행위하는 것은 아니다. 하나님도 행위하신다. 슈메만과 폰 알멘 모두 그들의 글에서 이 점을 단언한다. 그러나 나는 교회가 전례에서 자신을 현실화하고 현시한다는 것과 하나님이 전례에서 행위한다는 것을 한 호흡으로 말하지 않으면 우리가 심각하게 왜곡할 위험에 빠진다고 생각한다. 이 점의 중요성은 후속 장에서의 나의 논의에서 드러날 것이다.

---

5   Alexander Schmemann, *For the Life of the World* (Crestwood, NY: St. Vladimir's Seminary Press, 1998). 『세상에 생명을 주는 예배』(복있는사람).

암시적인 것을 명시화하는 것

이제 나의 프로젝트를 그리스도교 전례에 암시된 하나님 이해를 명시화하는 것으로 기술할 때 내가 무엇을 염두에 두는지 설명하려 한다. 자신의 신학적 확신을 표현하는 전례를 신학적으로 정교하게 구성할 수 있는 그리스도인에 의해 초기 그리스도교의 전례가 생겨났다고 가정해 보자. 예를 들어, 부활, 오순절 및 예수님의 여러 말씀으로부터 다른 초기 그리스도인들과 공유한 결론인 하나님이 설명 불가능한 방식으로 예수님, 성령님과 친밀하게 관계하신다는 결론을 내렸다면, 그는 고린도후서의 마지막 구절 같은 것을 그의 전례에서 개회나 폐회에 담아냈을 것 같다. "주 예수 그리스도의 은혜와 하나님의 사랑과 성령의 사귐이 여러분 모두와 함께하기를 빕니다." 그리고 그는 우리가 우리의 불순종과 무관심으로 인해 하나님께 잘못을 범했다고 믿는다면, 예수께서 제자들에게 일러주신 기도 모범에서 발견되는 용서 기도를 본떠서 용서를 구하는 기도를 포함했을지도 모른다.

만약 우리가 당시에 그의 곁에 있었다면, 그에게 그의 전례를 형성한 신학적 확신을 설명해 달라고 부탁할 수 있었을 것이다. 그러한 확신 중 일부는 전례에서 명시적으로 표현되었을 것이고, 이미 우리에게 명백했을 것이다. 예컨대 저 바울의 인사말에 있는 원형-삼위일체론(proto-trinitarianism)처럼 말이다. 그러나 다른 확신들은 암시적으로 남아 있었을 것이다. 예컨대 하나님께 잘못을 범할 수 있다는 확신이 그렇다. 우리의 신학자가 하나님께 잘못을 범할 수 있다는 확신을 전례에 명시적으로 진술했을 가능성은 거의 없을 것이다. 그는 그저 용서를 위한 기도문을 작성했을 것이다. 그래서 그의 전례를 형성한 신학적 확신을 우리에게 말해 달라는 요청에 그는 우리가 하나님께 잘못을 범했다는 자신의 확신을 언급했을 것이고, 그가 전례를 구성하면서 용서를 위한 기도를 포함한 것도 이런 이유 때문이라고 언급했을 것이다. 물론, 그는 자신의 신학이 자신의 전례를 형성한 방식을 완전히 의식하지는 못했을 것이다.

내가 묘사한 것은 순전히 공상이다. 모든 증거는 초기 그리스도교 전례들이 구성된 것이 아니라 주로 두 출처에서, 즉 유대교 회당의 독서와 기도에서, 그리고 예수께서 최후의 만찬을 할 때 다락방에서 일어난 일에서 유기적으로 생겨나고 발전했다는 사실을 가리킨다. 인쇄술이 발명되어 전례 텍스트가 보편화되기 전까지 전례는 다양한 영향 아래에서 유기적으로 계속 변화하고 발전했다. 당연히 신학적 확신의 영향도 있었지만, 또한 로마 제국 법정 관행, 비잔틴 제국 법정 관행, 성직자 지위에 관한 관점의 변화, 교리문답을 하지 않은 이와 세례받지 않은 이를 성찬례에서 배제할 필요성 등의 영향도 있었다.

결국 교회의 몇몇 지도자는 우리가 '전례 구성'이라 부를 만한 일을 했다. 아마도 성 바실레이오스는 정교회가 성 바실레이오스의 전례로 알고 있는 전례를 구성했을 것 같고, 아마도 요한네스 크리소스토무스는 정교회가 성 요한네스 크리소스토무스의 전례로 알고 있는 전례를 구성했을 것 같다. 물론 이 두 경우 모두 결정적인 증거가 있지는 않다. 하지만 우리는 칼뱅이 스트라스부르에 있는 그의 교회를 위해서 전례를 구성했다는 것은 안다. 그러나 가장 잘 알려진 전례 구성의 예는 원래의 『성공회 기도서』에 있는 토머스 크랜머의 전례 구성이다.

칼뱅도 크랜머도 아무것도 없는 상태에서, 이를테면 베토벤이 교향곡 제5번을 작곡할 때 아무것도 없는 상태에서 착수했던 식으로 전례 구성에 착수하지 않았다. 아무것도 없는 상태에서 전례 구성에 착수한 사람은 없다. 전례를 구성한 사람들은 전례를 독자적으로 구성하지 않았고, 여러 다양한 사람에게 다양한 영향을 받아 유기적으로 발전한 전례들을 개정하여 구성했을 뿐이다. 그렇게 하지 않은 사람은 없다.

만약 우리가 당시에 크랜머의 곁에 있었다면, 섬세한 신학자였던 크랜머에게 그가 『성공회 기도서』의 전례에 했던 것처럼 이전의 전례들을 개정하도록 이끈 신학적 확신을 우리에게 설명해 달라고 부탁할 수 있었을 것이다. 그의 대답을 들었다면 그의 전례에 담긴 하나님에 대한 명시적 이해와 암시적 이해를 분명히 표현하는 데 어느 정도 도움이 되었을 것이다. 그러나 크랜머의 전례는 아무것도 없는 상태에서 구성한 것이 아니라 많은 부분을 그대로 이어받은 것이었기 때문에, 분명 그도 자신의 전례에 암시된 신학 전부를 완전하게 인식하지는 못했을 것이다.

어떤 전례도 아무것도 없는 상태에서 처음부터 다 구성한 것이 아니기 때문에, 어떤 전통 전례에 관해서도 전례를 구성할 때 거기에 들어간 신학적 확신을 상세히 말해 달라고 요청할 수는 없다. 오늘날 우리가 전례 개정 위원회의 구성원들에게서 알 수 있는 것처럼, 크랜머 및 그와 같은 이들에게서는 부분적인 답변만 얻을 수 있다. 전례 개정 위원회는 일반적으로 그들이 개정한 내용을 형성한 신학적 확신을 상당히 의식할 것이고, 전임자에게서 넘겨받은 내용에 암시된 신학적 확신은 덜 의식하거나 전혀 의식하지 않을 것이다.

그렇다면 우리는 어떻게 그 전례에 암시된 신학적 이해를 확인할 수 있는가? 명시적인 것을 확인하는 데는 문제가 없다. 오늘날 성공회 전례는 "성부, 성자, 성령이신 하나님을 찬미하나이다"라는 집전자의 말로 시작한다.[6] 하나님은 여기서 명시적으로 삼위일체로 이해되며 이는 명백하다. 그러나 하나님은 또한 찬미받기 적합한 존재라는 점이 암시적으로 이해된다. 집전자는 하나님이 그런 유의 존재임을 선언하지는 않는다. 따라서 당연히, 집전자는 하나님에 관한 어떤 것이 하나님을 찬미하는 것을 적절하게 하는지를 구체화하지도 않는다. 그는 단지 앞으로 나아가 하나님을 찬미한다.

성찬을 나누기 직전에 나오는 정교회 전례의 봉헌 기도(Anaphora)에서, 사제는 하나님을 "형용할 수 없고, 이해할 수 없으며, 보이지 않고, 파악할 수 없는, 항상 존재하시고 언제나 동일하신" 분이라고

---

6   *Book of Common Prayer*, p. 323.

선포한다.[7] 여기서 하나님은 형언할 수 없는 분, 상상할 수 없는 분 등으로 명시적으로 확인된다. 암시에 머물러 있는 것은 하나님이 말을 건네기 적합한 분으로 이해된다는 것이다. 전례의 어디서도 이 점이 언급되지 않으며, 따라서 사람들이 하나님께 말을 건네는 것이 적합한지에 대한 설명은 어디에도 없다. 그들은 그저 앞으로 나아가 하나님께 말을 건넨다.

여기서 생각나는 물음은, 전례에 암시된 하나님 이해가 무엇인지 묻는 대신 사람들이 전례의 상연에 참여할 때 하나님에 대해 당연하게 여기는 것이 무엇인지 물어볼 수도 있는지다. 그 물음에 대한 답변은 '아니오'다. 사람들이 전례에 참여하면서 당연하게 여기는 것은 사람마다 다르다. 극단적인 예를 들어 보겠다. 어떤 사람들은 하나님을 믿지 않기 때문에 전례에 참여하면서 하나님에 대해 당연하게 여기고 있는 바가 없다. 물론, 그들은 전례에 수많은 신-담론이 있음을 깨닫는다. 하지만 그들은 그런 담론을 진지하게 여기지 않는다. 그들이 전례에 참여하는 이유는 어떤 면에서 자신을 개선하는 데 도움이 된다고 보기 때문이다. 그들은 자신이 도덕적으로 강화되고, 심리적으로 안정되며, 집중하게 되고, 아름다움에 끌림을 깨닫는다. 그들의 참여를 나는 **일탈**이라고 부른다. 그들은 전례 행위를 수행하기 위해 참여하는 게 아니다. 마찬가지로, 예언자

---

7   정교회의 친구는 이를 "최고조에 달한 부정신학"이라고 내게 묘사했다. 내가 사용할 영어 번역본은 정교회 사제 니콘 패트리나코스(Rev. Nicon D. Patrinacos)의 번역(Garwood, NJ: Graphic Arts Press, 1974)이다. 이어지는 이 정교회 전례서의 인용 면수는 본문에 표기할 것이다. 앞서 인용한 부분은 p. 45다.

들이 비난했던 고대 이스라엘의 전례 참여도 **일탈적** 참여였다.

그리스도교 전례를 위한 대본은 그리스도교의 하나님을 예배하기 위해 모인 사람들을 위한 대본이다. 그 대본은 수행할 행위의 순서를 지정한다. 그 행위들은 단지 어떤 말을 입 밖으로 내거나 어떤 몸짓을 하는 게 아니다. 그들은 어떤 말을 입 밖으로 내고 **그럼으로써 무언가를 말하고**, 또는 어떤 몸짓을 하고 **그럼으로써 무언가를 한다**. 반복하건대 성공회 전례를 여는 첫마디는 집전자를 통해 다음과 같이 낭독된다. "성부, 성자, 성령이신 하나님을 찬미하나이다." 이 대본이 이 전례의 상연을 위해 명시하는 바는 단지 그 말을 하는 데 있지 않고 그 말을 입 밖으로 냄**으로써** 하나님을 **찬미하는** 데 있다. 이전에 길게 논의된 훌륭한 물음이 있다. 하나님을 믿지 않는 집전자가, 혹은 찬미받으실 하나님을 믿지 않는 집전자가 이러한 말을 입 밖으로 냄으로써 하나님을 찬미한 것인지에 대한 물음이다. 우리 논의의 목적을 위해 해당 사안을 본격적으로 거론할 필요는 없고, 다음과 같이 말하는 것으로 충분하다. 그러한 참여는 일탈이었을 것이고, 집전자가 무엇을 했든 하지 않았든, 집전자는 "성부, 성자, 성령이신 하나님을 찬미하나이다"라는 말을 입 밖으로 냄으로써 하나님을 찬미한다고 대본에 명시되어 있다는 점이다. 이어지는 내용에서 나의 관심사는 집전자가 한 것이 무엇이 됐든 거기에 암시된 바가 무엇인지 혹은 집전자가 당연하게 여기는 것에 암시된 바가 무엇인지를 명시화하는 게 아니라, 전례의 시작을 위해 대본에 구체화되어 있는 행위에 암시된 바를 명시화하는 것이다.

다시 한번 말하지만, 전례에 암시된 하나님 이해를 명시화하고자—식별하여 공식화하고자—할 때 우리는 무엇을 하려는 것인가? 암시적인 것을 명시화한다는 것은 무엇인가?

슈메만은 그의 『전례 신학 입문』에서 전례의 신학적 "로고스"(p. 32), 그것의 "의미"(p. 18 및 여러 곳)를 드러내는 게 전례 신학의 과제라고 말한다. 그가 말하길, 전례는 "암호화된" 신학을 담고 있다. 전례 신학자의 과제는 그 암호를 "해독하는" 것이며(p. 18), 또한 "예배의 언어로 표현된 것—그 구조, 격식, 본문, 전체 '정신'—을 신학의 언어로 번역하는 것"(p. 19)이다. 전례 신학에서, 전례 전통은 "교의적 의식(意識)"(p. 16)에 도달한다. 슈메만이 여기서 전례가 담고 있는 신학을 "해독한다"라고 기술한 것은, 전례에 암시된 하나님 이해를 **명시화한다**고 내가 말한 것과 같다.

개별 전례를 고찰하면 언제나 하나님에 대해 '말하는' 것 중 일부는 명시적일 것이다. 하지만 언제나 그중 대부분은 암시적일 것이다. 암시적인 것을 명시화하기 위해, 우리는 어떤 특정한 전례 행위나 어떤 유형의 전례 행위나 전례 전체에서 출발하여, 이런 특정한 전례 행위를 수행하는 것이나 이런 유형의 전례 행위를 수행하는 것이나 전례 전체를 수행하는 것이 이치에 맞으려면 하나님은 어떤 분이셔야 하는지 묻는다. 하나님이 어떤 분이셔야 우리가 하나님을 찬미하는 일이 이치에 맞는가? 우리가 건네는 말의 내용이 무엇이든, 하나님이 어떤 분이셔야 우리가 하나님께 말을 건네는 일이 이치에 맞는가? 하나님이 어떤 분이셔야 그리스도인이 하는 방식으로 하나님을 예배하는 일이 이치에 맞는가? 우리는 이러한 물음을 던짐으로써 전례에 암시된 하나님 이해를 명시화—식별하여 공식화—한다. 우리는 이러한 물음을 던짐으로써 슈메만이 전례의 신학적 "로고스"라고 부르는 것을 명시화한다.

교부들에게서 나온 전례 신학의 흥미로운 예 하나는 카이사레아의 바실레이오스가 쓴 작은 책 『성령에 관해서』다. 바실레이오스는 자신의 논의를 소개하면서 이렇게 말한다.

요즘에는 사람들과 함께 기도하면서 어떨 때는 하나님 아버지께 드리는 송영을 이런 형식으로 마친다. "성자**와 함께**, **또한** 성령**과 함께**, 성부께 영광." 또 어떨 때는 "성령 **안에서** 성자를 **통해** 성부께 영광"이라는 형식을 사용한다. 참석자 중 몇 사람은 우리가 이 상하고 모순적인 말을 사용한다고 비난했다. 그런데 확실히 당신의 바람은 이 사람들을 돕는 것이고, 혹시 그들이 완전하게 고쳐지기 어렵다고 판명된다면 그들과 관련된 이들을 보호하는 것이다. 이런 이유로 당신[암필로키오스]은 이러한 전치사에 함축된 영향력을 명확하게 가르치는 것이 바람직하다고 생각하고 있다. 나는 지금 이 논의의 적절한 출발점을 제시하기를 바라며 가능한한 간결하게 글을 쓸 것이다.[8]

---

8 St. Basil the Great, *On the Holy Spirit*, trans. David Anderson (Crestwood, NY: St. Vladimir's Seminary Press, 1980). 『성 바질의 성령에 관하여』(올리브나무). 바실레이오스의 이 책에 주목하게 해 준 케빈 헥터(Kevin Hector)에게 감사를 전한다.

그다음 바실레이오스는 두 가지 방식으로 자신의 기도 관행을 변호하고, 그가 사용하는 단어에 암시된 성령 이해를 명시화하여 분명하게 표현한다.

프로젝트의 특성을 더 정밀하게 하기

전례의 암시적 로고스에는 하나님에 대한 암시적 이해 이상의 것이 있다. 거기에는 참여자, 인간, 세계에 대한 암시적 이해도 있다. 예를 들어, 하나님께 용서를 구하는 것에 암시된 바는, 우리는 하나님께 용서를 구하는 것이 적합한 부류라는 점이다. 또한 슈메만이 다소 길게 지적한 것처럼, 전례에는 시간에 대한 특정한 이해가 암시되어 있다. 전례에 암시된 로고스의 이런저런 측면을 탐구하는 것은 가치 있을 것이다. 그러나 이어지는 장에서는 오로지 전례에 함축된 신학적 로고스, 즉 전례에 암시된 **하나님** 이해에만 초점을 맞출 것이다.

전례 전체가 하나님에 대해 어떤 말을 하는지, 암시적으로 말하는 것만이 아니라 명시적으로 말하는 것에 대해서도 물어볼 가치가 있을 것이다. 그러나 나는 전례에서 하나님에 대해 **암시적으로** 말하는 바에 초점을 맞출 것이다. 여기에는 두 가지 이유가 있다. 첫째, 전례에서 하나님에 대해 명시적으로 말하는 것은 암시적으로 말하는 것에 비해 비교적 명백하다. 우리는 계속해서 명시적 이해를 발전시키고 정교하게 제시할 수 있으며, 반론 등으로부터 명시적 이해를 변호할 수 있다. 그런데 이를 확인하고 공식화하는 것은 비교적 쉬운 일이다. 둘째, 명시적인 것은 암시적인 것을 전제한다. 명시적인 삼위일체론적 언어로 하나님을 찬미하는 것은 하나님이 찬미받으시기에 적합한 존재라는 점을 전제로 한다. 나의 프로젝트는 그리스도교 전례의 근본 전제를 드러내는 것이다.

전례에 암시된 하나님 이해는 네 단계로 나누어 생각해 볼 수 있다. 가장 깊은 단계는 전례 전체에 암시된 하나님 이해다. 그리스도교 전례 전체에 암시된 하나님 이해는 예컨대 고대 이스라엘의 성전 전례에 암시된 하나님 이해와 상당히 다르다.

다음 단계는 다양한 종류의 전례 행위들에 암시된 하나님 이해다. 예를 들어, 하나님을 찬양하는 전례 행위와 하나님께 탄원하는 전례 행위 둘 다에서 사람들은 하나님께 말을 건넨다. 따라서, 하나님을 찬양하는 일에 암시된 하나님 이해보다 깊고 하나님께 탄원하는 일에 암시된 하나님 이해보다 더 깊은 곳에 자리한 것은 이 둘을 종개념으로 포괄하는 행위 유형, 즉 하나님께 말을 건네는 행위 유형에 암시된 하나님 이해다.

그다음 단계는 개별 전례 행위에 암시된 하나님 이해다. 우리의 하나님 찬양, 하나님 찬미, 탄원 등의 행위에 암시된 이해 말이다.

마지막 단계는 전례 행위의 순차적 배열, 즉 그 행위들을 순차적으로 배열하는 방식에 암시된 하나님 이해다. 전통적인 개혁파 및 장로교의 전례에서는 죄 고백이 매우 앞부분에, 즉 시작 인사 및 찬미 찬송 직후, 성서 낭독 전에 있고, 성공회 전례에서는 매우 뒷부분에, 즉 성서 낭독, 설교, 회중 기도 이후, 성찬례 직전에 있다.[9] 아마도 여기에는 이 현저하게 다른 순차적 배열에 암시된 다소 상이한 하나님 이해, 또는 어쩌면 하나님과 우리의 관계에 대한 상이한 이해가 있을 것이다.

이어지는 내용에서 나는 암시성의 두 가지 가장 깊은 차원에 거의 전적으로 초점을 맞출 것이다. 하나는 그리스도교 전례 전체에 암시된 것이고, 다른 하나는 기본적인 유형의 전례 행위들에 암시된 것이다. 성찬례에 암시된 하나님 이해에 이를 때 비로소 우리는 세 번째 차원에 초점을 맞출 것이다. 그리고 나는 전례 행위들이 순차적으로 배열되는 방식에 암시된 것에 대해서는 말할 것이 없다.

전례에 암시된 하나님 이해를 명시화하는 것이 무엇인지 기술하는 나의 작업이 다음과 같은 인상을 줄지도 모르겠다. 즉, 이런저런 전례 행위에서 일어나는 일을 이해하기란 그리 어렵지 않은데, 행위 자체에 대한 이해를 넘어 행위에 암시된 하나님 이해를 식별하려 하면 작업이 어려워지기 시작하고, 그런 다음 우리가 명시화한 암시적 이해를 신학적으로 발전시키고 반론으로부터 이를 방어하려 하면 어려운 작업이 계속된다는 것이다.

이런 인상은 잘못되었다. 우리는 전례 행위 자체에서 무슨 일이 일어나고 있는지 결정하는 데 많은 노력이 들어간다는 것을 자주

---

9   그러나 성공회 전례의 시작 직전에, 즉 집전자가 사랑의 두 계명을 낭독한 것에 화답하여 참여자들이 "주여, 우리에게 자비를 베푸소서"라고 말할 때 암시적 고백이 있다.

보게 될 것이다. 오히려 우리가 이 일에 성공하면 그다음 단계가, 곧 그 행위에 암시된 하나님 이해를 식별하고 공식화하기가 비교적 쉽다는 점이 간간이 드러날 것이다.

어떤 전례 행위에서 어떤 일이 일어나고 있는지는 전혀 명확하지 않고 어떤 경우에는 그 행위를 이해하는 데 많은 노력이 필요하다는 사실은 결과적으로 우리가 도달하는 해석에는 종종 논쟁의 여지가 있다는 증거다. 그리고 때때로 그 논쟁들은 그 근저에 신학적 불일치가 있다고 판명된다. 신학은, 우리가 어떤 전례 행위에서 일어나는 일을 분별하고 그 행위에 암시된 하나님 이해를 명시화하고 신학적으로 분명하게 표현하려는 노력을 이행한 후에 비로소 개입되는 것이 아니다. 대개는 서로 다른 신학적 확신에서부터, 우리의 전례 행위에서 일어나는 일에 대한 서로 다른 해석으로 이어진다.

왜 전통 전례만 다루는가?

이번 장 첫 페이지부터 기다려 온 물음은 이것이다. 왜 전례 신학은 수행할 가치가 있는가? 왜 우리는 첫 페이지에 기술된 다른 유형의 신학으로는 만족하지 못하는가? 나는 우리가 어떤 실제적인 전례 신학을 손에 넣을 때까지 이 물음에 대한 답변을 미루는 것이 최선이라고 생각한다. 이 책 「후기」에서는 전례 신학을 다른 형태의 신학과 세부적으로 비교하고 전례 신학이 만들어 내는 뚜렷한 기여

점을 지적할 것이다.

그러나 여기서 다룰 필요가 있는 한 가지 물음은 내가 왜 정교회 전례, 가톨릭 전례, 성공회 전례, 루터파 전례, 개혁파 전례가 수렴하는 지점에 집중하기로 했느냐는 것이다. 오늘날 대부분의 그리스도인은 그들의 예배에서 이러한 전례를 상연한다. 그러나 전 세계적으로 수백만 명의 그리스도인들은 그렇게 하지 않는다. 왜 그들의 전례는 다루지 않는가?

내가 전통 전례에 집중하는 세 가지 이유가 있다. 후기에서 더 말하게 될 한 가지 이유는, 전통 전례들이 수 세기 동안 수십억 명의 그리스도인들에 의해 시간의 시험대를 견뎌 왔다는 것이다. 이런 이유로, 그러한 전례에서의 암시적이고 명시적인 하나님 이해는 더 많은 권위를 지니는데, 이를테면 휴스턴의 어느 오순절 목사가 다음 주일 예배를 위해 독자적으로 구성한 것보다 더 많은 무게(*gravitas*)를 지닌다. 후자의 암시적이고 명시적인 신학은 주류를 벗어나 기이하게 왜곡될 가능성이 더 크다.[10]

둘째로, 이러한 대안적 전례 대본의 상당수는 보통 목회자의 선

---

10 네덜란드의 개혁파 신학자 아브라함 카이퍼(Abraham Kuyper, 1837-1920)는 전례 전통의 중요성에 대해 이렇게 말했다. "그러므로 전례 기도는 그저 몇 분 안에 만들어지는 게 아니다. 사실, 그것은 과거와 교회의 품에서 우리에게 와야 한다. 수 세기를 걸쳐 마음의 가장 깊고 거룩한 자극에 목소리를 부여한 형식과 표현은 세대에서 세대로 전해져 영혼에게 말해야 한다. 어조, 언어, 내용 등이 어떤 즉흥적인(spontaneous) 기도보다도 더 높이 올려져야 하고, 성도들의 연합의 깊은 흐름 속에 우리를 담가야 한다." Abraham Kuyper, *Our Worship*, ed. Harry Boonstra (Grand Rapids: William B. Eerdmans Publishing Company, 2009), p. 36.

호에 따라 매주 바뀐다. 그리고 그것이 주마다 바뀌지 않는 경우는 보통 전통 전례보다 작성한 대본의 분량이 훨씬 적다. 이것이 함의하는 바는, 학자가 전통 전례보다 이러한 전례에 접근하는 게 훨씬 더 어렵다는 것이다.

셋째로, 전통적 전례에는 내 경험상 이러한 우리 시대의 대안적 전례에는 없는 깊이, 풍성함, 아름다움이 있다. 내 (인정하건대 제한적인) 경험상 대안적 전례는 전통 전례의 요소들을 제거하고, 그 이미지를 줄이고, 언어를 격식 없이 평범하게 만들어서 말하는 것을 모든 사람이 즉시 이해할 수 있도록 한다. 이에 초기 교회가 전례에 쏟아부은 엄청난 헌신과 창의성은 희미한 메아리로만 남아 있을 뿐이다. 나는 이런 환원적 밋밋함의 가장 과격한 예를 어느 주일 아침 예배에서 마주했는데, 그 예배는 찬양 밴드가 약 30분 동안 공연하고 뒤이어 밴드 리더의 형식적 기도와 목사가 '담화'로 표현한 것으로만 구성되어 있었다―그 외에 어떤 것도 없었다.

내가 경험했던 우리 시대의 대안적 전례들이 이러한 전례들 전체의 전형이라면, 이 전례들은 전례의 창의성이 신선하게 터져 나왔음을 나타내는 것이 아니라, 전통 전례의 거의 모든 구성 요소가 떨어져 나갔음을 나타낸다. 따라서 우리는 전통 전례에서 발견되는 행위의 신학적 함의를 논하는 과정에서 이러한 우리 시대의 대안적 전례에서 발견되는 행위들까지도 논하는 셈인데, 전자에서 발견되지 않는 것은 후자에서도 발견되지 않기 때문이다.

물론 내가 전통 전례에 초점을 맞춘 것은 우리 시대의 대안적 전

례에 의문을 제기한다는 것이다. 이를테면, 대안적 전례들은 왜 그
토록 많은 것을 제거했는가?[11] 왜 내가 언급한 저 예배에는 죄 고백
이 없는가? 왜 중보 기도(intercession)가 없는가? 왜 성서 읽기가 없
는가? 왜 하나님의 위엄과 놀라우심에 대한 감각은 거의 보이지 않
는가? 전통 전례에서 발견되는 이해와는 다른 이 급진적 제거에는
하나님 이해가 내포되어 있는가? 만약 있다면 그 다른 이해는 무엇
인가? 분명히 이는 중요한 물음이다. 그러나 이 글에서는 그런 물음
들을 다룰 수 없을 것이다. 내가 고찰할 것은 더 풍요로운 전통 전
례다.

---

11   여기서 정교회를 제외한 모든 교파에서 20세기에 시행한 전통 전례 개정이 상당수의
      전통적 요소와 신학적 원리를 제거한 일에 해당한다는 말을 덧붙여야겠다.

2

예배받으시기에 합당하신 하나님

이 책에서 나의 프로젝트는 그리스도교 전례에 암시된 하나님 이해를 명시화하고 그 이해를 신학적으로 발전시키고 정교화하는 것이다.

이 프로젝트를 설명하면서 네 가지 차원의 암시를 구별했다. 전례 전체에 암시된 하나님 이해, 다양한 전례 행위의 기본 유형에 암시된 하나님 이해, 구체적인 전례 행위에 암시된 하나님 이해, 우리의 전례 행위가 순차적으로 배열되는 방식에 암시된 하나님 이해가 바로 그것이다. 나는 이번 장에서 가장 깊은 수준의 암시, 즉 그리스도교 전례 전체에 암시된─그 유형이 어떻고 구체적인 성격이 어떠하며 순차적 배열이 어떻든, 우리의 모든 전례 행위에 암시된─하나님 이해에서 시작한다. 전례 전체에 암시된 하나님 이해는 무엇인가? 우리의 전례 상연이 암시적으로 하나님에 대해 '말하는' 바는 무엇인가?

수 세기 동안 사람들은 여러 가지 이유로 종교 의례를 상연하기 위해 모여 왔다. 그 각각의 이유는 하나님이나 신들에 대한 다소간 다른 이해를 암시한다. 때때로 이는 신들이 분노한다는 생각, 의례가 신들을 달래거나 분노를 완화해 주리라는 생각이다. 때때로 그러한 생각은 신들이 현재 분노하고 있다는 게 아니라 분노할지도 모른다는 것이다. 그 의례들은 신들이 화를 내는 것을 방지하는 역할을 한다. 의례들은 신들이 우리에게 호감을 내보이게 하는 역할을 한다. 어느 쪽이든, 하나님 또는 신들이 그 의례를 기쁘게 여기리라고 가정한다.

구약성서의 몇몇 예언적 비난의 행간을 읽어 보면, 의례가 하나님을 기쁘게 하기 위한 것이라는 생각은 고대 이스라엘에서 일반적이었던 것 같다. 아모스의 잘 알려진 구절을 떠올려 보라. 하나님은 말하는 분이시다.

> 내가 너희 절기들을 미워하여 멸시하며
> 　너희 성회들을 기뻐하지 아니하나니
> 너희가 내게 번제나 소제를 드릴지라도
> 　내가 받지 아니할 것이요
> 너희의 살진 희생의 화목제도
> 　내가 돌아보지 아니하리라.
> 네 노랫소리를 내 앞에서 그칠지어다.
> 　네 비파 소리도 내가 듣지 아니하리라.
> 오직 정의를 물같이,
> 　공의를 마르지 않는 강같이 흐르게 할지어다. (암 5:21-24)[1]

16세기 종교개혁자들이 당시의 평신도 가톨릭 경건에 대해 비난한 것이 옳다면, 의례나 전례가 하나님을 기쁘게 하기 위한 것이라는 생각은 그 당시에 널리 퍼져 있었음이 틀림없다. 전례에 참여하는 일은 보상과 같은 것으로 여겨졌다. 우리는 모두 일상적 삶에서 잘못을 범한다. 죄를 짓는다. 하나님은 이에 주목하시고, 하나님이 우리 각자에 대해 설정한 거래 원장에 우리의 죄를 기재하신다. 그러나 하나님은 또한 우리의 선행에 주목하신다. 특히 하나님은 우리가 전례에, 특별히 성찬례에 참여하는 데 주목하신다. 하나님은 그러한 행위를 우리의 거래 원장의 긍정적인 면에 기재해 놓으신다. 인간의 전반적 목표는 인간이 죽었을 때 그 원장의 긍정적인 면에 기재된 내용이 부정적인 면에 기재된 내용보다 더 많음을 보는 것이다.

신들을 기쁘게 하려고 의례 활동에 참여하여 신들을 달래어 악의를 사전에 방지하거나 자신이 저지른 잘못에 대해 보상하는 것은, 인간이 받아들인 의식이나 전례를 상연하는 수많은 이유 중 하나일 뿐이다. 나는 그리스도교 전례에 참여하는 근본 이유와 대조하고자 이 특정한 이유를 지적했다. 물론 대조를 위해 다른 이유를 얼마든지 고를 수 있었다. 예를 들어, 오늘날 우리는 때때로 전례에 참여하는 누군가가 자신을 '중심에 놓기' 위해 그렇게 한다고 말하는 것을 듣는다. 이것과 하나님을 기쁘게 하려는 이유의 공통점은

1　이 책 전체에 걸쳐 나는 신개정표준역(NRSV)과 개정표준역(RSV)을 함께 사용한다(한글 성서는 개역개정 및 새번역을 사용하였다—옮긴이).

둘 다 참가자에게 발생하는 이익에 초점을 맞춘다는 것이다.

첫 장에서 나는 그리스도교 전례가 그리스도교 예배의 한 종개념이라는 것을 당연하게 여겼고 그 종을 식별하는 데 상당한 시간과 노력을 할애했다. 나는 전례에 참여하는 것이 그리스도교 예배 행위를 수행하기 위한 어떤 사회적 관습을 대본에 의해 상연하는 일에 참여하는 것이라고 결론지었다. 나는 대본에 의하지 않은, 그리고 그리스도교 예배 행위를 수행하기 위한 어떤 사회적 관습의 상연이 아닌 그리스도교 예배 행위를 수행하는 일이 가능하다고 말했다. 그러므로 그리스도교 전례는 그리스도교 예배의 한 종류일 뿐이다.

이제 이전에는 당연하게 여겼던 것을 확언하겠다. 우리가 전례의 상연에 참여하기 위해 모일 때 우리는 하나님을 예배하기 위해—하나님을 기쁘게 하는 게 아니라, 우리 자신을 중심에 두는 게 아니라, 하나님을 예배하기 위해—모인다. 또한 우리는 예컨대 우리 자신이 어떤 식으로든 변화되어 일상의 삶을 위한 지도를 받고 활력을 얻으리라는 기대나 희망 때문에 그리하기도 할 것이다. 이는 하나님을 예배하기 위해 모이는 일과 양립할 수 있다. 진정 우리가 기대하거나 바라는 우리 자신의 변화가 일어난다면 그것은 우리가 하나님을 예배하는 일에 관여한 결과로 일어나는 일이다.

하나님을 예배하는 것은 우리가 전례를 상연할 때 하는 여러 다른 일 중 하나가 아니다. 하나님을 예배하는 일은 우리가 하는 일의 총체다. 물론 인도자가 사람들에게 말을 건네고 사람들이 인도자에게 말을 건네며 회중들이 서로 말을 건네는 부수적 행위는 별개지만 말이다. 따라서 전례 전체에 암시된 하나님 이해는 하나님이 예배받으시기에 합당하시다는 것이다. 그리스도교 전례의 가장 심오한 전제는 하나님은 예배받으시기에 합당하신 분이라는 것이다.

전례와 예배

예배란 무엇인가?『메리엄-웹스터 대학 사전』(제11판)에 따르면 우리의 '예배'(worship)라는 말은 중세 영어 *worshipe*라는 말, 즉 신적 존재의 가치 있음, 그 존재에 대한 존경, 경외를 의미하는 말에서 유래한다. 중세 영어 *worshipe*는 가치 있음, 존경을 의미하는 고대 영어 *weorthscipe*에서 유래했다. *weorthscipe*라는 말은 '가치' 혹은 '합당한'을 의미하는 *weorth*에 접미사 *-scipe*를 결합한 것이다. 내가 보기에, 현대 영어에서 '예배'라는 말은 여전히 그 어원적 기원에 충실하다. 하나님을 예배하는 것은 하나님의 가치에 대해 하나님을 경외하는 것이고, 하나님의 가치에 대해 하나님께 영광을 돌리는 것이다. 하지만 이것 말고도 더 말할 것이 있다.

일반적으로 누군가를 예배하는 일은 그 인격의 가치, 그 인격의 위대함이나 탁월함을 인정하는 방식이다. 따라서 예배는 하나님의 가치를, 하나님이 누구신지 그 탁월함을, 하나님이 행하셨고 행하시고 행하실 일의 위대함을 인정하는 방식이다. 더 구체적으로 말하자면, 그리스도교 예배에서 우리는 하나님의 **더할 나위 없는**(un-surpassable) 탁월함을 인정한다.[2]

그러나 하나님의 더할 나위 없는 탁월함을 인정하는 것은 그리스도교 예배의 유개념일 뿐 아직 종개념은 아니다. 하나님을 예배하는 것이 하나님의 더할 나위 없는 탁월함을 인정하는 유일한 방법은 아니기 때문이다. 우리는 일상의 삶에서 하나님의 더할 나위 없는 위대함을 인정할 수 있다. 예컨대 정의를 행하고 자비를 사랑함으로써 하나님을 본받으라는 예언적 소명을 수행함으로써 그렇게 한다. 그러나 이것은 하나님을 예배하는 것이 아니다. 왜 아닌가? 예배의 독특한 점은 무엇인가?

나는 예배를 특징짓는 독특한 것이 **방향 설정**이라고 말하고 싶다. 일상적 삶에서 우리는 우리의 과업, 이웃, 창조된 세계를 향한다. 전례에서 하나님을 경배하기 위해 모일 때 우리는 돌아서서 하나님을 향한다. 우리는 하나님을 대면한다. 하늘의 형체에 주의를 기울임으로써 우리는 하나님의 지혜와 능력이 나타나는 것을 분별한다. 이웃을 돌볼 때 우리는 하나님의 형상을 분별한다. 그러나 그러한 참여 어디서도 우리는 하나님을 **대면하지** 않는다. 하나님을 예배할 때 우리는 하늘의 형체에 관심을 기울이는 데서 돌아서고 이웃을 돌보는 데서 돌아서서 하나님께 직접 주의를 기울인다. 예배에서 우리는 하나님과 대면한다. 우리가 하나님을 예배할 때, 하

---

2   나는 '합당함', '탁월함', '위대함'을 서로 교환 가능한 말로 사용할 것이다. 이번 장 뒤에서 보겠지만, 조너선 에드워즈는 하나님의 위대함과 하나님의 탁월함을 구별한다.

나님의 더할 나위 없는 위대함을 인정하는 것은 그 방향이 **하나님을 향하는 것**이다. 우리는 그에 따라 몸의 위치를 정한다. 우리는 무릎을 꿇고, 절하고, 얼굴을 위로 하고, 손을 위로 들고 선다. 우리는 피조물 앞에 무릎을 꿇거나 절하지 않는다. 우리는 하나님 앞에 무릎을 꿇거나 절한다.

우리는 예배로 하나님의 탁월하심을 인정하는 종개념을 확인하는 데 가까이 왔지만, 아직 완전히 이르지는 못했다. 하나님에 대한 신학적 담론의 과정에서 우리는 그 탁월함을 묘사함으로써 하나님의 더할 나위 없는 탁월함을 인정할 수 있다. 그리고 그러한 담론을 구성하는 데서 우리는 물론 하나님을 향한다. 그러나 하나님의 더할 나위 없는 탁월성에 대한 신학적 담론을 구성한다고 해서 하나님을 예배하는 것은 아닐 것이다. 하나님을 지향하면서 하나님의 더할 나위 없는 탁월함을 인정하는 것은 하나님을 예배하는 경우일 수도 있고 아닐 수도 있다.

무엇이 빠졌는가? 빠진 것은 하나님을 향한 인격이 어떤 **태도를 취하는 것**이다. 분명하게 태도를 취하는 것이 없다면, 하나님의 더할 나위 없는 탁월함을 하나님을 향해 인정한다고 해서 아직 하나님을 예배하는 게 아니다. 하나님의 더할 나위 없는 탁월함을 하나님을 향해 인정하는 일을 예배의 사례로 만드는 것은 분명하게 태도를 취하는 것이다.

'태도를 취함'(attitudinal stance)이라는 말은 일종의 느낌이나 감정을 의미하지 않는다. 태도에는 느낌이나 감정이 포함될 수 있다.

그러나 태도는 둘 중 어느 것과도 동일시되어서는 안 된다. 누군가를 향해 태도를 취하는 것은 그 사람을 대하는 방식이다. 누군가를 존경하는 것은 그 사람을 향해 태도를 취하는 것의 한 예다. 누군가를 경멸하는 것은 또 다른 예다.

'경배'(adoration)라는 영어 어휘는 하나님을 향해 예배자가 태도를 취하는 것을 가장 잘 나타내는 것 같다. 우리가 하나님을 예배하는 것은 우리가 하나님을 경배하는 것이다. 뭔가를 경배하는 것은 사랑, 특히 매혹당함이라는 사랑의 한 방식이다. 무언가를 경배하는 것은 그 가치 때문에 그것에 끌리는 것, 그것에 사로잡히는 것이다. 우리는 어떤 사람, 어떤 예술 작품, 자연의 어떤 장면을 경배하는 것에 대해 이야기한다. 그리스도교 전례를 구성하는 행위는 경배를 표현하는 행위다. 나는 정교회 전례가 다른 어떤 전례보다도 경배의 태도를 명백히 표현한다고 판단한다. 그 유명한 "삼성송"(三聖誦, Trisagion Hymn)에서 사람들은 말한다.

거룩하신 하나님,
거룩하고 전능하신,
거룩하고 영원하신 이시여,
우리를 불쌍히 여기소서. (p. 23)

이 가사를 세 번 부르고 나면 사람들은 계속해서 다음과 같이 부른다.

영광이 성부께, 또한 성자께,

또한 성령께,

이제와, 항상, 또한 영원히 있나이다. 아멘.

…거룩하고 영원하신 이시여, 우리를 불쌍히 여기소서

거룩하신 하나님,

거룩하고 전능하신,

거룩하고 영원하신 이시여,

우리를 불쌍히 여기소서. (p. 25)

경배는 경배의 대상에 따라, 그리고 경배하는 사람이 그 대상을 어떻게 이해하는지에 따라 다소 다른 내용을 지닌다. 빈센트 반 고흐의 그림을 경배하는 것은 이를테면 어떤 수학적 증명을 경배하는 것과 그 내용이 다르다. 그러니 그리스도인이 하나님을 예배하는 것과 경배하는 것의 내부를 파헤쳐 그 내용을 어느 정도 밝혀내자.

우리가 하나님을 경배하는 것은 하나님의 더할 나위 없는 위대함을 **경외**(awe)하는 것을 포함한다. 정교회 전례에서는 빵과 포도주가 성소에 반입되고 성찬례가 시작되려는 시점에 사제가 "공경함으로 서자, 경외함으로 서자"(p. 43)라고 말한다.

우리가 하나님을 경외하는 내용은 경외 이상의 것을 포함한다. 어떤 것을 예배하지 않고도 경외감을 가질 수 있다. 이라크 침공이 막 시작될 무렵 바그다드 폭격이 충격과 경외감을 불러일으키리라던 부시 행정부의 주장을 떠올려 보라. 폭격은 의심의 여지 없이 몇

몇 사람에게 경외감을 불러일으켰긴 하지만, 나는 그 누구도 그 폭격이 경배나 예배를 환기하지 않았다고 자신 있게 말한다. 무엇을 덧붙여야 하는가? 우리가 하나님을 경배하는 데는 경외 이상의 무엇이 있는가? 나는 **공경**(reverence)을 말하고 싶다. "공경함으로 주님 앞에 서라." 공경은 경외와 같지 않다. 아무도 바그다드 폭격을 공경하지 않는다.

나는 이로써 완전하다고 말하려는 것은 아니지만 그럼에도 결정적으로, 그리스도교의 예배의 경배에는 세 번째 요소, 즉 감사(gratitude)라는 요소가 있다고 제안한다.[3] 그리스도교 예배에서 감사가 두드러지는 것을 눈치채지 않으려면 정말 무뎌야 할 것이다.

정리해 보자. 나는 하나님을 예배하는 것이 하나님을 향해 하나님의 더할 나위 없는 위대함에 대해 특별히 인정하는 방식이라고 제안한다. 구체적으로, 이렇게 하나님을 향해 취하는 태도가 경외와 공경과 감사의 경배인 인정 방식이다. 그리스도인들은 하나님을 달래기 위해 전례를 상연하지 않고, 하나님의 선하신 은혜를 받기 위해 전례를 상연하지 않으며, 자신들의 거래 원장에 긍정적 측면을 유지하기 위해 전례를 상연하지 않고, 그들 자신을 중심에 두기 위해 전례를 상연하지 않는다. 그리스도인들은 하나님을 예배하기 위해 모인다. 하나님을 마주하면서 그들은 경외와 공경과 감사의 경배 태도로 하나님의 더할 나위 없는 위대함을 인정한다.

---

3 나는 그리스도교 예배를 구성하는 이 독특한 유형의 경배의 네 번째 요소가 **신뢰**(trust)임을 확인하기 위해 더 언급되어야 하는 무언가가 있다고 판단한다.

이것이 맞다면, 그리스도교 전례 전체에 암시된 하나님 이해는 분명, 더할 나위 없이 탁월하셔서 우리가 경외, 공경, 감사의 자세로 경배하는 것이 적절한 분으로 하나님을 이해하는 것이다. "주님은 위대하시니, 크게 찬미받으소서." 그럼 이제 이런 하나님 이해로 돌아가 보자.

전례에서 말하는 하나님의 탁월성

하나님을 더할 나위 없이 탁월하신 분으로 묘사하는 것은 정형화된 것이다. 많은 종교인은 하나님을 더할 나위 없이 탁월하신 분으로 묘사할 것이다. 그러나 그들에게 하나님을 더할 나위 없이 탁월하게 만드는 것이 무엇이냐고 물을 때 우리는 수많은 다양한 답을 얻는다. 여기서 나의 프로젝트는 하나님에 관한 무엇이 더할 나위 없는 탁월함의 근거인가에 대한 나만의 개인적 설명을 제공하는 게 아니다. 나의 프로젝트는 전례에 암시된 이해를 명시하는 것이다.

내가 사용한 표현에 주목하라. "하나님에 관한 무엇이 더할 나위 없는 탁월함의 근거인가." 탁월함은 그저 아무렇게나 자리 잡는 것이 아니다. 탁월한 것에는 항상 그것에 탁월함을 부여하는 그것에 **관한** 무언가가 있다. 즉 탁월함을 설명해 주는 어떤 속성이 있다. 어떤 피아노 소나타가 훌륭하다고 주장하면서 아무런 근거 없이 그냥 훌륭한 소나타라고 주장한다면 이치에 맞지 않는다.

탁월함 자체가 무엇인지 말하자면, 어떤 것들이 소유한 속성 또는 그것들이 수행하는 어떤 행동 때문에 가지는 속성으로, 신비로운, 몹시 신비로운 것이다. 내가 아는 한 그것을 설명하는 데 성공한 철학자는 없다. 나도 그들 중 하나다. 철학자들은 탁월함의 사례들을 명확하게 일반화하여 공식화하려고 노력해 왔다. 예를 들어, 특정한 공리주의 계열의 철학자들은 인간의 복지만이 본래적으로 좋은 것이며, 그 밖의 좋은 것들은 인간의 복지에 도움이 되기 때문에 좋은 것이라고 주장해 왔다. 분명 이는 복지 그 자체가 **좋다**는 것이 무엇인지 알려주지 않는다. 좋음이란 무엇**이다** 하고 알려주지 않는다. 로버트 애덤스는 그의 저서 『유한히 좋은 것과 무한히 좋은 것』에서 "사물은", 파생적으로 탁월하지 않고 전형적으로 탁월한 존재인 "하나님을 닮거나 모방하는 한 탁월하다"고 말한다.[4] 그러나 이는 하나님이 탁월하다는 게 무엇인지도, 하나님 이외의 어떤 것이 탁월하다는 게 무엇인지도 알려주지 않는다. 탁월함이 무엇**이다** 하고 알려주지 않는다. 그 대신 하나님 이외의 것이 탁월한 조건을 구체화하고 있다.

하나님의 더할 나위 없는 탁월함을 근거 짓는 것이 무엇인지에 대한 우리의 논의는 여러 가지로 정리될 수 있다. 내가 식별한 그리스도교 예배에서 취하는 태도의 세 요소, 즉 경외, 공경, 감사라는 측면에서 정리해 보겠다. 경외에서 시작해 보자.

---

4   Robert Adams, *Finite and Infinite Goods* (Oxford: Oxford University Press, 1999), p. 28.

하나님의 더할 나위 없는 영광에 대해 하나님을 경외함

하나님에 관한 무언가에 응답할 때 경외심이 특히 적절한 반응이라면, 그것은 무엇일까? 나는 하나님의 더할 나위 없는 **영광**이라고 말하고 싶다. 우리는 하나님의 더할 나위 없는 영광을 감지할 때 하나님께 영광을 **돌리는** 행위는 물론이고, 경외의 태도를 취하는 것으로 응답한다. 나는 '하나님께 영광을 돌린다'는 말을 사용하면서 시편의 여러 구절, 예컨대 시편 96:7을 염두에 두고 있다. "만방의 민족들아, 주님을 찬양하여라. 주님의 영광과 권능을 찬양하여라."[5]

하나님의 영광이라는 주제 및 그와 짝을 이루는 하나님께 영광을 돌리기라는 주제는 그리스도교의 모든 전례에서 명시적으로 구두로 표현된다. 다른 곳은 몰라도 적어도 주기도문의 결론 및 상당수의 시편과 찬송가에 그렇게 표현되어 있다. 정교회 전례에서 하나님의 영광이라는 주제에 대한 명시적 구두 표현은 나타날 뿐만 아니라 만연해 있고 또한 두드러진다. 세 가지 예를 들어 보겠다.

---

5   참조. 시편 29편:

  > 하나님을 모시는 권능 있는 자들아,
  >   영광과 권능을 주님께 돌려드리고 또 돌려드려라.
  > 그 이름에 어울리는 영광을 주님께 돌려드려라.
  >   거룩한 광채를 입으신 주님을 예배하라. …
  > 주님의 목소리는 힘이 있고,
  >   주님의 목소리는 위엄이 넘친다.

  또한 시 96:7-9를 보라.

사제는 전례의 본기도(opening prayers)를 마치면서 "주, 우리 하나님이시여, 당신의 권능은 상상할 수 없고, 당신의 영광은 헤아릴 수 없습니다"(p. 13)라고 말한다. 그리고 복음 행렬 바로 직전에 더 확장하여 이렇게 말한다.

> 주 우리 하나님이시여, 주님은 하늘의 천사와 대천사의 품계와 군대를 세우시어 주의 영광을 받들게 하였사오니, 우리가 거룩한 천사들과 함께 주의 성소로 들어가 주의 선하심을 받들어 영광을 돌리게 하소서. 모든 영광과 존귀와 예배가 주의 것입니다. (p. 21)

앞서 인용한 삼성송에서도 회중은 "영광이 성부께, 또한 성자께, 또한 성령께, 이제와, 항상, 또한 영원히 있나이다"(p. 25)라고 노래한다.

하지만 경외의 태도를 취하는 것을 표현하기 위해 전례의 언어에만 집중한다면 심각한 실수일 것이다. 우리는 무릎을 꿇거나 조용히 서 있는 것으로도 경외심을 표현한다. 그리고 건축물은 음악과 2차원 시각 예술처럼 경외심을 표현한다. 또는 표현할 수 있다.

당신과 나에게 영광은 친숙한 개념이 아니다. 우리는 전례에서 일어나는 영광이라는 관념 말고는 이 관념을 많이 사용하지 않는다. 이 관념은 그리스도교 경전인 구약성서와 신약성서로부터 전례로 들어가며, 특히 하나님의 영광이 두드러진 주제인 시편으로부터 그러하다. 구약성서의 영어 번역에서 보통 '영광'(glory)이라는 말은 명예, 무게, 무거움, 혹은 우리가 통상 말하는 **엄숙함**(*gravitas*)을 함축하는 히브리어 단어 *kabod*를 번역한 것이다. 70인역에서는 히브리어 *kabod*를 광채를 함축하는 말인 그리스어 *doxa*로 번역했다. 하나님의 영광은 하나님의 광채다. 성서 저자들은 영광을 하나님의 일에 나타나거나 내보여진 하나님의 속성으로 생각한다. 하나님의 영광은 하나님의 일에서 빛난다.

하나님의 영광은 하나님의 창조 사역 및 창조의 유지, 즉 그 놀라운 광대함, 오묘함, 규칙성, 다양성, 아름다움 안에서 나타난다. 시편 기자는 "하늘은 하나님의 영광을 드러내고, 창공은 그의 솜씨를 알려 준다"(시 19:1)고 말한다. 바울이 로마인들에게 보내는 편지를 시작하며 "창세로부터 그의 보이지 아니하는 것들, 곧 그의 영원하신 능력과 신성이 그가 만드신 만물에 분명히 보여 알려졌나니"라고 말할 때, 바로 이 시편 기자의 선언을 가져와서 각색한 것이다.

하나님의 사역에 나타난 하나님의 영광이라는 관념은 시편 145:3-6에서 가장 정교하게 표현된다.

> 여호와는 위대하시니 크게 찬양할 것이라.
> 　그의 위대하심을 측량하지 못하리로다.
> 대대로 주께서 행하시는 일을 크게 찬양하며
> 　주의 능한 일을 선포하리로다.
> 주의 광채 가득한 영광스러운 위엄과
> 　주의 기이한 일들을 나는 작은 소리로 묵상하리라.

사람들은 주의 두려운 일의 권능을 말할 것이요.

나도 주의 위대하심을 선포하리이다.

위대함, 영광, 광채, 위엄, 기이한 일, 두려운 일과 같이 영광을 나타내는 말들이 이 짧은 행간에 모여 있다.

하나님에 관한 무엇이 하나님의 창조 사역 및 창조 유지에 나타나서 우리가 경외심을 느끼는가? 하나님의 **창조의 영광**으로 불릴 만한 것은 어디에 있는가? 이는 주로 하나님의 세 가지 속성에 있다. 첫째, 하나님의 창조의 영광은 하나님의 능력에 근거한다. 시편 기자는 방금 인용한 시편에서 하나님의 두려운 일의 권능에 대해 말했다. 바울은 하나님의 영원한 능력을 이야기했다. 이 거대하고 복잡 미묘하며 다양하고 규칙적이며 아름다운 우주는 기이한 능력의 현시이며, 이해할 수 없을 정도로 경외스럽다. 이는 하나님을 영광스럽게 하는 것의 일부다.

둘째, 하나님의 창조의 영광은 하나님의 지혜에 근거한다. 이는 시편에서 계속해서 표현된다. 시편 104편에서 창조의 다양성을 열광적으로 송축하는 스물세 절에 이어 시편 기자는 이렇게 선포한다.

여호와여 주께서 하신 일이 어찌 그리 많은지요.

주께서 지혜로 그것들을 다 지으셨으니

주께서 지으신 것들이 땅에 가득하니이다.

… 여호와의 영광이 영원히 계속할지며

여호와는 자신께서 행하시는 일들로 즐거워하시리로다.[6]

셋째, 하나님의 창조의 영광은 창조 질서의 유지, 창조에 대한 하나님의 신실함에 근거한다. 이것은 방금 언급한 시편에서 창조의 다양성을 송축한 시편 기자의 말에 암시된 바다. 하나님은 매일 해가 뜨고 지도록, 달이 계절을 나타내도록, 구름이 산에 물을 주도록, 계곡에 샘이 쏟아져 나와 야생 동물에게 물을 주도록, 새들이 서식지를 찾을 수 있는 나무가 있도록, 소가 먹을 풀과 사람이 먹을 식물이 있도록, 그 밖의 이러저러한 모양으로 창조 질서를 유지하신다.

이번 장을 작성할 때 놀랍게도 나는 하나님의 창조의 영광이라는 이 주제가 전통적인 주일 아침 전례 통상문에서 비교적 명시적으로 언급되는 경우가 거의 없다는 사실을 발견했다. 정교회 전례의 통상문에서 나는 하나님의 창조의 영광에 관한 언급을 딱 세 군데 발

---

6   참조. 잠 3:19-20.

    여호와께서는 지혜로 땅에 터를 놓으셨으며
      명철로 하늘을 견고히 세우셨고
    그의 지식으로 깊은 바다를 갈라지게 하셨으며
      공중에서 이슬이 내리게 하셨느니라.

    또한 참조. 시 92:5-6.

    여호와여 주께서 행하신 일이 어찌 그리 크신지요
      주의 생각이 매우 깊으시니이다!
    어리석은 자도 알지 못하며
      무지한 자도 이를 깨닫지 못하나이다.

견했는데, 각 언급은 간략하다. 한 시점에 사제는 이렇게 말한다.

거룩하신 하나님이시여, 당신은 성소 안에 머무르시며, 세라핌의 삼성송으로 찬미받으시고, 케루빔에게 영광을 받으시며, 하늘의 모든 권세로부터 경배를 받으시나이다. 당신은 무로부터 만물을 존재케 하셨고, 당신의 형상으로 사람을 창조하시고 당신의 은혜의 온갖 선물로 꾸며 주셨나이다. (p. 25)

이후 그는 이렇게 말한다.

우리를 비존재에서 존재로 이끌어 주신 … 당신이 다스리는 모든 곳에서 찬양하고 축복하며 영광을 돌리고 감사드리며 예배하는 것이 마땅하고 옳습니다. (p. 45)

그리고 이후의 시점에서는 이렇게 말한다.

우리는 보이지 않는 왕, 당신에게 감사합니다. 당신의 무한한 힘으로 모든 것을 창조하셨고 당신의 큰 자비로 모든 것을 비존재에서 존재로 탄생시켰습니다. (p. 63)

하나님의 창조의 영광에 대한 명시적 언급은 성공회 전례의 통상문에서도 마찬가지로 잘 보이지 않는다. 나는 딱 두 군데 발견했다. 감사성찬례 2형식에서 성찬기도 C는 이렇게 시작한다.

> 만능의 하나님, 우주의 주재자여, 당신은 영광과 찬양을 받기에
> 합당하신 분입니다. 당신의 명령에 따라 모든 것, 즉 광활한 별 사
> 이의 공간, 은하, 태양, 행성들, 그리고 이 연약한 지구, 우리의 고
> 향섬이 이루어졌나이다. 원초적 요소로부터 인류를 창조하시고
> 우리에게 기억, 이성, 기술로 축복해 주셨나이다. (p. 370)

그리고 같은 형식의 성찬기도 D에는 이런 구절이 있다.

> 영광스러운 힘이신 거룩한 주님, 당신을 높입니다. 주님의 위대한
> 업적이 주님의 지혜와 힘을 드러냅니다. (p. 373)

왜 주일 전례의 통상문에서 하나님의 창조의 영광에 대한 명시
적 언급이 상대적으로 부족한가? 그리스도교 예배에 암시된 하나
님 이해에서 하나님의 창조의 영광은 단지 작은 구성 요소일 뿐이
라고 결론지어야 하는가? 당연히 아니다. 모든 그리스도교 전례에
는 찬송과 시편을 노래하는 것이 있고, 정교회를 제외한 모든 전통
전례는 주일마다 노래하거나 찬트로 부르거나 말할 시편을 지정한
다.[7] 이 찬송들과 시편들에서 하나님의 창조의 영광은 두드러진 주

---

7   정교회 예배의 통상문에서 처음 두 응답송은 각각 시편 103편과 146편에서 인용한 말
을 사용한다.

제다. 그래서 우리가 주일 예배의 통상문을 넘어 그리스도교 전례의 실제 상연까지 돌아본다면, 전례 전체에서 명시하는 하나님 이해에서 두드러지는 것은 더할 나위 없는 창조의 영광을 소유하신 하나님에 대한 이해가 될 것이다. 그러나 내게는 전통적 주일 예배의 통상문이 하나님의 창조의 영광을 명시적인 말로 표현하기를 너무 삼간다는 사실을 설명할 길이 없다.

요한복음 1:14에서 우리는 이런 말씀을 읽는다. "말씀이 육신이 되어 우리 가운데 거하시매 우리가 그의 영광을 보니 아버지의 독생자의 영광이요 은혜와 진리가 충만하더라." 하나님의 영광은 창조만이 아니라 성육신에서도 나타나며, 더 일반적으로는, 성육신이 중심적 행위였던 하나님의 화해 사역에서도 나타난다. 교회는 내가 하나님의 **구속의 영광**이라 부르는 것 앞에서 경외하며 감탄하는 마음으로 서 있다.

성육신에 나타난 하나님의 영광에 대한 인정은 일반적으로 구약성서에서, 특별히 시편에서 예견된다. 이는 하나님의 왕 되심―모든 인류에 대한 하나님의 통치―에 나타난 하나님의 영광을 인정함으로써, 또한 하나님의 구속 목적을 위해 하나님이 이스라엘을 선택하신 일에 나타난 하나님의 영광을 인정함으로써 예견된 것이다.

하나님의 왕 되심에 나타난 하나님의 영광에 대한 인정은 시편 24편에서 생생하게 표현된다.

문들아 너희 머리를 들지어다!
영원한 문들아 들릴지어다!
영광의 왕이 들어가시리로다.
영광의 왕이 누구시냐? …
만군의 여호와께서
곧 영광의 왕이시로다.

하나님이 이스라엘을 선택하신 일에 나타난 하나님의 영광을 많은 곳에서 인정하는데, 그중 하나는 시편 105편에서의 인정이다.

여호와께 감사하고 그의 이름을 불러 아뢰며
그가 하는 일을 만민 중에 알게 할지어다.
그에게 노래하며 그를 찬양하며
그의 모든 기이한 일들을 말할지어다.
그의 거룩한 이름을 자랑하라.
여호와를 구하는 자들은 마음이 즐거울지로다.…
그는 그의 언약 곧 천 대에 걸쳐 명령하신 말씀을 영원히 기억하셨으니
이것은 아브라함과 맺은 언약이다.

하나님의 구속의 영광은 전통적 주일 전례의 통상문에서는 하나님의 창조의 영광보다 훨씬 더 명백한 말로 인정받는다. 두 가지 예

를 들어 보겠다. 정교회 전례의 제2교송(Antiphon) 가운데 일부를 보자. 사람들은 하나님께 이렇게 말을 건네고 있다.

영광이 성부께, 또한 성자께, 또한 성령께, 이제와, 항상, 또한 영원히 있나이다. 하나님의 말씀이시며 영생하시는 독생자시여, 당신은 우리의 구원을 위해 하나님의 거룩한 어머니이자 동정녀인 마리아에게서 육신을 취하시고, 본성의 변함없이 사람이 되시어, 십자가에 달리셨고, 그럼으로써 죽음을 죽음으로 멸하셨나이다. 거룩한 삼위일체의 한 분으로서, 성부와 성령과 함께 영광을 받으시는 분이나이다. (pp. 17-18)

그리고 여기 성공회 전례의 감사성찬례 1형식의 성찬기도 1양식이 있다.

모든 영광을 받으실 전능하신 하나님, 지극한 사랑으로 외아들 예수 그리스도를 이 세상에 보내셨으며, 그리스도께서는 우리의 구원을 위하여 십자가에 달리셨나이다. (p. 334)

요약하면, 하나님을 예배하는 우리의 모임에서 암시적이고 명시적인 하나님 이해는 하나님이 창조와 구원의 영광에서 더할 나위 없이 위대하시다는 것이다.

하나님의 더할 나위 없는 거룩함에 대해 하나님을 공경함

우리가 하나님을 경배하는 것은 공경심과 경외심을 결합한다. 우리가 경외심으로 반응하는 것은 특히 하나님의 영광에 대해서이므로, 나는 우리가 공경심으로 반응하는 것은 특히 하나님의 **거룩함**에 대해서라고 제안한다.

하나님의 거룩함이라는 주제는 모든 전통 전례에서 반복해서 울려 퍼진다. 물론 가장 두드러지는 것은 "상투스"(Sanctus)에서다.[8] 이미 4세기 무렵에 상투스는 성찬기도로 도입되었다. 오늘날 우리의 전례에는 약간 다른 몇 가지 버전이 있다. 다음은 우리 시대의 가톨릭 전례 및 성공회 전례 2형식에서 찾아볼 수 있는 버전이다.

거룩하시도다, 거룩하시도다, 거룩하시도다, 만군의 주 하나님.
하늘과 땅에 가득한 그 영광.
지극히 높은 곳에서 호산나.

이 환호는 이사야가 성전에 서 있을 때 들었던 천군의 황홀한 노래에서 비롯된다(사 6:3).

거룩하다, 거룩하다, 거룩하다, 만군의 여호와여.

---

8 한 가지 예외가 있다. 정교회 전례에서 하나님의 거룩함이라는 주제는 삼성송에서 더 두드러진다.

그의 영광이 온땅에 충만하도다.

밧모섬의 요한은 황홀경의 상태에서 이 노래를 다시 듣는다.

거룩하다, 거룩하다, 거룩하다, 주 하나님 곧 전능하신 이여.
전에도 계셨고 이제도 계시고 장차 오실 이시라!

그런데 거룩함은 무엇인가? 나는 전례에서 일어나는 영광이라는
관념은 당신과 나에게 익숙한 관념이 아니라고 말했다. 거룩함이
라는 관념은 훨씬 덜 친숙하다. 그러니 잠시 시간을 들여 이 관념을
파악해 보자.

조녀선 에드워즈는 그의 저서 『신앙감정론』에서 하나님의 거룩
함을 논하는 데 여러 면을 할애한다. 그는 먼저 그가 하나님의 **자연
적** 속성 또는 완전성이라고 부르는 것과 하나님의 **도덕적** 속성 또
는 완전성이라고 부르는 것을 구별한다. 하나님의 자연적 속성은
하나님의 "위대함"을 이루는 것으로, "하나님의 능력, 모든 것을 아
는 그분의 지식, 영원부터 영원까지 이르는 그분의 존재, 그분의 전
지전능함, 두렵고 무서운 그분의 위엄 같은 것이다."[9] 하나님의 도
덕적 속성은 "하나님이 도덕적 행위자로서 발휘하는 속성, 또는 하
나님의 마음과 의지가 선하고 옳으며 한없이 알맞고 사랑스러운

---

9   Jonathan Edwards, *Religious Affections* (New Haven: Yale University Press, 1959),
p. 255. 『신앙감정론』(부흥과개혁사).

근거가 되는 속성으로, 이를테면 그분의 옳음, 진실함, 신실함, 선함 같은 것"(p. 255)이다.

하나님의 자연적 속성과 하나님의 도덕적 속성을 이렇게 구별한 후에, 에드워즈는 하나님의 도덕적 속성들 또는 완전성들이 다함께 하나님의 거룩함을 구성한다고 선언한다. 즉 하나님의 거룩함은 "성서에서 하나님에 관하여 보편적으로 사용되지는 않더라도 그 단어가 일반적으로 사용되는 의미에서 신적 본성의 도덕적 탁월성, 곧 도덕적 행위자로서 그분의 순결함 및 아름다움과 동일하며, 여기에는 하나님의 모든 도덕적 완전성, 의로움, 신실함, 선함이 포함된다"(p. 255). 그다음 에드워즈는 그것이 하나님의 자연적 속성이 아니라 "모든 거룩한 감정의 객관적 근거"(p. 256)인 하나님의 거룩함이라고 말한다. "거룩한 감정을 행사하는 거룩한 사람들은 … 하나님의 거룩함 내지 도덕적 완전성의 아름다움으로 인해 무엇보다도 하나님을 사랑한다. 이 아름다움은 그 자체로 지극히 사랑스러운 것이다. 은혜의 감정을 행사하는 성도들은 하나님의 거룩함으로 인해서만 그분을 사랑하는 게 아니다. 그분의 모든 속성은 성도들의 눈에 사랑할 만하고 영광스럽다. … 하지만 하나님의 거룩함으로 인한 그들의 하나님 사랑이야말로 그들의 삶에서 가장 근본적이고 본질적인 것이다"(p. 256).

칼 바르트는 『교회 교의학』에서 에드워즈와 비슷하면서도 상당히 다른 하나님의 거룩함에 대한 이해를 전개한다. 에드워즈처럼 하나님 안에서 여러 가지 다양한 도덕적 탁월성을 확인하고 이 모든 도덕적 탁월성이 하나님의 거룩함의 예라고 선언하는 데 머무르지 않고, 바르트는 하나님의 각 도덕적 완전성을 하나님의 사랑에 대한 수식어로—하나님의 사랑의 여러 예 중 하나가 아니라 하나님의 사랑에 대한 수식어로—간주한다. 그는 하나님의 사랑에 어떤 수식어가 붙든 그 모든 사랑이 은혜의 성질을 가지고 있다고 주장한다. 하나님의 사랑은 항상 하나님에게서 멀어진 피조물과 친교 맺기를 추구한다. 하나님의 은혜로운 사랑은 무엇보다도 하나님의 용서에 나타나 있다. 그러나 바르트는 심판 없이는 용서가 있을 수 없다고 주장한다. 하나님의 거룩함을 구성하는 것은 하나님의 용서에 암시되어 있는 하나님의 사랑의 이 **심판하는** 양상이며, 하나님의 용서는 결국 하나님의 사랑의 은혜로운 성질이 나타난 것이다. 하나님 사랑의 은혜로움은 거룩한 양상, 즉 심판의 양상을 지닌다.[10]

　　내게는 거룩함에 대한 이러한 설명 중 어느 것도 흡족하지 않다. 에드워즈의 말에 따르면, 우리 인류는 일단 하나님의 거룩함을 깨달으면 완전히 하나님께 매료된다. 에드워즈는 거룩함의 아름다움과 달콤함을 반복해서 말한다. 그러나 성전에 있는 이사야를 떠올려 보라. 이사야는 천군이 부르는 상투스를 듣고 움츠러들며 이렇게 말한다. "화로다 나여! 망하게 되었도다. 나는 입술이 부정한 사람이요. 나는 입술이 부정한 백성 중에 거주하면서 만군의 여호와

10　거룩함에 대한 바르트의 논의는 *Church Dogmatics*, Volume 2, Part 1, pp. 353 이하에서 찾아볼 수 있다.

이신 왕을 뵈었음이로다!"(6:5) 이사야도 에드워즈가 말하는 매력 같은 것을 느꼈음을 부인할 필요는 없다. 그럼에도 이 예언자는 움 츠러들었다. 이 에피소드는 바르트의 설명도 부족함을 보여 준다. 이사야는 하나님의 심판에 직면한 죄인이기 때문에 움츠러드는 게 아니라 자신이 부정하기 때문에 움츠러든다.

물론 문제는, 이러한 의미에서 보면 정결하거나 부정하다는 생각 이 더 이상 우리가 생각하는 방식의 일부가 아님을 고려할 때, 당신 과 내가 이를 조금이라도 이해할 수 있느냐는 것이다. 나의 견해는 우리가 **정결한 것**과 **부정한 것**이라는 관념을 복원할 수 있다는 것 이다. 그 관념이 결코 다른 장소와 시대의 사람들이 가졌던 감정적 무게로 우리에게 부과되지는 않겠지만 말이다.

어떤 것이 부정하다고 선언하는 것은, 그것과 접촉하거나 특정한 접촉 방식이 자신을 더럽힐 만큼 그것에 결함이 있거나 그것이 더 럽다고 선언하는 것이었다. 이런 일이 일어나지 않도록 부정한 존 재자를 차단해야 했고, 차단되지 않았으면 피해야 했다. 이스라엘 백성들은 생리하는 여자는 부정하다, 특정 동물은 부정하다 등의 생각을 했다. 부정한 것에 대해 그들이 내린 판단의 세부 사항에 몰 입하면, 우리는 완전히 혼란에 빠진다는 사실을 깨닫게 된다. 사회 학자 메리 더글러스는 그녀가 쓴 유명한 책『순수와 위험』에서 그 들이 내린 판단의 몇 가지 근거를 찾으려고 노력했다.[11] 여기서 우

---

11   Mary Douglas, *Purity and Danger* (London: Routledge & Kegan Paul, 1966). 『순 수와 위험』(현대미학사).

리의 목적상 그녀가 성공적으로 논증했는지 여부는 중요하지 않다. 사실 그 시절 사람들의 판단에 어떤 근거가 **있었는지**도 중요하지 않다. 중요한 것은 부정한 것에 대해 그들이 제시한 예에서 하나님의 거룩함을 추론하는 것이다. 하나님의 거룩함은 하나님의 순수함과 완전성이다. 하나님은 결코 훼손되거나 오염되거나 더럽혀지거나 결함 있지 않다. 하나님의 거룩함은 하나님의 초월, 하나님의 타자성이다. 이는 존재론적 초월이 아니다. 공간과 시간의 초월이 아니다. 모든 흠, 모든 얼룩과 더러움, 모든 결함, 모든 불완전성에 대한 초월이다.

우리의 경외심을 불러일으키는 것은 하나님의 영광이요, 우리의 공경심을 불러일으키는 것은 하나님의 거룩함이다. 거룩함 없이도 어떤 종류의 영광이 있을 수 있고, 따라서 공경심 없이도 경외심이 있을 수 있다.

14세기에 중앙아시아에 살던 사람들은 티무르가 정복하는 위업을 보면서 그에 걸맞게 경외심을 가졌다. 그를 공경하는 사람이 있었는지는 모르겠다. 그러나 우리는 그에 대해 충분히 알고 있으므로 그를 공경하는 것이 매우 잘못된 일임을 안다. 그는 말로 표현할 수 없을 정도로 잔인하고 사악한 사람이었고, 인간이 이를 수 있는 밑바닥까지 얼룩지고 더럽혀졌다. 우리의 하나님 예배는 하나님의 영광을 경외하는 태도와 하나님의 거룩함을 공경하는 태도가 결합된 것이다.

하나님의 더할 나위 없는 사랑에 대해 하나님께 감사함

그래서 나는 그리스도교 예배의 하나님 경배에는 결정적으로 경외심과 공경심을 가지고 감사하는 것이 포함된다고 제안했다. 그리스도교의 하나님 예배는 경외하고 공경하며 감사하는 경배다. 나는 경외가 하나님의 영광에 대한 우리의 응답이고 공경이 하나님의 거룩함에 대한 우리의 응답이라고 제안했다. 아주 분명히, 감사는 우리를 향한 하나님의 사랑에 대한 우리의 응답이다. 문제의 사랑의 형태는 돌봄으로서의 사랑, 즉, 다른 이의 번영을 증진하고 다른 이의 가치에 합당한 존경을 표하려는 사랑이다.

우리를 향한 하나님의 사랑에 대한 명시적 인정은 그리스도교 전례에 널리 퍼져 있다. 몇 가지 예 이상을 제시하는 것은 과도한 일일 것이다. 우리 시대의 가톨릭 전례에서 사제는 예배를 여는 세 가지 초대의 말 중에서 선택할 수 있다. 하나는 다음과 같다. "우리 주 예수 그리스도의 은혜와 하나님의 사랑과 성령의 친교가 여러분 모두와 함께." 성공회 감사성찬례 2형식에서 사제는 성찬기도 A 도입부에서 이렇게 말한다. "거룩하시고 자비하신 성부여, 우리를 무한히 사랑하셔서 주님의 자녀로 삼으시기 위하여 우리를 지으셨으며, 우리가 죄에 빠져 죄악과 죽음에 지배당했을 때 자비하심으로 오직 한 분이신 영원한 아들 예수 그리스도를 보내사, 인간의 본성을 취하게 하시고 우리 중 하나처럼 살고 죽게 하심으로써 만유의 아버지 하나님과 우리를 화해케 하셨나이다." 또한 이미 앞서 인용한 대로 정교회 전례에서는 시작 기도를 다음과 같은 말로 맺는다. "주, 우리 하나님이시여, 당신의 권능은 상상할 수 없고, 당신의 영광은 헤아릴 수 없으며, 당신의 자비는 한없고, 당신의 사랑은 형언할 수 없사오니, 자애로 우리를 굽어살피소서."

감사의 태도를 취하는 것에 암시된 하나님 이해는 인간에 대한 하나님의 사랑이 더할 나위 없는 위대하다는 하나님 이해다.

함께 끄집어내기

우리가 결론지은 것을 종합해서 물음을 던져 보겠다. 이번 장에서 나의 프로젝트는 그리스도교 전례 전체에—이런저런 전례 행위가 아니라, 특정 유형의 전례 행위가 아니라, 그리스도교 전례 전체에—암시된 하나님 이해를 확인하는 것이었다. 나는 인간이 의례 행위에 참여할 때 무엇을 하는지에 대한 여러 이해 방식 중 몇 가지에 주목한 뒤, 그리스도인들은 하나님을 예배하기 위해 전례를 상연한다는 공통된 견해를 확인했다. 이는 다음과 같은 물음을 던지게 했다. 예배란 무엇인가?

나는 예배가 특히, 하나님의 더할 나위 없는 탁월함에 대해 하나님을 인정하는 특별한 방식이라고 결론지었다. 구체적으로는, 한 인격이 하나님의 더할 나위 없는 탁월함에 대해 하나님을 인정하는 일에 참여할 때 그가 취하는 태도가 경배의 태도라면 그것은 하나님을 예배하는 것이다. 경배가 구체적인 경배 대상과 그 대상에 대한 행위자의 이해에 따라 내용이 다소 달라진다는 점에 주목한 뒤에는, 그리스도인의 경배는 하나님을 경외하고 공경하며 감사하는 경배라고 제안했다. 이는 하나님을 향한 경외, 공경, 감사에 암시된 하나님 이해에 대한 성찰로 이어졌다. 내가 도달한 결론은, 우리의 하나님 예배에 암시된 그리고 종종 명시된 하나님 이해는 영광, 거룩, 사랑이 더할 나위 없는 분인 하나님에 대한 이해라는 것이다.

나의 물음은 다음과 같다. 나는 그리스도교 전례 전체가 하나님 예배를 위한 것이라는 공통된 견해를 확인했다. 하지만 그 공통된 견해에 단서를 달아야 하는가? 고백과 중보 기도의 전례 행위를 고찰해 보라. 두 경우 모두에서 우리는 하나님을 마주한다. 하지만 우리가 죄를 지었다고 고백할 때 우리는 하나님을 예배하고 있는가? 우리가 하나님께 중보 기도를 드릴 때 우리는 하나님을 예배하고 있는가? 두 경우 모두에서 우리는, 고백할 때는 죄인으로서, 중보 기도를 드릴 때는 궁핍한 자로서 곧바로 우리 자신을 다룬다. 우리가 이런 식으로 곧바로 우리 자신을 다룰 때 우리는 하나님을 예배하고 있는 것인가?

또한 예배를 여는 초대의 말, 죄 사함의 선언, 폐회 축복, 성서 낭독, 설교 듣기 같이 우리가 듣는 행위는 무엇인가? 이러한 예배 행위는 우리 편에서의 일인가? 때때로 루터파와 개혁파 전통에서 그리스도교 전례 전체를 아우르는 범주로 **예배**의 범주가 아니라 **선포**의 범주를 사용하는 작가를 본다. 이는 내게 분명 너무 멀리 간 것처럼 보인다. 하나님께 찬송을 부르는 것은 선포가 아니다. 하지만 어쩌면, 우리는 그리스도교 전례를 예배와 선포의 혼합으로 생각해야 하는 것일까?

나는 고백과 중보로 우리가 하나님을 예배한다고 말하고자 한다. 하나님께 죄를 지었다고 고백하는 것은 하나님의 거룩함과 권위를 암시적으로 인정하는 것이다. 이사야가 성전에서 내뱉은 "나는 입술이 부정한 사람이요"라는 말을 다시 한번 떠올려 보라. 그리고 하나님께 드리는 중보 기도는 하나님의 사랑과 권능을 암시적으로 인정하는 것이다. 그러므로 고백과 중보는 모두 하나님의 위대함을 인정하는 것이다. 또한 둘 모두 경외하고 공경하며 감사하는 경배의 태도로 행해질 수 있고 그렇게 행해져야 한다. 그렇다. 고백과 중보는 예배다.

우리가 설교를 듣는 것, 축복을 듣는 것 등에 대해서도 비슷한 말을 해야 한다. 인도자가 죄 사함을 선언하고, 설교를 전하고, 축복하는 말을 하는 행위는 실로 선포의 행위다. 8장에서는 이것들이 인도자가 말하는 방식을 통해 하나님이 하시는 말씀으로 이해되어야 함을 논증할 것이다. 하지만 나는 우리가 이러한 다양한 형태의 선포를 듣는 것은 우리 편에서는 예배 행위라고, 혹은 예배 행위여야 한다고 말하고 싶다. 전례 전체의 상연이라는 맥락에서, 이러한 다양한 형태의 선포를 듣는 것은 우리의 하나님 경배에 유일무이하고 독특한 그리스도교적 성격을 부여한다. 그리고 설교를 전하는 일은 설교자 편에서의 예배 행위―하나님의 더할 나위 없는 탁월함을 설교자 편에서 경배하는 인정 행위—로 이해되어야 하지 않겠는가?

그러나 선포와 예배의 관계에 대한 이러한 관찰은 앞서 말한 점을 시사한다. 그리스도교 전례 전체가 하나님을 예배하기 위한 것이라고 해서 전례 행위에 다른 목적이 없다는 뜻은 아니다. 성 바울은 고린도전서(14장)에서, 모임이 신앙 안에서 참여자들을 '형성하기' 위한 것이라는 점을 여러 차례 강조했다. 그는 참여자들을 형성하지 못하는 고린도교회의 모임에서 일어나는 여러 가지 일을 비판한다. 참여자들을 형성하는 데 도움이 되는 것이 특히 **선포**에 해당하는 행동이더라도, 분명 전체 전례도 그러한 효과를 가지고 있거나 가지고 있어야 한다. 만일 그렇지 않다면 그것은 정말로 이상한 일일 것이다. 그런데 신앙으로 형성되는 것은 우리의 하나님 예배와 **별개로** 일어나는 일이 아니다. 그리스도인이 하는 식으로 하나님을 예배하는 것은 신앙에 참여하는 이들을 형성하는 역할을 한다.

결론적 관찰

나는 다음과 같은 관찰로 마무리한다. 그리스도인의 삶 전체가 예배이거나 예배여야 한다는 말이 있다. 이번 장에서 나는 그것이 참이 아니라고 가정했다. 그리스도인의 삶 전체는 하나님의 존재, 하나님이 행하신 일, 행하고 계신 일, 행하실 일을 인정하는 것이며, 이는 곧 하나님의 더할 나위 없는 탁월함을 인정하는 것이다. 그런데 나는 예배가 세상 안에서의 우리의 일과 구별되어 **하나님을 향하는** 방향성을 가진다고 주장했다. 물론 어떤 저자는 내가 하나님의 존재, 하나님이 행하신 일, 행하고 계신 일, 행하실 일을 인정하는 것이라고 부른 모든 것을 갈음하여 자신은 '예배'라는 말을 사용할 것이라고 선언할 수도 있다. 하지만 그렇게 하면 내가 **예배**라고 불렀던 것을 분간하기—경배의 태도를 취해 하나님의 더할 나위 없는 탁월함에 관해 하나님을 향해 인정하는 일을 분간하기—위해 다른 말이 필요하다. 그리고 나의 경험상 삶의 모든 것이 예배라고 선언하는 사람들은 거의 언제나 내가 **예배**라고 부르는 것의 중요성, 특히 **전례적** 예배라고 부르는 것의 중요성을 경시한다. 그러한 경시에 관해서, 나는 앞 장에서 폰 알멘과 슈메만에 동의하면서 전례의 상연에서 우리는 교회가 무엇인지를 가장 명확하게 나타낸다는—유일하게 나타내는 것은 아니지만 가장 분명하게 나타낸다는—점을 분명히 했다.

3

취약하신 분인 하나님

이번 장에서는 앞 장과 다른 각도에서 전례 전체를 살펴보고, 앞 장에서 도출한 것과는 다른 하나님 이해를 도출하고자 한다. 이러한 이해는 **양립할 수 없는** 것이 아니라 **상호 보완적**이라는 결론에 이를 것이다.

　첫 번째 장에서 나는 전례에 참여하는 사람들이 하나님을 예배하기 위해 대본화된 사회적 실천에 참여하고 있다고 주장했다. 사회적 실천은 그것에 참여하는 사람들에게 항상 일정한 규범적 지위를 갖는다. 그들이 할 수 있는 다른 대부분의 또는 다른 모든 좋은 일보다 탁월함에 있어 더 중차대한 일을 하는 것이 그들에게 **좋은 일**, 어쩌면 **아주** 좋은 일일 수 있다. 아니면 그들이 하는 일은 **나쁜** 일, 어쩌면 **아주** 나쁜 일일 수 있다. 한편, 그것은 단순히 그들에게 좋은 일이 아니라 그들이 **해야 할** 좋은 일, 그들이 할 의무가 있는 좋은 일일 수도 있다. 만약 어떤 일이 단지 해서 좋은 일이 아니라 의무인 좋은 일이라면, 그 일을 하지 못하면 나쁜 일을 한 셈이다. 이와 반대로, 어떤 일이 해서 좋은 일이지만 의무는 아니라면,

그 일을 하지 않음으로써 후회가 일어날 수는 있겠지만 그것이 잘못을 범한 죄인 것은 아니다.

교회에서 전례 상연의 규범적 지위

전례 상연이라는 사회적 실천이 교회에서 차지하는 규범적 지위는 무엇인가? 분명 이것은 그 일을 행하는 교회에 좋은 일이다. 그런데 그 일은 의무적인가? 성공회 교회의 성찬기도 1양식에서 집전자는 성찬 감사기도를 다음과 같은 말로 시작한다.

> 오 주님, 거룩하신 아버지, 전능하시고 영원하신 하나님, 우리가
> 언제 어디서나 당신께 감사를 드림은 우리의 마땅하고 옳은 당연
> 한 의무입니다. (p. 333)

그 요점을 "하나님께 감사하는 것이 우리의 **의무다**"라는 말보다 더 명확하게 진술하긴 어렵다. 나는 '감사'라는 말이 여기서 예배 일반을 가리키는 제유법으로 기능하고 있다고 생각한다. 즉 하나님을 예배하는 것은 우리의 마땅하고 옳은 당연한 의무다.

성공회 전례의 성찬기도 2양식에서 큰 감사 기도는 집전자의 다음과 같은 말로 시작한다.

전능하신 하나님, 하늘과 땅의 창조자이신 당신께 언제 어디서나 감사를 드림은 참으로 옳고 좋으며 기쁜 일입니다. (p. 361)

다소 모호한 말인 '옳다'는 그대로 남아 있지만, '마땅한 의무'라는 말은 없어지고 '좋으며 기쁜 일'이라는 말로 대체되었다. 나는 2양식을 지은 사람들이 하나님을 예배하는 것이 우리의 의무라는 관념을 불편하게 여겼다고 추론해도 무방하다고 생각한다. 하나님을 예배하는 것은 실제로 좋고 기쁜 일이지만 의무는 아니라는 것이다.

이 점에 관하여 두 가지 양식 중 어느 것이 옳은가? 전례 상연이라는 사회적 실천이 교회에서 차지하는 규범적 지위는 무엇인가? 첫 번째 장에서 봤던, 교회가 전례를 상연할 때 교회 자체를 스스로 **현실화한다**는 슈메만의 주장과 전례의 상연이 교회의 **현현**이라고 한 폰 알멘의 매우 유사한 주장을 상기해 보자. 만약 이러한 주장이 옳다면, 그리고 나도 그렇다고 주장한다면, 교회가 전례를 상연하기 위해 모이는 것이 좋고 즐거운 일이라는 말로는 분명 너무 빈약하다. 전례를 상연하기 위해 모이는 것은 교회가 **해야 할** 일이다. 그것은 교회의 마땅한 의무다. 그렇게 하지 않는다면, 그것은 잘못을 범한 죄가 될 것이다.

나는 여기서 특정한 구절들—예를 들어 시편 96편—을 염두에 두고 있다.

만국의 족속들아 영광과 권능을

　여호와께 돌릴지어다. 여호와께 돌릴지어다.

　여호와의 이름에 합당한 영광을 그에게 돌릴지어다.

　예물을 들고 그의 궁정에 들어갈지어다.

　아름답고 거룩한 것으로 여호와께 예배할지어다.

　온 땅이여 그 앞에서 떨지어다. (시편 96:7-9)

여기 있는 문장은 모두 명령법으로 되어 있다. 우리가 주 여호와께 영광을 돌린 것은 그분의 이름에 **기인한** 것, 곧 주 여호와께 기인한 것이다.

감히 말하건대, 많은 선한 독자가 성공회 전례를 개정한 이들과 마찬가지로, 전례 상연이라는 사회적 실천이 교회에서 **의무**에 해당하는 규범적 지위를 갖는다는 생각을 불편해한다. 그들은 우리가 우리 안에 있는 모든 것을 가지고서 주 우리 하나님을 사랑하라는 명령을 받았음을 상기한다. 그리고 그들은 의무를 사랑과 조화될 수 없는 것으로 여긴다. 그래서 그들은 사랑이 의무와 본분에 주의를 기울이지 않으며, 도덕적 **요구**에 관심을 두지 않는다고 생각한다. 즉 하나님과 이웃을 요구받아 대하는 것처럼 대한다면 하나님과 이웃을 사랑하는 것이 아니라는 말이다.

나는 이 관점이 예수께서 두 가지 사랑의 명령으로 우리에게 명하신 사랑과 관련해서 잘못된 생각을 가정하고 있다고 생각한다. 누군가를 특정한 식으로 대하지 않으면 그 사람에게 잘못을 범하는 경우에만 그 사람을 그러한 방식으로 대해야 할 의무가 있다. 그러나 분명 예수께서 우리에게 명하신 사랑은 항상, 누구에게도 결코 잘못을 범하는 것이 아니다. 왜 잘못을 범하지 않는다는 말인가? 사랑은 의무를 포함한다. 사랑은 일반적으로 의무를 넘어서지만, **적어도** 의무가 요구하는 바를 행한다.

아마도 의무가 사랑과 조화될 수 없다고 생각하는 사람들은 의무에 대한 잘못된 견해를 가지고 있을 것이다. 이런 사람들은 자신이 해야 할 일을 안 할 것 같은 사람을 보면 우리가 그에게 의무가 있음을 일러 준다는 점에 주목한다. 우리가 그렇게 말하는 것이 그를 올바른 방향으로 독려한다는 점에 주목한다. 하지만 하나님과 이웃을 사랑하는 사람은 올바른 방향으로 독려할 필요가 없다.

사실, 우리가 일반적으로 누군가에게 그렇게 할 의무가 있다고 일러 주는 경우는 그가 그렇게 하지 않는 경향이 있어 보일 때뿐이다. 그러나 이로부터, 그가 그 일을 하려는 경향이 **있을** 때 그에게 그렇게 할 의무가 없다는 결론이 뒤따라 나오지는 않는다. 자신이 의무적으로 해야 할 일을 하는 경향이 있을 수 있고, 의무적으로 해야 할 일을 항상 하는 경향이 있다면 이상적이다. 저기서 뒤따라 나오는 유일한 결론은 어떤 사람이 해야 할 일을 하는 경향을 보이면 보통은 굳이 의무를 일러 주지 않는다는 점뿐이다.

이러한 점들을 적용하면 다음과 같다. 즉, 우리가 사랑에 대해, 의무에 대해, 사랑과 의무의 관계에 대해 올바르게 이해한다면, 전례를 상연하는 것이 그저 교회에 좋은 일이 아니라 교회가 해야 하는 의무라고 말하기를 주저하지 않을 것이다.

교회에서 전례 상연의 규범적 지위에 대한 이러한 이해가 옳다고 가정하자. 이제 이 규범적 지위에 암시된 하나님 이해로 넘어가겠다. 앞에서 말한 것은, 교회가 하나님을 예배하지 못하면 그것은 잘못을 범한 죄라는 것이다. 잘못을 범한 누군가가 있다면, 잘못을 당한 사람도 항상 있다. 따라서 교회가 하나님을 예배하지 않은 잘못을 저질렀다면, 그 잘못을 당한 이가 있을 것이다. 그게 누구인가? 당연히 하나님이다. 교회에서 전례 상연의 규범적 지위는 하나님이 잘못된 일에 취약함(vulnerable)을 전제한다.

많은 사람이 이 결론에 반대하리라는 점을 알고 있지만, 내가 제시한 사고방식은 설득력 있다고 생각한다. 교회가 하나님을 예배하기 위해 전례를 상연하는 것은 그저 좋은 일이 아니다. 그렇게 하는 것은 의무다. 하지만 교회가 그렇게 하는 것이 의무라면, 그렇게 하지 않을 때 그것은 누군가에게 잘못하는 것이다. 여기에 하나님 말고 누가 있겠는가? 그래서 하나님은 잘못된 일에 취약하다. 내가 보기에 이 결론을 피할 길이 없다. 우리는 더할 나위 없이 위대하신 하나님을 경외하고 공경하며 그분께 감사하는 경배에 참여하기 위한 전례를 수행하고자 모인다. 그러나 교회에서 전례 상연의 규범적 지위는 동일한 하나님이 잘못된 일에 취약함을 암시한다. 이것은 매우 역설적이다. 또는 어쩌면 우리는 하나님의 더할 나위 없는 위대함의 차원이 그분께 잘못을 범할 수 있는 피조물을 존재하게 함으로써, 하나님 자신을 잘못된 일에 취약하게 하셨다고 말해야 할 것이다.

　나는 "자신을 취약하게 하셨다"고 말했다. 하나님은 마땅히 받아야 할 경외와 공경과 감사의 경배를 하나님 자신에게 바칠 수 있는 피조물을 만들지 않으셔도 됐고, 또 그렇게 하지 않으실 수도 있었다. 그러나 하나님은 그러한 피조물을 만드셨다. 그렇게 함으로써 하나님은 하나님 자신을 취약하게 하셨다.

　교회에서 전례 상연의 규범적 지위가 전제하는 이런 식의 하나님의 취약성을 명확히 해 보자. 이미 초기 교회 교부들에게는 하나님이 무감한지 그렇지 않은지, 즉 하나님께 분노, 낙담, 연민 등과 같은 부정적 감정이 있는지에 대한 논의가 있었다. 당연히 교부들은 성서가 하나님에 대해 말할 때 부정적 감정의 언어를 사용한다는 점을 알고 있었다. 그들에게 문제는 그러한 언어가 해석되는 방식이었다. 19세기까지 대부분의 그리스도교 신학자는 하나님이 무감한 분일 수 있다고 생각했다. 거의 보편적인 견해는, 성서 저자들이 하나님께 부정적 감정의 용어들을 적용할 때 그것들을 비유적인 말로 이해해야 한다는 것이었다.

　예를 들어, 아우구스티누스는 성서에서 하나님이 인간 피조물을 불쌍히 여기신다고 할 때, 우리가 경험하는 연민 같은 것을 하나님께 귀속시켜 이해해서는 안 된다고 주장했다. 인간의 연민은 "마음의 비참함"을 가져오지만, "누가 하나님이 어떤 비참함에 마음을 빼앗기신다고 제정신으로 말할 수 있겠는가? 연민과 관련하여, 당신이 연민을 느끼는 사람들과 비참함을 공유하면서 발생하는 동감을 제거하여, 비참함을 느끼지 않으면서 비참을 돕는 평안한 선함만 남겨 둔다면, 신적 연민에 대한 일종의 지식이 내비쳐진다."[1] 간단히 말해서, 우리가 하나님께 귀속시켜야 할 사랑은 결코 다른 인격의 고통이나 부정적 감정을 공유하는 동감, 동정(Mitleiden)의 사랑이 아니라, 선행과 자선의 사랑뿐이다.

안셀무스는 『프로슬로기온』 8에서 아우구스티누스의 생각을 상세히 설명한다. 하나님을 향하여 그는 이렇게 말한다.

> 그런데 당신은 어떻게 연민을 가지시면서 동시에 무감하실 수 있습니까? 당신이 무감하실 수 있다면, 당신은 인간과 함께 고통받지 않으십니다. 당신이 인간과 함께 고통받지 않는다면 당신의 마음은 가엽게 여긴다는 의미인 불쌍한 사람들과의 공감에서 나오는 불쌍히 여김과는 무관합니다. 그런데 당신이 연민하지 않는다면, 불쌍한 이들에게 그런 큰 위로는 어디에서 오는 것입니까? 주님, 당신이 우리와 관련해서 연민을 가지시고, 당신과 관련해서 그렇지 않은 것이 아니라면, 어떻게 연민을 가지시면서 또 그렇지 않을 수 있나이까? 그래서 당신은 우리의 느낌과 관련해서는 연민이 넘치시고 당신의 느낌과 관련해서는 그렇지 않으십니다. 당신이 불쌍한 우리를 바라보시면 우리는 연민하는 분의 작용을 경험하고, 당신은 감정에 사로잡히지 않기 때문입니다. 그러므로 당신은 연

---

1   J. K. Mozley, *The Impassible God* (Cambridge: Cambridge University Press, 1926), p. 105에서 재인용.

민하는 분이십니다. 불쌍한 이들을 구원하시고 당신께 속한 죄인을 아끼시기 때문입니다. 또한 당신은 연민하는 분이 아니십니다. 어떤 불쌍한 이의 고통에 마음을 빼앗기시지 않기 때문입니다.[2]

초기 교회 교부들에게도 이미 하나님이 고통을 받으시는가 하는 문제와 밀접하게 관련된 논의가 있었다. 이 경우 논의의 초점은 하나님은 고통받지 않는데 예수께서 십자가에서 고통을 받을 수 있었느냐는 것이었다. 19세기까지 거의 모든 신학자는 하나님이 고통을 받을 수 없다고 주장했다. 하나님이 고통을 받으심을 암시하는 성서의 언어는 모두 비유적으로 해석되어야 한다.

교회에서 전례 상연의 규범적 지위가 하나님이 취약함을 전제한다고 말할 때, 하나님이 고통과 부정적 감정에 취약하다는 주장을 하려는 게 아니다. 나는 몇몇 논고에서 하나님이 분노와 연민 같은 부정적 감정이나 그와 매우 유사한 감정에 정말로 취약하다고 주장했다.[3] 그러나 나는 전례 전체가 이 점에 관하여 어떤 식으로든 우리에게 표명하고 있다고 생각하지 않는다. 교회에서 전례 상연의 규범적 지위가 전제하는 바에 대한 나의 주장은, 하나님이 **잘못을 당하는 일**에 취약하다는 것이다.

---

2 Anselm, *Proslogion* 8, trans. S. N. Deane (La Salle, IL: Open Court Press, 1964). 『모놀로기온 프로슬로기온』(아카넷).

3 내가 쓴 *Inquiring about God: Selected Essays*, Volume 1, ed. Terence Cuneo (Cambridge: Cambridge University Press, 2010)에 수록된 "Suffering Love"와 "Is God Disturbed by What Transpires in Human Affairs?"를 보라.

잘못을 당할 수 있는지, 또한 잘못을 저지른 사람과 잘못된 행위 모두에 대해 부정적 감정을 경험하지 않고 자신이 잘못을 당했음을 깨달을 수 있는지 묻는 것은 좋은 물음이다. 전례와 마찬가지로 성서가 우리의 잘못으로 인해 분노하신 하나님에 대해 자주 말하는 것은 분명 우연이 아니다.[4] 하지만 그 물음에 대한 우리의 답변이 무엇이든, 잘못을 당했다는 것은 그 잘못된 일을 저지른 이와 그 행위에 대해 부정적 감정을 느끼는 것과 동일하지 않다. 내가 여기서 주장하는 바는, 교회에서 전례 상연의 규범적 지위가 하나님이 잘못된 일에 취약함을 전제한다는 것뿐이다. 하나님이 잘못을 당할 수 없다고 보는 이들이 있다면 교회에서 전례 상연의 규범적 지위는 내가 말해 온 것과 같지 않다고 주장해야 할 것이다.

죄 고백에 암시된 하나님 이해

이제 전례 내부로 들어가 죄 고백 행위를 살펴보자. 죄 고백은 모든 전통 그리스도교 전례에서 행해진다. 죄 고백에서 교회는 하나님을 죄가 거스르는 대상이신 분으로 가정하거나 그렇게 선언한다. 그러므로 우리는 우리의 죄 고백을 하나님께 아뢴다. 우리 시대 가톨릭

---

4 성공회 교회의 감사성찬례 1형식에서 죄 고백의 기도 중 하나를 참조하라. "때때로 생각과 말과 행실로 왕이신 하나님께 죄를 지었으며 또한 가장 심각하게 우리를 향한 당신의 분노와 노여움을 일으킨 우리의 수많은 죄와 악함을, 우리는 인정하고 크게 뉘우칩니다."

전례에서 참회 예식 둘째 형식은 "주님, 저희는 주님께 죄를 지었나이다"라는 사제의 선언으로 시작한다. 그리고 성공회 전례에서 죄고백의 기도 형식 중 하나는 이렇게 시작한다.

자비하신 하나님,
우리는 생각과 말과 행실에서
우리가 행한 것으로,
또한 우리가 행하지 않은 것으로
당신께 죄를 지었음을 고백하나이다. (p. 331)

비록 우리가 죄를 지은 것이 하나님께 대한 것이지만, 하나님께 대한 우리의 죄는 종종 동료 인간에게 잘못을 범하는 형태를 띤다. 이는 보통 죄 고백 본문에 명시된다. 우리는 우리의 동료 인간에게 잘못을 범함**으로써** 하나님께 대해 죄를 짓는다. 그런데 우리는 또한 하나님의 이름에 합당한 영광을 하나님께 돌리지 않음으로써 하나님께 대해 죄를 짓는다는 점을 간과해서는 안 된다.

이제 요점을 짚어 보자. 교회에서 전례 상연의 규범적 지위는 하나님이 잘못된 일에 취약하심을 전제하지만, 죄 고백 행위는 실제로 하나님이 잘못된 일을 당하셨음을 전제한다. 죄를 짓는 것이 하나님께 잘못하는 것 외에 또 무엇이겠는가? 만일 하나님이 잘못된 일을 당할 수 없고 따라서 실제로 잘못된 일을 당하지 않았다고 주장하는 사람들이 있다면, 그들은 전례의 이 부분이 상당히 오도되어 있으며 그들은 이와 아무런 관련이 없다고 주장해야 할 것이다. 아니면 그런 이들이 전례의 죄 고백 부분을 분석하면 다음과 같은 내용이 포함될 것이다. 즉, 하는 것처럼 보이지만 실제로 하는 것은 아니다. 다시 말해, 하나님께 죄를 지었음을 고백하는 것처럼 보이지만 실제로 고백하는 것은 아니다.[5]

구약성서 예언서 여기저기에서 발견되는 신적 탄식의 이면에는 하나님이 인간 피조물에 의해 잘못된 일을 당하셨다는 사실이 함의되어 있다. 예언자 미가의 말보다 더 가슴 아픈 애가는 없다.

> 내 백성아, 내가 무엇을 네게 행하였으며
> 무슨 일로 너를 괴롭게 하였느냐?
> 너는 내게 증언하라!
> 내가 너를 애굽 땅에서 인도해 내어
> 종노릇하는 집에서 속량하였고
> 모세와 아론과 미리암을 네 앞에 보냈느니라.

---

5 하나님과 그리스도께서 잘못된 일을 당하는 것과 관련하여, 칼뱅은 성찬례를 논하는 과정에서 이렇게 말한다. "만약 이 생각이 우리 마음에 인상으로 남아 새겨진다면, 우리는 이 성사에서 많은 유익을 얻을 것이다. 그 생각이란, 아무 형제라도 상하게 하거나 멸시하거나 배척하거나 학대하거나 그 밖의 어떤 식으로든 넘어지게 한다면 우리의 잘못된 행위가 반드시 그와 동시에 그리스도를 상하게 하거나 멸시하거나 학대한다는 것이다"(*Institutes* IV. xvii. 38, trans. Ford Lewis Battles [Philadelphia: Westminster Press, 1960], p. 1415). Allan Aubrey Boesak, *Dare We Speak of Hope?* (Grand Rapids: William B. Eerdmans Publishing Company, 2014). 부삭은 디트리히 본회퍼를 인용해, 소외된 사람들과 함께 서는 것은 "하나님이 슬퍼하시는 때에 하나님과 함께 서는 것"이라고 말한다(p. 85).

내 백성아, 너는 모압 왕 발락이 꾀한 것과

브올의 아들 발람이 그에게 대답한 것을 기억하며

싯딤에서부터 길갈까지의 일을 기억하라.

그리하면 나 여호와가 공의롭게 행한 일을 알리라. (미 6:3-5)

하나님에 대한 우리의 죄는 하나님께 마땅히 해야 할 순종을 하나님에게서 박탈하는 형태를 띤다. 여기서 '순종'이라는 말을 사용하는 것은, 죄 고백이라는 전례 행위가 내가 지금까지 지적한 것 말고도 하나님에 관한 다른 어떤 것을 전제하고 있다는 사실, 즉 하나님께서 우리가 삶을 영위하기 위한 명령을 내리셨다는 사실을 가리킨다. 하나님께 잘못을 범하는 것은 하나님의 명령에 불순종하는 형태를 띤다. 이것은 성공회 전례에서 죄 고백 기도의 하나로 본문에 명시되어 있다. "우리는 거룩한 율법을 거역했나이다."[6] 일반적으로, 순종할 수도 있고 순종하지 않을 수도 있는 사람에게 적법한 명령을 내리는 것은 불순종으로 인한 잘못을 당할 수 있게 스스로 취약해지는 것이다. 하나님은 우리에게 명령을 내리시고 우리에게 순종하거나 순종하지 않을 자유를 주심으로써, 우리에게 잘못을 당할 수 있게 스스로 취약해지셨다.

전례에 암시된 하나님 이해의 이러한 측면, 즉 하나님을 명령을 내리시는 분으로 이해하는 것에는 하나 이상의 장을 할애할 가치가

---

[6] 이 말은 A Penitential Order: Rite One, p. 320에서 죄 고백의 두 가지 선택지 가운데 두 번째 기도로 등장한다.

있을 것이다. 하지만 내가 이번 장에서 강조하고 싶은 것은, 하나님을 잘못된 일에 취약할 뿐만 아니라 실제로 잘못을 당하시는 분으로 그리스도교 전례에서 암시적으로 이해한다는 점이다. 창세기 9:5-6에 대한 장 칼뱅의 주석은 인용할 가치가 있다. "이 교리 … 곧 누구도 하나님께 상처를 입히지 않은 채 형제에게만 해를 끼칠 수 없다는 점을 주의 깊게 살펴야 한다. 이 교리가 우리 마음속에 깊이 자리 잡고 있다면, 우리는 상처 입히기를 훨씬 더 꺼리게 될 것이다."

중보 기도에 암시된 하나님 이해

전례의 다른 부분인 중보 기도로 넘어가자. 우리는 주기도문에서 하나님께 이렇게 말을 건넨다. "당신의 이름이 거룩히 여김을 받으시오며 당신의 나라가 임하옵시며 당신 뜻이 하늘에서 이룬 것 같이 땅에서도 이루어지이다." 7장에서는 하나님 나라의 도래에 대한 이 언급을 어떻게 이해해야 할지 상당히 길게 논할 것이다. 내가 이번 장에서 주목하고 싶은 것은 이 기도에서도 우리는 일종의 하나님의 취약성을 전제한다는 점이다.

다시 말하건대, 하나님의 취약성은 잘못을 당할 수 있다는 취약성이다. 하나님의 이름은 종종 거룩히 여김을 받으시지 않으며, 그럼으로써 하나님은 잘못을 당한다. 따라서 이런 형태의 잘못된 일에서 하나님이 벗어나실 수 있도록 우리는 하나님의 이름이 거룩히 여김을 받으시기를 기도한다. 하나님의 뜻은 하늘에서 이룬 것 같이 땅에서 이루어지지 않으며, 그럼으로써 하나님은 잘못을 당한다. 따라서 우리는 하나님의 뜻이 하늘에서와 같이 땅에서도 이루어져서 하나님이 이런 형태의 잘못된 일에서 벗어나시기를 기도한다.

우리가 하나님 나라의 도래를 기도한 후 일용할 양식을 달라고 기도할 때, 어조가 달라진다. 여기서 우리는 단지 인간 편에서의 올바른 행동을 위해 기도하는 게 아니다. 역사를 통틀어 기아는 종종 가뭄, 홍수, 허리케인 같은 자연재해로 발생했다.

하나님 나라가 이미 여기에 충만하게 있다면 우리는 하나님 나라의 도래를 기도하지 않을 것이다. 우리는 하나님께 삼위일체가 되시기를, 전지하시기를, 전능하시기를 기도하지는 않는다. 마찬가지로 일용할 양식이 변함없이 필연적으로 우리 수중에 떨어진다면 우리는 일용할 양식을 달라고 기도하지 않을 것이다. 따라서 실제로 하나님 나라의 도래에 대한 어떤 이상한 저항이 현실에 존재한다는 결론을 피할 수 없을 것으로 보인다. 예를 들어, 예수께서 사탄을 쫓아내신 일의 의미가 바로 여기에 해당한다. 바울은 때때로 이러한 저항을 '권세', '정사', '권위' 같은 단어로 언급한다. 바울이 마지막 날에 대해 다음과 같이 말할 때 이를 암시하고 있다. "그 후에는 마지막이니 그가 모든 통치와 모든 권세와 능력을 멸하시고 나라를 아버지 하나님께 바칠 때라. 그가 모든 원수를 그 발아래에 둘 때까지 반드시 왕 노릇 하시리니"(고전 15:24-25). 물론 하나님 나라의 도래에 대한 저항 중 일부는 우리 인간 안에 자리해 있다. 종종 우리는 하나님의 이름이 거룩히 여김을 받게 하지 않고, 종종 우리는 하나님의 뜻을 행하지 않으며, 종종 책임감 있게 권한을 행사하지 않는다. 그러나 바울은 우리 편에서의 그런 잘못된 행위가 종종 우리 의지의 경솔함 때문만이 아니라 우리가 악한 힘의 지배를 받고 있다는 사실 때문이라고 가르친다. 로마서에서 바울은 우리가 "종노릇 한다"고 말한다.

그리스도인인 우리는 하나님이 이 저항을 압도하실 것이며 언젠가는 하나님 나라가 온전히 여기 있으리라는 점을 의심하지는 않는다. 우리는 만물이 하나님의 지배에서 벗어나 있지는 않은지 의심하지 않는다. 때때로 우리는 동료 인간의 노력이 성공을 거두리라는 확신이 들 때 "당신의 노력이 성공을 거두기를"이라고 말한다. 하지만 하나님의 나라가 충만하게 이르기까지 거기에는 저항이 있다. 그리고 분명 이것이 함의하는 바는 하나님께 그러한 저항이 올 수 있는 취약함이 있으시다는 것이다. 하나님이 저항에 압도될 위험이 있다는 의미에서 취약하다는 게 아니다. 오히려, 하나님이 압도하실 저항을 그분께서 허락하셨다는 의미에서 취약하다는 말이다.

하나님 축복에 암시된 하나님 이해

마지막으로, 대부분의 전례에서 일어나는 하나님에 대한 축복(bless-ing)을 생각해 보자. 우리 시대 가톨릭 전례에서는 이것이 성찬 전례

도입부에 나온다. 사제는 평서문으로 축복을 말하고, 사람들은 기원문으로 된 축복으로 응답한다.[7] 이는 다음과 같이 전개된다.

사제: 축복받으실 온 누리의 주 하나님. 주님의 선하심으로, 우리는 땅의 소산이자 사람이 손으로 만든 이 빵을 바칩니다. 이 빵은 우리에게 생명의 양식이 될 것입니다.

회중: 하나님, 영원히 축복받으소서.

사제: 축복받으실 온 누리의 주 하나님. 주님의 선하심으로, 우리는 포도나무의 열매이자 사람의 수고인 이 포도주를 바칩니다. 이 포도주는 우리에게 영의 음료가 될 것입니다.

회중: 하나님, 영원히 축복받으소서.

정교회와 성공회 전례에서 하나님에 대한 축복은 전례의 시작과 동시에 일어나며, 기원문으로 되어 있다. 정교회 전례에서 사제는 이렇게 말한다.

성부와 성자와
성령의 나라는,

---

7   내가 사용할 가톨릭 미사 본문은 웹사이트에서 볼 수 있다. "Order of Mass: Basic Texts for the Roman Catholic Eucharist." 2011년 10월 20일 접속(문맥상 "축복받으실", "축복받으소서"라고 번역했으나, 한국 가톨릭 미사 통상문에는 "찬미받으소서"라고 되어 있다. 'bless'에 대해 논하는 3장 및 '축복'을 의미하는 곳에서만 'bless'를 '축복'으로 옮겼고 다른 곳에서는 '찬미'로 옮겼다―옮긴이).

이제와 항상, 또 영원히

축복받으소서. (p. 9)

 누군가를 **축복하는** 것이 무엇인지는 오랫동안 논의되어 온 주제다. 하나님이 인간을 창조하신 후에 그들에게 복을 주시며 "생육하고 번성하며 땅에 충만하라"(창 1:28)고 하셨을 때 하나님은 무엇을 하신 것일까? 야곱이 임종 시 열두 아들에게 "각 사람의 분량대로 축복하였"을 때(창 49:28) 그는 무엇을 한 것일까? 시편 기자가 "내 영혼아, 여호와를 축복(송축)하라. 내 속에 있는 것들아, 다 그의 거룩한 이름을 축복하라"(시 103:1)라고 말할 때 그는 자신에게 무엇을 명한 것일까? 예수께서 의를 위하여 핍박받는 자들에게 "천국이 그들의 것이니라"(마 5:10)라며 축복하실 때 그분은 무엇을 하신 것일까? 나는 이 문제를 다루는 문헌에서 하나님과 하나님 나라를 축복하는 일이 무엇인지에 대한 두 가지 주요 가능성으로 보이는 것만 가져올 것을 제안한다.

 한 가지 가능성은 하나님과 하나님 나라를 축복하는 것은 하나님과 하나님 나라를 찬양하는 것과 다르지 않거나, 하나님과 하나님 나라가 찬양받기 합당하다고 선포하는 것과 다르지 않다는 것이다. 축복을 평서문으로 말할 때 이는 자연스러운 해석인 것 같다. 가톨릭 전례에서 사제가 "축복받으실 온 누리의 주 하나님" 하고 말할 때, 이는 "찬양받기 합당하신 온 누리의 주 하나님"이라고 하는 것과 별로 다르지 않은 것 같다. 시편 기자가 자신에게 여호와를 송축하라고 명할 때, 물론 그 말은 실제로 축복하는 것이 아니라 그렇게 하라고 자신에게 명하는 것이지만, 나는 그가 자신에게 명하는 것에 대한 가장 자연스러운 해석은 주님을 찬양하는 것이라고 생각한다. 사실 이는 그가 이어지는 구절에서 계속해서 하는 일이다.

그러나 인간에 대한 것이든 하나님에 대한 것이든, 기원문으로 말하는 축복에 대해서는 다른 해석이 있어야 할 것 같다. 하나님께서 새로이 창조하신 인간 피조물을 축복하실 때 하나님은 기원문으로 말씀하고 계시는데, **번영하여라** 하고 말씀하시는 것이다. **생육하고 번성하여 땅에 충만하여라.** 정교회 전례에서 사제가 "성부와 성자와 성령의 나라는 축복받으소서" 하고 말할 때도 마찬가지로 기원문으로 말하고 있는데, 다음과 같이 말하는 것이다. **삼위일체 하나님의 나라가 번영하소서.**

하지만 **삼위일체 하나님의 나라가 번영하소서** 하고 말하는 게 말이 되는가? 하나님은 무슨 일이 있어도 번영하시지 않는가? 그 답은 확실히, 만일 하나님 나라의 충만한 도래를 위해 **기도하는** 것이 타당하다면, 다음과 같이 말하는 것도 타당하다는 것이다. **삼위일체 하나님의 나라가 번영하소서. 그 나라가 충만하게 도래하소서.**

이제 하나님 축복에 대해 이렇게 언급한 내용의 결론을 내려보자. 만일 하나님 나라의 충만한 도래를 기도하는 것이 하나님 나라의 충만한 도래에 저항하는 일에 대한 하나님의 취약하심을 전제로 하는 것이라면, 기원문으로 하는 하나님에 대한 우리의 축복 또한 하나님 나라의 충만한 도래에 저항하는 일에 대한 하나님의 취약하심을 전제로 하는 것이며, 실제로도 저항받고 있다.

그리스도교 전례는 하나님에 대한 암묵적 이해에서 매우 역설적이다. 우리는 하나님을 경외하고 공경하며 그분께 감사하는 경배를 드리기 위해 모인다. 이러한 경배에는 하나님이 영광과 거룩하심과 사랑에서 더할 나위 없이 위대한 분이시라는 이해가 암시되어 있다. 그러나 우리 모임의 규범적 지위 및 우리가 모일 때 수행하는 특정 전례 행위의 규범적 지위는, 하나님께서 자신을 잘못된 일을 당하는 데 취약하게 하셨고 또한 하나님 나라에 대한 저항에 취약하게 하셨을 뿐만 아니라 하나님이 실제로 잘못된 일을 당하시고 실제로 저항받으심을 전제하고 있다. 하나님은 더할 나위 없이 탁월하시면서 동시에 취약하시다. 이것들을 나란히 공존하는 하나님의 두 측면으로 생각한다면 잘못일 것이다. 하나님의 더할 나위 없는 탁월함의 한 요소는, 하나님이 바로 이런 방식으로 자신이 취약해지는 길을 선택하셨고 허용하셨다는 것이다.

하나님의 이 위대한 측면을 우리가 인식한다면 그에 대해 적절하게 반응하는 태도는 무엇인가? 나는 **놀라움**이라고 말하겠다. 그리스도인의 하나님 예배는 하나님을 경외하고 공경하며 그분께 감사하고 그분을 놀라워하는 경배다. 물론 하나님을 향한 우리의 놀라움은 하나님이 자신을 잘못된 일과 저항을 당하는 데 취약하도록 허용하셨다는 것에 대한 놀라움만이 아니다. 하나님의 영광, 하나님의 거룩하심, 하나님의 사랑에 대한 놀라움도 있다.

4

서로 말 건넴에 참여하시는 분인 하나님

모든 그리스도교 전례는 특정한 하나님 이해를 명시적으로 표현한다. 성공회 교회의 감사성찬례는 "성부, 성자, 성령이신 하나님, 찬미받으소서"라고 말하면서 집전자가 하나님을 찬미하는 말로 시작한다. 집전자가 말하는 찬미는 하나님이 삼위일체로 이해됨을 명시한다.

그러나 모든 그리스도교 전례에는 전례를 구성하는 전례 행위에 **암시된** 하나님 이해도 있다. 성공회 전례를 시작하는 행위에 암시된 바는, 하나님이 찬미받으시기에 적합한 분이라는 것이다. 집전자가 하나님이 찬미받으시기에 적합한 분이라고 **말하지는** 않는다. 또한 그러므로, 당연히 그는 무엇이 하나님을 찬미받으시기에 적합한 분이게끔 하는지 설명하지도 않는다. 그는 단지 하나님을 찬미한다. 이 책에서 나의 프로젝트는 전례에 **암시된** 하나님 이해의 어떤 양상을 명시하고 이를 명확하게 설명하는 것이다.

2장에서는 그리스도교 전례 전체에 암시된 하나님 이해를 고찰했다. 우리는 하나님이 더할 나위 없는 탁월함을 지녔고, 경외하고 공경하며 감사하는 경배를 받으시기에 합당한 분으로 이해되고 있다고 결론지었다. 3장에서는 교회에서 전례 상연의 규범적 지위에 암시된 하나님 이해 및 고백, 중보, 축복〔찬미〕의 행위에 암시된 하나님 이해를 고찰했다. 그리고 우리는 암시적으로 하나님을 잘못된 일과 저항에 취약한 분으로 이해하고 있다고 결론지었다. 이제 몇 가지 근본 유형의 전례 행위에 암시된 하나님 이해로 넘어가자.

말을 건네시는 하나님에 대한 전례 행위

성공회 교회의 감사성찬례 전례에는 두 가지 의례가 있다. 두 의례 모두 앞서 언급한 복되신 하나님을 찬미하는 사제의 말로 시작하여 이어 사람들이 "또한 그분의 나라는 이제와 항상, 또 영원히 찬미받으소서"라고 말하며 하나님 나라를 찬미한다. 이 찬미 직후에 집전자가 하나님께 말을 건네는(address) 기도가 이어진다. 감사성찬례 2형식에서 하나님을 가리키는 대명사가 개정되었다는 점을 제외하면—"thee"가 "you"로 "thy"가 "your"로 대체되었다—기도문은 두 의식 모두 동일하다. 2형식에 있는 기도문을 인용해 보겠다.

전능하신 하나님, 주님은 모든 사람의 마음과 소원을 다 아시며, 은밀한 것이라도 모르시는 바 없사오니, 성령의 감화하심으로 우리 마음의 온갖 생각을 정결하게 하시어, 주님을 진심으로 사랑하고 주님의 거룩하신 이름을 공경하여 찬송하게 하소서. 우리 주 예수 그리스도의 이름으로 기도하나이다. (p. 355)

모인 사람들은 "아멘"으로 화답한다.

이 시작 기도는 모든 주류 그리스도교 전례에서 그러하듯 성공회 전례에서도 가장 처음에 나오는 반복적 행위 유형이다. 회중 또는 집전자 또는 둘 모두가 2인칭 대명사를 사용하여 하나님께 말을 건넨다. 성공회 전례 감사성찬례 2형식에서 다른 몇 가지 예를 들어 보겠다.

어떤 주일에는 시작 기도 직후 "하늘 높은 데서는 하나님께 영광"이라는 고대 찬송가를 노래한다. 찬송의 첫 소절은 다음과 같다.

> 하늘 높은 데서는 하나님께 영광,
>> 땅에서는 주님께서 사랑하시는 사람들에게 평화.
> 주 하나님, 하늘의 임금님,
> 전능하신 아버지 하나님,
>> **당신을** 예배하나이다. **당신께** 감사하나이다.
>> **당신의** 영광을 위해 **당신을** 찬양하나이다. (p. 356)[1]

죄 고백문의 첫 문장은 다음과 같다.

---

[1]　이 구절 및 이어지는 구절에서 "당신(당신은, 당신을, 당신께)"과 "당신의"의 강조 표시는 필자가 한 것이다.

자비하신 하나님,

우리는 생각과 말과 행실에서

우리가 행한 것으로,

또한 우리가 행하지 않은 것으로

당신께 죄를 지었음을 고백하나이다. (p. 360)

감사성찬례 2형식에는 중보 기도 본문에 대한 많은 선택지가 있다. 양식 6의 본문은 "평화 가운데 우리는 **당신**, 주 하나님께 기도합니다"라는 문장으로 시작하여 다음과 같은 문장으로 마무리된다.

지극히 자비로우신 아버지, 우리에게 자비를 베푸소서.

당신의 연민으로 우리의 죄를,

알려진 것과 알려지지 않은 것,

행한 것과 행하지 않은 것으로 지은 죄를 용서하소서.

그리고 **당신의** 영으로 우리를 붙드소서.

그리하여 우리가 새 생명 가운데서,

우리 주 예수 그리스도를 통하여,

당신 이름의 영예와 영광을 위해,

살며 **당신을** 섬기게 하소서. (pp. 392-393)

성찬 시작 부분에 있는 두 가지 버전의 대추수감사절 본문의 두 가지 버전은 다음과 같은 말로 시작한다.

전능하신 아버지, 하늘과 땅의 창조주여, 언제 어디서나 **당신께** 감사함이 마땅하고 선하며 즐거운 일입니다. (p. 361)

이어서 집전자가 해당 일에 적절한 서문으로 기도하고, 그 후에 집 전자는 이렇게 말한다.

그러므로 우리는 천사들과 대천사들과 하늘의 모든 무리와 함께 목소리로 **당신을** 찬양합니다. (p. 362)

그리고 성찬 후에 집전자와 회중이 읊는 기도문의 한 가지 버전 은 다음과 같다.

영원하신 하나님, 하늘의 아버지,
당신은 우리를 **당신의** 아들 구세주 예수 그리스도에게 속한
살아 있는 자로 은혜롭게 맞아 주셨고,
당신은 우리에게 영적 음식과
주님의 몸과 피의 성사를 먹여 주셨습니다.
지금 우리를 평화 가운데 이 세상에 보내시고,
우리 주 그리스도를 통하여
기쁨과 일편단심으로
당신을 사랑하고 섬길
힘과 용기를 주소서. (p. 365)

계속해서 집전자와 모인 사람들은 2인칭 대명사로 하나님께 말을 건넨다. 물론 2인칭 대명사를 명시적으로 사용하지 않고도 하나님께 말을 건넬 수 있다. 예를 들어, 사람들은 집전자가 성공회 전례를 개회하며 하나님을 찬미할 때 이것을 하나님께 말을 건네는 것으로 이해해야 하는지 궁금할 수 있다. "성부, 성자, 성령이신 하나님, 찬미받으소서"라는 문장에서 "하나님" 뒤에 "당신은"이라는 말이 암시되어 있는가? 가톨릭 성찬 전례는 집전자가 하나님을 찬미하며 시작하는데, 집전자가 읊는 본문에는 하나님을 가리키는 2인칭 대명사가 있으므로, 하나님께 말을 건네고 있다는 점이 분명해진다. "찬미받으실 당신, 온 누리의 주 하나님." 그런데 성공회 전례에서 개회 찬미는 하나님께 말을 건네는 것으로 이해해야 하는가?

사람들이 "그분의 나라는 이제와 항상, 또 영원히 찬미받으소서"—**당신의** 나라가 아니라 **그분의** 나라—라고 말함으로써 화답한다는 사실을 제외한다면 가능할 것이다. 개회 찬미에서는 하나님에 **대해** 말하고 있는 것이지 하나님**께** 말하고 있는 게 아니다.

"하늘 높은 데서는 하나님께 영광"이라는 찬송에서는 2인칭 대명사를 사용하므로, 분명히 하나님께 말을 건네는 것이다. 그러나 훌륭한 다른 많은 찬송가에서는 2인칭 대명사를 사용하지 않으며, 그렇기에 그 찬송이 하나님께 말을 건네는 것인지 아닌지 애매하다. 어떻든 간에 사람은 말을 건네지 않고도 누군가를 칭찬할 수 있다. 우리 교수들은 전에 가르쳤던 학생들과 친구들을 위해 추천서를 쓸 때 그렇게 한다.

나는 앞서 하나님께 말을 건네는 행위가 주류 그리스도교 전례에서 반복해서 일어난다고 했다. 하나님 찬양은 하나님께 말을 건네는 것이고, 하나님이 하신 일에 감사하는 것도 하나님께 말을 건네는 것이며, 죄 고백도 하나님께 말을 건네는 것이고, 중보 기도도 하나님께 말을 건네는 것이며, 여타 간구도 하나님께 말을 건네는 것이다. 이 외에도 말을 건네는 여러 행위가 있다. 이제 더 강한 주장을 펼쳐 보겠다. 정교회, 가톨릭, 성공회, 루터교, 개혁파 등 모든 주류의 전례에서 **몇몇** 전례 행위만이 하나님께 말을 건네는 행위가 아니라 **대부분의** 전례 행위가 하나님께 말을 건네는 유형에 속한다. 물론 주일 예배가 곧 설교인 개신교인들의 전례는 분명 여기에 해당하지 않는다. 그리고 어떤 전례에서도 모든 전례 행위를 하나님께 말을 건네는 형태로만 하지는 않는다. 무릎을 꿇거나 절을 함으로써 경외하고 공경하며 감사하고 놀라워하는 경배의 자세를 표현하는 것은 하나님께 말을 건네는 경우가 아니며, 성찬례의 빵을 먹고 포도주를 마시는 것도 하나님께 말을 건네는 경우가 아니다.

하나님께 말을 건네는 행위가 전례 구석구석 스며 있기에, 이러한 행위에 암시된 하나님 이해는 다른 어떤 곳보다도 전통 전례에 더 구석구석 스며 있다고 볼 수 있다. 물론 하나님께 말을 건네는 모든 행위는 찬양의 형태, 고백의 형태, 중보 기도의 형태 등 특정한 형태를 띤다. 그리고 이렇게 특정한 형태로 하나님께 말을 건네는 일은 그에 상응하는 특정한 하나님 이해가 암시되어 있을 것이다. 그런데 이러한 특정한 하나님 이해는 모두 하나님께 말을 건네

는 행위 일반에 암시되어 있는 하나님 이해를 전제로 한다. 그 이해
는 그것이 무엇이든 간에 그리스도교 전례 구석구석에 스며 있으
며 근본적인 것이다.

누군가에게 말을 건네는 일이 무엇인지에 관한 서론적 고찰

하나님께 말을 건네는 일에 암시된 하나님 이해를 분별하기 위해
서는 한 인격이 다른 인격에게 말을 건네는 것이 무엇인지 어느 정
도 이해할 필요가 있다. 다음 장에서 나는 그 문제에 관해 더 자세
히 말하겠지만, 일단 여기서 숙고를 시작해 보자.

일부 성공회 교구에서는 연례 동물 강복식이 있는데, 이는 실제
로 교구 교인들의 반려동물을 축복하는 것이다. 사람들은 자기 반
려동물을 교회 마당에 데려오고 사제는 그 동물들을 축복한다. 『성
공회 기도서』는 동물 축복을 위한 전례를 포함하고 있지 않지만 그
럼에도 이 강복을 위한 표준 전례가 있는지, 아니면 각 교구에서 고
유의 전례를 고안했는지 나는 잘 모르겠다.

나는 동물을 위한 그런 강복식에 참석한 적이 없다. 그러나 나는
사제가 동물들을 축복할 때 동물들을 가리켜 '당신'이라는 2인칭 대
명사를 사용한다는 것을 알아도 놀라지 않을 것이다. 사제는 당연
히 그가 "당신"이라고 부르는 피조물들이 축복을 받고 있음을 그들
이 알 것이라 기대하지는 않는다. 피조물들이 축복을 받고 있음을

알지 못한다고 해서 축복의 핵심이 훼손되는 것은 아니다. 그래서 사제는 영구 혼수상태에 있는 사람에게 축복의 말을 할 수 있고, 그 사람을 향해 '당신'이라고 할 수 있으나, 그 사람이 자신이 축복받고 있음을 알 것이라 기대하지는 않는다.

강아지는 말을 걸 때 알아차리지만 금붕어는 그렇지 않다. 그렇다면 금붕어를 축복하기 위해 앞에 세우고 신부가 금붕어를 "당신"이라고 부를 때, 그가 금붕어에게 말을 건네고 있다고 말하는 게 올바른 영어 용례인가? 그 금붕어를 사랑하는 사람이 금붕어를 가리켜 "너 정말 귀엽구나"라고 할 때, 그 사람이 금붕어에게 그렇게 말을 건네고 있다고 말하는 게 올바른 영어 용례인가? 사제가 뇌사 상태에 있는 누군가를 축복할 때, 그가 그 사람에게 말을 건네고 있다고 말하는 게 올바른 용례인가? 파이크스 피크를 바라보던 누군가가 "아, 자네 꼭대기를 덮고 있는 눈이 절대 없어지지 않았으면"이라고 외칠 때, 그가 파이크스 피크에 말을 건네고 있다고 말하는 게 올바른 영어 용례인가? 다른 사람이 자신에게 말을 건네고 있음을 인지할 수 없더라도 이는 그에게 또는 그것에게 말을 건넨 경우인가? 아니면 누군가 또는 어떤 것을 향해 '당신'이라고 부르더라도 말을 건넸음을 인지할 수 없다면 실제로는 말을 건네지 않은 경우가 되는가? 누군가 또는 무언가를 '당신'으로 지칭하면서도 그 존재에게 말을 건네는 것이 아닌 언어 행위(speech act)는 수행 가능한 것인가? 아니면 '당신'이라는 말을 사용하는 것이 말 건넴의 표시인가?

나는 이 물음에 답하려는 시도는 하지 않을 것이다. 그 대신, 말을 건넸음을 상대방이 인지하리라 기대하거나 희망하면서 누군가에게 말을 건네는 것과 관련해서 '강한 말 건넴'이라는 용어를 도입하고자 한다. 모든 말 건넴이 강한 말 건넴인지, 또는 '약한 말 건넴'이라고 부를 만한 것도 있는지 여부에 우리는 답할 필요가 없다. 앞으로 '말 건넴'이라는 용어를 단서 없이 사용할 때 내가 염두에 두는 것은 강한 말 건넴일 것이다.

누군가에게 강하게 말을 건넨다는 것은 무엇인가? 우리가 행하는 수많은 다양한 종류의 언어 행위 가운데, 누군가에게 강하게 말을 건네는 행위의 특징은 무엇인가?

내가 말하려는 바는 이렇다. 내가 말고에게 말을 건넨다면 그것은 말고가 내가 하는 말에 주의를 기울이고 말뜻을 파악하여 적절하게 반응하리라는 의도나 목적을 가지고 언어 행위를 수행하는 것이다. 만약 말고가 내 말에 주의를 기울이지 않거나 말뜻을 파악하지 못했거나 그에 적절하게 반응하지 않아서 그렇게 말을 건넨 내 의도가 달성되지 않았더라도 나는 그에게 말을 건넸을 것이다. 말고에게 말을 건네는 데 실패하여 내 시도가 무산될 수도 있다. 어쩌면 나도 모르게 말고 대신 다른 누군가에게 말을 건넨 것일 수도 있고, 아니면 전혀 아무에게도 말을 안 건넨 것일 수도 있다. 하지만 말고에게 말을 건네는 데 성공했는지는 말고가 내 말에 주의를 기울이고 말뜻을 파악하여 그에 적절하게 반응하게 하려는 나의 의도가 성취되는 데 달린 일이 아니다. 이 경우 내가 말고에게 말을 건네는 행위를 수행한다는 것은 말고가 나의 의도와 목적의 일환으로 그런 행위를 했는지 여부가 아니라 내가 시켰는지 여부에 달려 있다.

말고에게 말을 건넬 때, 나는 내가 말을 건네는 상대방이 아닌 다른 누군가에게, 예를 들어 마르다에게 슬쩍 들리기를 원할지도 모른다. 나는 마르다가 내가 하는 말에 주의를 기울여서 말뜻을 잘 파악하기를 원할 수도 있다. 그래서 우리는 특정인(들)이 내가 하는 말에 주의를 기울이고 말뜻을 파악하여 적절하게 반응하기를 **의도 내지 목표하는 것**과 어떤 사람(들)이 그 말에 주의를 기울여서 말뜻을 파악하기를 **원하는 것**을 구별해야 한다. 자신의 행동이 어떤 영향을 미치기를 원한다고 해서 그 영향 자체가 그 행동을 수행하는 목적이 되는 것은 아니다. 마르다가 어떤 연유에서인지 내 말을 엿듣지 못했다고 해서 말고에게 말을 건네는 나의 목적이 실패한 것은 아니다. 말고에게 말을 건네는 나의 목적은 말고가 내 말에 주의를 기울이지 않고 말뜻을 파악하지 못하고 그에 적절하게 반응하지 않을 때 실패한 것이다. 물론 특정인이 내 말에 주의를 기울이고 말뜻을 파악하며 그에 적절하게 반응하는 것이 나의 의도이고 목적인지, 아니면 그가 내 말에 주의를 기울이고 말뜻을 파악하는 것이 내가 그저 일어났으면 하고 바라는 일에 불과한지 불분명한 때도 있을 것이다.

만약 내 행동 목적이 말고가 내 말에 주의를 기울이고 말뜻을 파악하여 적절하게 반응하는 것이라면, 나는 말고를 '당신'이라고 지칭할 수 있는 방식으로—내가 실제로 '당신'이라고 지칭하든 지칭하지 않든—지목한 것이다. 2인칭 대명사로 말고를 가리키면서,

"나는 당신에게 말한다"라는 말로 말문을 열 수 있다. 내가 이런 식으로 지목할 수 있는 상대방이 없다면 내가 말을 건네는 대상이 없는 셈이다. 만일 내가 말고에게 한 말을 마르다가 엿듣기를 원한다면, 나는 그녀를 가리키면서 "나는 당신에게 말한다"라는 말로 말문을 열 수 없다.

말고에게 말을 건넬 때 나는 그가 내 말에 주의를 기울**일 수 있고** 말뜻을 파악**할 수 있을** 것이라고 가정한다. 지면을 아끼기 위해, 내가 한 말을 말고가 **들을** 수 있다는 말을 쓰겠다. 이는 '듣다'라는 말의 일상적 용례를 확장한 것이다. 비록 우리는 말하기로도 글쓰기로도 상대방에게 말을 건네지만, 우리가 '듣는다'라고 하면 일상적으로는 말하기에 대한 상대방의 반응만을 뜻한다.

듣지 못하는 것은 두 가지 형태로 나타난다. 첫째, 존재자 대부분은 존재론적으로 들을 수 없다. 산, 숫자, 별, 습지는 존재론적으로 들을 수 없다. 따라서, 심각한 혼란에 빠지지 않는 한 이 중 어떤 것도 비중 있게 다루지 않을 것이다. 둘째, 존재론적으로 들을 수 있는 존재자 중 일부는 들을 수 있는 위치에 있지 않기 때문에 누군가의 말 건넴을 들을 수 없을 것이다. 그들에게 필요한 노하우가 부족하거나, 그들이 너무 멀리 떨어져 있거나, 기타 등등. 나는 누군가가 영어를 이해한다고 가정하며 영어로 말을 건다. 하지만 알고 보니 그녀는 튀르키예어만 알고 있어서 내가 한 말을 파악할 수 없다. 그녀는 내 말을 들을 수도, 내 말에 주의를 기울일 수도, 내 말뜻을 파악할 수도 없다.

는 것이 합쳐져서 우리 사이에 나-너 관계를 만들어 낸다고 말해 보자. 이 관계는 우리에 대한 존재론적 사실이 아니다. 우리가 이 관계 속에 있다는 것은 사태의 본질이 아니다. 이 관계는 내가 그를 '너'라고 부르고 그가 들음으로써 생겨났다. 나는 말고에 대해 생각할 수 있고, 말고에 대해 말할 수 있으며, 말고와 악수할 수 있지만, 이런 식으로 말고와 관계 맺는 방법은 우리 둘 사이에 나-너 관계를 만들어 내지 못한다. 이 관계를 수립하기 위해서는 내가 그를 '당신'으로 불러야 하고 그는 들어야 한다. 아니면 그가 나를 '당신'이라고 불러야 하고 나는 들어야 한다.

들으시는 분인 하나님

누군가에게 말을 건네는 것이 무엇인지에 관한 이러한 일반적 사항은 우리가 하나님께 말을 건네는 일에 적용된다. 나는 하나님께 말을 건네는 우리의 전례 행위들이 강한 말 건넴의 행동이라고 주장한다. 우리는 하나님이 우리가 하는 말을 들으시기를 의도하거나 목표하고서, 그리고 하나님이 호의적으로 응답하시리라는 희망이나 기대를 품고서 하나님께 말을 건넨다. 앞서 나는, 자신에게 건네진 말에 **주의를 기울이고** 그 말뜻을 **파악한다**는 의미로 '**듣는다**'라는 표현을 썼다. 이제 나는, 하나님께 건넨 말에 하나님께서 **호의적으로 응답하신다**는 의미로 '**들으신다**'라는 표현을 쓰겠다.

내가 말고에게 말을 건넬 때 나는 그가 내 말을 들을 수
라 가정할 뿐만 아니라 그가 적절하게 반응할 수 있으리라
다. 그리고 보통의 경우 나는 그가 이런 일들을 **할 수 있다**
할 뿐만 아니라 **할 것**이라고 기대하며 말을 건넨다. 즉, 그
것이라고 또는 들을 가능성이 충분하다고 기대하고, 또한
절한 반응을 **할 것**이라고 기대하거나 희망하며 그에게 말
다. 물론 그가 내 말에 귀를 기울이고 말뜻을 파악하리라는
대는 '실현되지' 않을 수도 있다. 그는 주의가 산만한 상태
그에게 말하고 있다는 것을 알아차리지 못할 수도 있고,
가 말하고 있는 바에 주의를 기울이지만 말뜻을 파악하지
도 있다. 마찬가지로 내 말에 주의를 기울이고 말뜻은 파
내가 기대한 대로 반응하지 않을 수도 있고, 전혀 반응이
있으며, 나를 실망시키는 방식으로 반응할 수도 있다.

누군가에게 강하게 말을 건네는 것은 특정한 상호 작
대하거나 희망하는 것이다. 나는 상대방이 내 말을 들을
를 향하게 되리라는 기대와 상대방이 적절하게 반응함으
향하게 되리라는 기대나 희망을 품고 상대방을 향한다
호 관계에 대한 기대가 충족된다고 가정해 보자. 내가 말
이라고 부르고 그가 내 말을 듣고 적절하게 반응한다고
자. 아니면 그가 적절하게 반응하든 안 하든 내 말을 듣
해 보자. 그리고 마르틴 부버(Martin Buber)의 유명한 착
목을 빌려, 내가 말고를 '너(당신)'라고 부르는 것과 그가

우리가 하나님께 말을 건네는 일이 암시하는 바는 하나님이 우리가 하나님께 한 말에 귀 기울이시고 그 말을 들으실 수 있다는 가정이다. 하지만 이러한 암시 이상의 것이 있다. 우리는 하나님이 우리가 하는 말에 귀 기울이**실 것**을 기대하며 하나님께 말을 건네고, 하나님이 우리가 하는 말에 호의적으로 응답하시기를 염원하면서 그렇게 한다. 따라서, 하나님께 말을 건네는 우리의 전례 행위에 암시된 하나님 이해는 그 행위의 구체적 내용이 무엇이든 하나님이 우리가 하는 말을 들으실 수 있고 들으시는 분이며 그 말에 호의적으로 응답하실 수 있는 분이라는 것이다.[2] 하나님이 실제로 들으신다면, 여기에는 상호 지향성이 있다. 우리는 말을 건네시는 하나님을 향하며 하나님은 듣는 우리를 향하신다. 상호 지향성은 하나님과 우리 사이에 나-너 관계가 생겨나게 한다. 하나님은 우리를 위한 '너'이시다.

전례 전체에 암시된 더할 나위 없이 위대한 분이라는 하나님 이해, 교회에서 전례 상연의 규범적 지위에 암시된 취약한 분이라는 하나님 이해를 제외하면, 우리의 말을 들으실 수 있고 들으시는 분

---

2   David Kelsey는 *Eccentric Existence: A Theological Anthropology* (Louisville: Westminster John Knox Press, 2009)에서 이 점을 잘 지적한다. "기도에 관한 그리스도교적 실천에서 표현되는 하나님에 관한 관조적 경배는 기도로 말 건넴 받은 분이 저 멀리 떨어져 있고 무관심하다고 가정하지 않는다. 오히려 기도하는 사람들에게 이미 주의를 기울이시며 함께 계시고, 그들이 말을 건네기를 열망하고 계신다고 가정 가정한다. 이와 관련하여, 그리스도교의 기도 관습은 그러한 관습을 상연하는 일이 하나님이 특정한 방식으로 응답하시도록 어떤 식으로는 제한한다고 가정하지 않는다. 오히려 그리스도인은 하나님께서 예측할 수 없을 만큼 창조적인 사랑으로 그들에게 응답하시기 위해 그들의 기도 관행에 매여 있지 않고 철저히 자유로우시다고 가정한다"(Volume 2, p. 753).

이라는 하나님 이해, 우리가 하는 말에 호의적으로 응답하실 수 있는 분이라는 하나님 이해는 다른 하나님 이해보다 전통 전례에 더 구석구석 스며 있는데, 이는 전통 전례에서 대부분의 전례 행위가 하나님께 말을 건네는 형식을 취한다는 사실에서 비롯한다. 그리고 이는 전례 행위들에 암시된 다른 어떤 하나님 이해보다도 더 **근본적인** 하나님 이해다. 우리의 죄를 하나님께 고백하고 하나님의 용서를 구하는 우리의 전례 행위에 암시된 하나님 이해는 하나님이 잘못된 일을 당하실 수 있고 용서하실 수 있는 분이라는 것이다. 그러나 이런 식의 특수한 내용으로 하나님께 말을 건네는 행위에 암시된 하나님 이해보다 더 근본적인 것은 하나님께 말을 건네는 행위 자체에 암시된 하나님 이해다.

더 논의를 진전하기 전에, **들음**이라는 개념을 하나님께 적용할 때 생기는 문제를 다뤄야 한다. 이는 인간에게 해당 개념을 적용할 때는 일어나지 않는 문제다. 우리 인간은 우리에게 말하는 것을 듣지 못할 수 있다. 그러나 하나님은 세상에서 일어나는 모든 일을 알고 계신다. 하나님은 전지하신 분이다. 그러므로 하나님은 듣지 못하실 수 없다. 하나님은 하나님께 말하는 것을 반드시 들으시는 것 같다. 그러나 구약의 예언자 문헌에서 우리는 하나님이 이스라엘의 의례를 듣지 않겠다고 선언하시는 것을 여러 차례 발견한다. "너희가 손을 펼 때에 내가 내 눈을 너희에게서 가리고 너희가 많이 기도할지라도 내가 듣지 아니하리니 이는 너희의 손에 피가 가득함이라"(사 1:15. 참조. 렘 11:11과 암 5:23).

여기서 문제를 해결하는 한 가지 방법은 이를 순수하게 언어의 문제로 취급하는 것이다. 내가 규정한 '듣다'라는 단어의 의미는 구약성서 영어 번역에서 이 단어가 의미하는 바와 다르다. 아마도 구약성서 구절에서 '듣다'는 내가 '귀 기울여 듣다'라는 말로 의미하는 바와 동의어일 것이다.

나는 이것이 문제를 해결하기 위한 최선책이 아니라고 판단한다. 하나님의 신실한 백성의 기도에 대한 하나님의 응답은 화산 내부에서 무슨 일이 일어나고 있는지 인지하는 것과 같은 식으로 그들의 기도를 단순히 인지하는 것이 아니라는 게 성서 기자들의 분명한 견해였다. 시편에서는 우리가 하는 말을 듣기 위해 **고개를 숙이시는** 하나님을 말한다. 어떤 화산에서 일어나는 일을 알기 위해 고개를 숙이시는 하나님을 말하는 게 아니다. 이는 단순한 인지를 넘어서 주의를 기울이는 상태를 나타내는 것으로, 하나님께서 자유롭게 허용하거나 허용하지 않을 수 있는 주의를 기울이는 상태다. 하나님이 우리가 하나님께 하는 말을 들으신다는 것은 단순히 우리가 하는 말을 인지하신다는 게 아니다.

나는 전례 전체와 전례의 규범적 지위에 암시된 더할 나위 없이 위대하시고 또한 취약한 분인 하나님이라는 이해를 제외하면 전통 전례에 가장 구석구석 스며 있고 근본적인 암시적 하나님 이해는 '들으시는 분인 하나님'이라고 주장했는데, 이러한 나의 주장은 많은 독자를 놀라게 할 것이다. 반(半)의식적 방식으로 우리는 모두 그것이 참임을 안다. 내가 인용한 성공회 전례 문구들에 익숙하지 않은 많은 사람도 다른 전통 전례의 유사한 문구들을 알고 있을 것이다. 그런데 우리 대부분은 하나님을 행위주체(agent)로 생각하도록 교육받았다. 나 자신을 포함한 많은 사람이 말씀하시거나 계시하시는 하나님에 대해 썼다. 이전의 나 자신을 포함해 들으시는 분인 하나님에 대해 쓴 사람은 거의 없다. 사실, 나는 들으시는 분인 하나님에 대해 지속해서 쓴 신학자나 철학자를 알지 못한다. 이 점에서 내게는 대화 상대가 없다.

전례에 참여할 때, 우리는 당연히 하나님께 말을 건네는 일의 **기본 구조**(즉, 말의 내용이 어떠하든, 하나님께 말을 드리고 있다는 것과 하나님께서 귀 기울이심을 전제하고 있다는 것)보다 하나님께 건네는 말의 **내용**─찬양, 감사, 청원 등─을 더 의식하고 있다. 게다가 많은 사람에게 전례는 주로 설교다. 이러한 요소들은 우리가 다음과 같은 사실을 간과하게 만든다. 바로 전례 전체와 전례의 규범적 지위에 암시된 하나님 이해를 제외하면, 전통 전례에 가장 구석구석 스며 있는 근본적인 하나님 이해는 우리가 하는 말을 들으실 수 있고 들으시는, 그리고 호의적으로 응답하실 수 있는 하나님 이해라는 사실을 말이다.

호의적으로 응답할 자유가 있으신 하나님

나는 우리가 전례에서 하나님께 말을 건넬 때 우리가 하는 말을 하나님이 들으시리라는 기대와 하나님이 호의적으로 응답해 주시리라는 소망이나 염원을 품고 그런 일을 한다고 말했다. 하나님이 호의적으로 응답하시리라는 염원은 때때로 암시적이기도 하지만, 종종 전례에 표현된다. 우리는 우리의 죄 고백에 "주여, 자비를 베푸소서"라는 말을 덧붙인다. 우리는 우리의 중보 기도에 "주여, 자비를 베푸소서" 또는 "주여, 우리의 기도를 들으소서"라는 말을 덧붙인다. 우리는 찬양을 한 후 "우리의 찬양을 받으소서"라는 말을 덧붙인다. 성공회 감사성찬례의 성찬기도 2양식 말미에 집전자는 이렇게 말한다. "우리의 이 감사와 찬양의 제사를 받아 주소서"(p. 342). 이것들은 하나님이 그 각각의 말 건넴의 내용에 호의적으로 응답하시기를 바라는 우리의 염원을 표현한다.

나는 하나님이 호의적으로 응답하시기를 바라는 염원 속에 하나님이 호의적으로 응답하실 수 있다는 하나님 이해가 암시되어 있다고 보았다. 이러한 염원을 나타내는 전례 표현들은 더 정확한 무언가가 말해져야 한다는 점을 내비친다. 이러한 표현들은 자신이 원하는 대로 응답할 **자유**가 있는 분이라는 암시적 하나님 이해를 내비친다. 하나님은 우리가 호의적으로 여기는 방식으로 응답할 의무가 없으시며, 사실 어떤 식으로든 응답할 의무가 없으시다. 그리스도교 전례의 근본 가정은, 전례가 하나님을 조종하기 위해 고안한 것이 아니라는 점이다. 하나님은 조종될 수 없다. 하나님은 자유롭게 귀 기울이실 수도 안 기울이실 수도 있고, 자유롭게 들으실 수도 듣지 않으실 수도 있다. 이에 대해서는 다음 장에서 더 자세히 말할 것이다.

말씀하시는 분인 하나님

전통 전례에서, 하나님께 말을 건네는 것이 아닌 여러 행동은 사람들의 들음으로 구성된다. 일부 개신교 자유 교회의 전례에서는 사람들의 거의 모든 행동이 듣는 일이며, 주된 예외는 회중 찬양—찬양 밴드가 회중 찬양 시간을 앗아가지 않는다면—이다.

사람들은 누구의 말을 듣고 있는가? 분명 교역자, 집전자, 인도자, 낭독자, 가창·연주자의 말을 듣는다. 하지만 그게 전부인가? 성공회 전례에서 첫째 성서 독서와 둘째 성서 독서 말미에 낭독자는 "이는 주님의 말씀입니다"라고 말한다. 낭독자는 "우리 주 예수 그리스도의 거룩한 복음"이라는 말로 복음서 낭독을 안내하고, "주님의 복음"(pp. 325-326)이라는 말로 낭독을 마무리한다. 고백에 뒤이은 죄 사함의 선언이 끝난 후 집전자는 "진실로 하나님께 돌아서는 모든 이는 하나님의 말씀을 들으십시오"라고 말한다. 다음으로 집전자는 네 가지 정해진 성서 구절 가운데 하나를 읽는데, 그중 하나는 익숙한 요한복음 3:16이다. "하나님이 세상을 이처럼 사랑하사 독생자를 주셨으니 이는 그를 믿는 자마다 멸망하지 않고 영생을 얻게 하려 하심이라."

이 각각의 경우에서 말하거나 가정하는 것은, 사람들이 말하는 자에게서 듣고 있을 뿐만 아니라 하나님이 말씀하셨거나 말씀하고 계신 바를 듣고 있다는 것이다. 사용하는 단어를 보면, 하나님이 **언젠가 말씀하셨던** 바를 듣는 것으로 이해해야 할지, 아니면 어떤 성서 구절을 읽음으로써 **지금 여기서** 하나님이 사람들에게 말씀하시는 바를 듣는 것으로 이해해야 할지 애매하다.

내가 첫 장에서 언급한 스위스의 개혁파 전례학자 J.-J. 폰 알멘은 사람들의 들음을 하나님이 말씀하셨거나 말씀하고 계신 바를 듣는 것으로 이해해야 한다고 강조해서 말한다. 성서 읽기를 통해서 하나님은 우리에게 말을 건네신다—또는 폰 알멘이 말했듯이, "하나님의 말씀은 읽기를 통해 선포된다."[3] "성서를 읽는 것은 부활의 기쁨을 경험하는 것이다. 주님은 다시 나타나신, 말씀이신 분이시고, 자신이 누구이며 우리가 누구인지 가르치시기 위해, 우리를 불러내 생명을 주시기 위해 그분의 사랑과 그분의 뜻에 대해 우리에게 말씀하신다"(p. 133). 폰 알멘은 이것이 칼뱅주의 종교개혁 시기 이전까지 교회에서 거의 보편적인 가르침이었다고 주장한다. 종교개혁 당시 일부 개혁파 신학자들은 성서 읽기가 아닌 성서에 근거한 설교를 통해 하나님이 우리에게 말을 건네신다고 주장했다. 폰 알멘은 이런 입장을 "인정할 수 없고" 이런 입장은 "고대 그리스도교 전통 전체와 상반된다"고 말했다(p. 132).

그는 계속해서 성서 읽기가 전례에서 하나님이 우리에게 말을 건네시는 세 가지 독특한 길 중 하나라고 주장한다. 하나님은 또한 말씀의 '예언적' 선포, 즉 설교에서 우리에게 말을 건네신다. 폰 알멘은 하나님이 말을 건네시는 이 설교라는 양식이 두 가지 특징으

---

3   J.-J. von Allmen, *Worship: Its Theology and Practice* (London: Lutterworth Press, 1965), p. 132. 이후 이 책 인용 면은 본문에 괄호로 표기할 것이다.

로 구별됨을 강조한다. 첫째, "하나님 수중에서, 설교는 위로하고 바로잡고 개혁하고 질문할 목적으로, 신앙생활과 교회생활에 직접적으로 예언적 개입이 일어나는 기본 수단이다. 설교는 하나님의 말씀이 교회의 포로가 될 수 없음을 … 하나님 말씀이 항상 교회 외부에 있으며 외부에서 교회를 치는 살아 있는 힘임을 보여 준다"(p. 143). 둘째, "설교는 하나님의 자유의 징표일 뿐만 아니라 인간의 자유도 나타내는데, 이는 설교가 성서 낭독자에 의해 선포된 내용의 진리와 현실을 설교자가 증언할 수 있는 예배의 단계이기 때문이다. 이와 같이 설교는 증언이라는 요소를 예배에 도입한다. 이렇게 함으로써 설교는 하나님 사랑의 가장 깊은 신비 중 하나를 표현한다. 즉, 하나님이 자신을 우리에게 내어 주신다면, 그것은 우리 자신의 존재의 심연으로 들어가서 우리의 육신을 입은 그분을 세상에 드러내도록 초대하는 것이다"(p. 143).

전례에서 하나님이 우리에게 말을 건네는 세 번째 길은 폰 알멘이 "성직자" 양식이라고 부르는 것이다. 그가 염두에 둔 것은 "예배에서 목회자가 성서에 기초한 문구로 사람들에게 **인사**하고 **죄 사함을 선언**하며 주의 **축복**을 베푸는 순간들"(p. 138)이다. 우리 시대 가톨릭 전례의 세 가지 선택지 중 하나인, 예배(미사)를 여는 전통적 인사는 "성부 하나님과 우리 주 예수 그리스도의 은혜와 평화가 여러분과 함께"라는 집전자의 말이다. 폰 알멘은 이것을, 집전자가 이 말을 낭독하는 방식으로 하나님께서 사람들에게 인사를 전하는 것이라고 해석한다.

오늘날의 가톨릭 전례에서, 집전자는 죄를 고백한 후 "전능하신 하나님, 저희에게 자비를 베푸시어 죄를 용서하시고 영원한 생명으로 이끌어 주소서"라고 말한다. 폰 알멘은 이것을, 하나님이 사람들의 죄를 사해 주신다는 내용으로 하나님께 아뢰는 '기도'로 해석되어서는 안 되며, 하나님이 사람들의 죄를 사해 주신다는 것을 집전자가 말하는 형태로 하나님이 '선언'하시는 것으로 해석해야 한다고 주장한다. 이 해석은 칼뱅의 스트라스부르 전례에서 발견되는 죄 사함에 관한 정형문구와 분명히 일치한다. "여러분 각자가 참으로 죄인임을 인정하고, 하늘 아버지께서 예수 그리스도 안에서 복 주실 것을 믿으며 하나님 앞에서 자신을 낮추라. 이렇게 회개하고 예수 그리스도를 구세주로 찾는 모든 사람에게 아버지와 아들과 성령의 이름으로 죄 사함을 선포하노라"(폰 알멘의 책 p. 140에서 재인용).

성공회 교회의 성찬기도 두 형식은 우리 시대 가톨릭 전례와 마찬가지로 강복으로 마무리된다. 우리 시대의 가톨릭 전례를 마치는 선택지 중 하나는 "전능하신 천주 성부와 성자와 성령께서는 여기 모인 모든 이에게 강복하소서"라고 하는 사제의 말이다. 정교회 전례도 강복으로 마무리된다. "주님의 축복과 자비가 그분의 은혜와 사랑으로 우리에게 임하시기를, 이제와 항상, 또 영원히."

전통적 개혁파 전례에서는 폐회 강복을 위한 두 가지 선택지가 있었는데 하나는 모세오경에, 다른 하나는 바울 서신에 나오는 것이다. 모세오경에 나오는, 이른바 아론의 축복은 이렇다.

여호와는 네게 복을 주시고 너를 지키시기를 원하며

여호와는 그의 얼굴을 네게 비추사 은혜 베푸시기를 원하며

여호와는 그 얼굴을 네게로 향하여 드사 평강 주시기를 원하노라.

(민 6:24-25)

바울 서신에서 가져온 것은 다음과 같다.

주 예수 그리스도의 은혜와 하나님의 사랑과 성령의 교통하심이 너희 무리와 함께 있을지어다. (고후 13:13)

폰 알멘은 이 모든 폐회 강복을, 하나님께 건네는 기도가 아니라, 하나님이 사람들에게 복을 내리심을 집전자가 말하는 형태로 하나님이 선포하시는 것으로 이해해야 한다고 주장한다.

폰 알멘이 이 모두에서 옳다고—나는 그렇다고 생각한다—즉 성서 읽기, 설교, 인사, 죄 사함, 강복을 들으면서 사람들은 하나님이 그들에게 건네시는 말을 듣는다는 주장이 옳다고 가정해 보자.[4] 그렇다면 사람들의 들음이라는 전례 행위에 암시된 하나님 이해가 말씀하시는 분으로 이해된 하나님이라는 점은 두말할 필요도 없다.

---

4 8장에서는 이 문제에 대한 폰 알멘의 견해를 여기서 말하는 것보다 다소 더 정확하게 진술할 것이다.

두 암시적 이해의 결합

정리해 보자. 전통 전례에서 전례 행위는 대체로 사람이 하나님께 말을 건네는 형식을 취한다. 폰 알멘이 옳다면, 그 밖의 대부분까지는 아니더라도 상당수의 행위는 하나님께서 건네시는 말을 사람이 듣는 형태를 취한다. 전례의 상연은 하나님과 사람이 서로 말을 건네고 듣는 자리다. 전례에서 우리는 말을 건네는 이와 듣는 이의 공동체 안에서 하나님과 연결된다.

더 강한 뭔가가 말해질 수 있고 말해져야 한다. 전례의 상연이 하나님과 사람들이 서로 말을 건네고 듣는 유일한 장소는 아니다. 상연은 이렇게 서로 말을 건네고 듣기를 **위한** 것이다. 사람들은 서로 말을 건네고 듣는 일이 일어나**도록** 전례를 상연한다. 이는 하나님에 대한 전례의 경배에 독특한 성격을 부여하는 데 이바지한다. 전례의 상연은 우리가 하나님께 말을 건네는 유일한 장소가 아니며 하나님이 우리에게 말을 건네시는 유일한 장소도 아니다. 그러나 하나님과 하나님의 백성 사이에서 서로 말을 건네고 듣는 일이 일어나는 **주요** 장소다.

하나님과 사람들이 서로 말을 건네고 듣는 일이 전례 전체를 이루는 것은 아니라는 말을 덧붙여야 한다. 신자들은 무릎을 꿇고, 침묵 속에 앉으며, 빵을 먹고 포도주를 마시는 등의 행위를 한다. 또한 집전자가 사람들에게 말을 건네고, 사람들은 집전자에게 말을 건네며, 구성원들은 서로에게 말을 건넨다. 그러나 대부분의 전례가 하나님과 사람이 서로 말을 건네는 일로 구성되어 있다는 데는 의심의 여지가 없다.

전례 조직신학에서는 논고가 전례의 어떤 양상이나 구성 요소에서든 시작하여 그 양상이나 구성 요소에 암시되거나 명시된 하나님 이해를 뚜렷이 나타내는 방향으로 전개될 수 있다. 그러나 가장 근본적인 전례 신학은 예배 자체에 암시된 하나님 이해에서 시작할 것이며, 거기서부터 하나님과 사람들이 서로 말을 건네는 일에 암시된 하나님 이해로 넘어갈 것이다.

『신학대전』에서 아퀴나스는 하나님이 아닌 모든 것의 조건이자 조건 지어지지 않은 분 하나님으로 논의를 시작했다. 『기독교 강요』에서 칼뱅은 창조와 성서로 자신을 드러내시는 분 하나님으로 논의를 시작했다. 『교회 교의학』에서 바르트는 하나님의 말씀으로 시작했다. 각각의 경우에서, 시작은 전개될 신학의 전반적 구성을 형성했다. 이 출발점 각각에 대해 말해야 할 것이 있다. 그러나 우리의 출발점은 이 중 어떤 것과도 상당히 다르며, 이 출발점이 우리의 신학적 반성의 전체적 구성을 형성할 것이다. 이미 앞의 두 장에서 그렇게 했다.

마이모니데스식 분석

모든 형태의 전례 신학과 모든 형태의 성서신학이 직면해야 하는 쟁점을 제기할 수 있는 좋은 지점이 여기 있다. 나는 전례가 하나님께 강하게 말을 건네는 행위로 가득 차 있다고 해석했다. 우리는 하나님이 우리가 말한 바를 들으시리라는 기대를 품고, 또한 하나님이 적절하게 응답하시리라는 기대나 희망을 품고 하나님께 말을 건넨다.

그러나 모든 사람이 그러한 행동을 이렇게 해석하지는 않는다. 전례에 참여하는 어떤 사람들은 하나님이 존재론적으로 들으실 능력이 없다고 생각한다. 현대 과학을 아마도 약간 가미해서 철학적 반성과 신학적 반성을 혼합한 결과, 이들은 하나님을 존재의 근거 또는 그 연장선에 있는 무언가로 믿게 되었다. 그들은 하나님이 들으신다고 믿거나 그렇게 가정하는 것이 신학적으로 순진하다고 여긴다. 그래서 그들은 동료 회중들과 함께 찬미, 감사, 고백, 중보의 말을 하면서도, 하나님이 그들이 말한 바를 들으시리라는 기대와 적절하게 응답하시리라는 기대나 희망을 품고 하나님께 말을 건넬 때 무슨 일이 일어나는지는 이해하지 못한다.

나는 이런 식의 전례 참여를 앞서 내가 **일탈**이라고 불렀던 것으로 간주한다. 그러나 이 사람들은 이런 기술을 받아들이지 않을 것이다. 자기들이 거부하는 전례 해석을 전제로 삼기 때문이다. 그들은 전례의 말이, 하나님이 들으시기를 기대한다면 자연스럽게 사용할 그런 말임을 인정한다. 그리고 그들은 대부분의 동료 회중이 그렇게 기대하고 있음을 인지한다. 그러나 그들은 이 경우에 언어의 모양새가 기만적이라고 주장한다. 즉, 전례 행위는 하나님이 들으시리라는 기대와 하나님이 적절하게 응답하시리라는 기대나 희망 속에서 하나님께 말을 건네는 것으로 구성되지 않는다는 것이다.

어떤 사람들은 단순히 내가 제안한 종류의 분석을 거부하는 것을 넘어서, 전례 행위에 대한 대안적 분석을 제안하는 단계로 한 발 더 나간다. 이 분석에 의하면 전례 행위는 그들이 거짓으로 간주하는 바를 전제하지 않는다. 예외 없이 이러한 대안적 분석에서는 전례의 언어를 매우 상징적이거나 비유적인 것으로 간주한다. 또 어떤 이들은 이 단계로 넘어가지 않고, 두 세계, 즉 주중에는 계몽된 지성의 세계에, 주일에는 동료 회중과 함께 전례의 몸짓을 하고 말을 내뱉는 전례의 세계에 사는 것에 만족한다.

하나님이 우리의 말을 들으심을 부정하는 사람 대부분은 우리가 전례에서 들을 때 하나님이 우리에게 건네시는 말을 듣고 있음도 부정한다. 그들은 하나님이 우리의 말을 듣는 것이 존재론적으로 불가능한 것처럼 하나님이 우리에게 말을 건네신다는 것도 존재론적으로 불가능하다고 믿는다. 그래서 이 점에서도 그들은 나의 전례 분석에 이의를 제기한다. 우리가 전례에서 들을 때는 성직자가 하는 말을 듣는 것이지 그 이상은 아니며, 낭독자가 하는 말을 듣는 것이지 그 이상은 아니라는 것이다.

중세 유대교 신학자 모세스 마이모니데스(Moses Maimonides)는 그의 걸작 『혼란스러워하는 이들을 위한 안내서』(*The Guide of the Perplexed*)를 그의 제자 요셉에게 전했다. 요셉은 토라를 읽고 유대교 전통의 기도를 하는 독실한 젊은 유대인이다. 그런데 요셉은 또한 철학적 신학을 공부하는 똑똑하고 헌신적인 학생이다. 그는 자신이 전념하는 이 두 활동을 조합하는 일로 매우 당혹스러웠다. 철학 교실에서 도달한 하나님 이해는 토라와 기도에 암시적이고 명시적으로 나타난 이해와는 심원하게 다르다. 예를 들어, 교실에서 그는 "부정의 방식으로 그분을 소중히 여기고 드높이는 하나님 묘사가 정확한 묘사"라고 배우는데, "그 묘사는 손쉬운 언어의 방종에 영향을 받지 않으며, 일반적으로나 특수한 방식으로나 하나님에 관한 결함을 암시하지 않는다. 반면 하나님을 긍정의 방식으로 묘사한다면, 우리가 분명히 밝혔듯, 하나님이 하나님 아닌 것과 연관돼서 하나님 안에 결함이 있음을 내포하게 되는 것이다."[5] 그런데 토라와 기도는 하나님께 긍정적 표현을 귀속시키는 문장으로 가득하다.

그래서 요셉은 "자기의 지성을 따라야 할지, 문제의 표현에 대해 알던 바를 포기해야 할지, 그래서 결과적으로 자신이 율법의 토대를 포기했다고 여겨야 할지 고민하며 꽤 당혹스러웠고 혼란스러웠다. 그렇지 않으면 그는 이러한 표현에 대한 자신의 이해를 굳게 고수하고, 지성에 끌려다니지 않고 오히려 지성을 등지고 멀리해야 하며, 또한 그가 자기 자신을 상하게 했고 자기가 믿는 종교에 해를 끼쳤다고 여겨야 한다. 그는 두려움과 난해함을 불러온 상상의 믿음들을 간직한 채 계속해서 심적 고통과 큰 당혹감에 시달릴지도

---

5 *Maimonides: The Guide of the Perplexed*, trans. Shlomo Pines (Chicago: University of Chicago Press, 1963), I.58, p. 134.

모른다."[6]

『혼란스러워하는 이들을 위한 안내서』에서 마이모니데스의 목표는 토라와 기도에서 하나님께 귀속된 표현이 어떻게 해석될 수 있으며 해석되어야 하는지를 보여 주어 하나님에 대해 말해진 바와 철학 교실에서 배운 것이 서로 일관되게 함으로써 요셉의 당혹감을 덜어 주는 것이다. 예를 들어, 토라와 기도에서 우리는 '전능하신', '전지하신', '의지를 지니신'이라는 긍정적 표현이 하나님께 적용되는 것을 발견한다. 이로써 우리가 이해해야 할 것은 하나님이 "무력하지도 무지하지도 부주의하지도 태만하지도 않으시다" —모두 부정적 개념이다—는 점이다.[7]

이제 전례에 대한 **마이모니데스식 분석**에 대해 말해 보겠다. 전례의 몇몇 부분에 대해 마이모니데스식 분석에 따라 주장하면, 전례의 해당 부분에서 우리가 하는 것처럼 보이는 일이 거짓을 전제하고 있으므로 실제로 우리가 하는 일이 아니라고 주장할 타당한 이유—철학적이든 신학적이든 다른 어떤 것이든—가 생긴다. 우리는 하나님이 들으시리라 기대하며 하나님께 말을 건네는 것 같다. 하지만 그것은 우리가 하고 있는 일이 아니다. 우리의 철학적-신학적 반성은 하나님이 귀 기울여 들으시는 게 존재론적으로 불가능하다는 결론을 내리게 했다. 하나님은 그런 존재가 아니다. 전례의 몇몇 구성 요소에 대한 마이모니데스식 분석은, 우리가 전례

<hr/>

6   *Maimonides: The Guide of the Perplexed*, Introduction to Part I; pp. 5-6.

7   *Maimonides: The Guide of the Perplexed*, I.58, p. 136.

의 해당 부분에서 말하고 행하는 바에 대한 대안적 이해 방식을 제안하기 위해 이러한 비판을 넘어설 수도 있고 그렇지 않을 수도 있다. 우리가 철학적-신학적 반성의 인도를 받아 얻은 결론과 충돌하지 않는 방식을 제안하기 위해서 말이다.

충만하게 발전된 전례 신학은 이러한 전례에 관한 다양한 마이모니데스식 분석을 고려해야 할 것이다. 나는 우리의 전례 행위 가운데 다수의 행동이 하나님이 들으시리라는 기대와 하나님이 호의적으로 응답하시리라는 기대나 희망을 품고 하나님께 말을 건네는 행동이라는 나의 주장에 도전을 가하는 마이모니데스식 분석을 고려하는 것으로 한정해서 문제를 다루어야 할 것이다. 이것이 6장과 7장에서 다룰 주제가 될 것이다.

5

들으시는 분인 하나님

앞 장에서 나는 전례에 가장 구석구석 스며 있는 전례 행위 유형은
하나님께 말을 건네는 것이라는 점에 주목했다. 그리고 그런 행위
에 담긴 하나님 이해는 귀 기울여 들으시는 분인 하나님이라고 주
장했다. 이제 들으시는 분인 하나님에 대해 성찰해 보자. 6장과 7장
에서는 귀 기울이시는 분인 하나님에 대해, 8장에서는 말씀하시는
분인 하나님에 대해 성찰할 것이다.

　많은 신학자와 철학자가 계시하시는 분인 하나님에 대해 생각하
고 글을 써 왔다. 나를 포함한 몇몇은 말씀하시는 분인 하나님에 대
해 생각하고 써 왔다. 내가 아는 한 이전의 나를 포함해 그 누구도
들으시는 분인 하나님에 대해 체계적으로 생각하고 쓴 적이 없다.
어떤 전례 신학자도 들으시는 분인 하나님에 대해 쓴 적이 없다는
것은 놀라운 일이나, 내가 아는 한 아무도 없다. 들으시는 분인 하
나님에 관해 참고할 만한 문헌이 없음을 감안하면, 이 주제에 대해
다른 사람들이 한 말을 다듬고 심화하고 바로잡고 단서를 다는 학
자의 통상적 작업을 여기서 수행하기는 어렵다. 우리는 미지의 영

역에 들어가고 있다.

우리가 하나님께 말을 건네는 일에 암시된, 하나님의 **본성**에 대한 이해와 우리를 향하시는 하나님의 **의향**에 암시된 이해를 우리는 구별할 수 있다. 하나님의 **본성**에 대한 이해는, 하나님은 우리가 하는 말을 들으실 수 있으며 그렇게 하거나 하지 않을 자유가 있는 분이라는 것이다. 우리를 향하는 하나님의 **의향**에 대한 이해는, 하나님은 실제로 듣고 **계신** 분이라는 것이다. 나는 이것들을 각각 다룰 것이다.

발화와 발화수반

앞 장에서 우리는 말 건넴이 무엇인지 성찰했다. 들으시는 분인 하나님을 신학적으로 성찰하기 위한 준비로, 이제 누군가에게 말을 건네는 일과 말을 건네는 누군가의 말을 듣는 일을 짝지어 성찰해보자. 나는 앞서, 누군가가 건네는 말을 듣는다는 표현을 그 말에 주의를 기울이고 말뜻을 이해한다는 의미로 사용했는데, 이를 상기해 보자.

나는 말하기와 관련하여 언어행위 이론(speech-act theory)을 지지한다. 이 이론은 이제 잘 알려져 있다. 그러므로 나는 이 이론에서 J. L. 오스틴(Austin)이 **발화**행위(*locutionary* acts)라고 칭한 것과 **발화수반**행위(*illocutionary* acts)라고 칭한 것의 차이 정도만 설명하겠다.

이 구별은 이어지는 나의 논의에서 근본적으로 중요하다.

　이 구별에 대해 하나의 예만 들어도 여기서 우리 목적에는 충분할 것이다. 이 두 가지 유형의 행위를 정의할 필요는 없다. '태양이 빛나고 있다'라는 문장과 영어에서 이 문장의 표준적 의미를 고려해 보자. 내가 그 의미를 염두에 두고 문장을 말했으므로 나는 태양이 빛나고 있다고 주장한다고 가정해 보자. 내가 그 의미를 염두에 두고 저 문장을 말하거나 쓰는 행위는 **발화**행위다. 태양이 빛나고 있다는 나의 주장 행위는 **발화수반**행위다.

　나는 태양이 빛나고 있다고 주장하지 않으면서 그 의미를 염두에 두고 그 문장을 말하거나 쓰는 행위를 수행할 수도 있다. 예를 들어, 나는 내가 말하고자 하는 바에 대한 예시로 그 문장을 말하거나 쓸 수도 있다(사실 내가 앞 문단을 쓸 때 바로 그렇게 했다). 반대로, 나는 그 의미를 염두에 두고 그 문장을 말하거나 쓰지 않고도 태양이 빛나고 있다고 주장할 수도 있다. 영어가 아닌 다른 언어로 동일한 문장을 말하거나 쓰면서 그럴 수도 있다. 이 가상의 상황에서 이런 점들이 보여 주는 바는 내가 실제로 두 가지 구별된 행위를 했다는 것이다. 하나는 발화행위고 다른 하나는 발화수반행위다.

　나의 발화행위는 부분적으로 지각될 수 있는 행위다. 물론 다른 사람은 내가 그런 의미를 염두에 두고 있는지를 듣거나 볼 수 없겠지만, 나의 말을 들을 수 있거나 그 문장이 기록된 것은 볼 수 있다. 그러나 무언가를 주장하는 나의 발화수반행위는 전혀 지각될 수 없는 행위다. 이는 보편자가 아니다. 개별자다. 그러나 이는 지각할 수 없는 개별자다.

내가 했던 두 행위, 곧 발화와 발화수반의 관계는 단순히 두 행위를 동시에 행했다는 관계가 아니다. 실제로 동시에 했지만 말이다. 두 행위의 관계는, 내가 발화행위를 수행함**으로써** 발화수반행위를 수행했다는 것이다.

우리가 한 행위를 수행함으로써 다른 행위를 수행하는 한 가지 방식은 일정한 일을 일으키는 행위를 하는 것이다. 예를 들어, 나는 스위치를 누르는 행위를 수행함으로써 불을 켜는 행위를 수행할 수 있다. 스위치를 누르는 나의 행위가 불을 켜는 사건을 **일으킬** 때 나는 그렇게 한 것이다.

나의 발화행위와 발화수반행위는 인과적으로 연결된 것이 아니다. 나의 발화행위는 나의 발화수반행위를 초래하는 인과력을 가지고 있지 않다. 오히려 내가 다른 글에서 **간주로서의** 연결이라고 말한 것에 해당한다. 내가 저 발화행위를 수행한 것은 내가 저 발화수반행위를 수행한 것**으로 간주된다**. 그렇게 간주되는 이유는 언어적 관습이 작동하고 있기 때문이다. 이 관습에 따라, 내가 저 발화행위를 수행한 것은 저 발화수반행위를 수행한 것으로 간주된다. 나는 다양한 글을 통해 한 행위가 다른 행위로 간주되는 것이 무엇인지에 대한 이론을 발전시켰다.[1] 우리의 목적상 여기서 그것까지 다룰 필요는 없다. 나의 발화수반행위가 인과 질서 바깥에서 일어난다는

1   특히 내가 쓴 *Divine Discourse* (Cambridge: Cambridge University Press, 1995) 5장을 보라.

점을 언급하는 것으로 충분하다. 내가 저 행위를 수행한 것은 내가 의도한 바를 비인과적으로 행사한 것이었다.

이제 내가 당신에게 말을 건네면서 **오늘 하늘이 얼마나 아름다운지 봐** 하고 말하는 발화수반행위를 수행한다고 가정해 보자. 또한 내가 문장이 영어에서 갖는 의미를 염두에 두고 "오늘 하늘이 얼마나 아름다운지 봐"라는 영어 문장을 내뱉는 발화행위를 수행함으로써 발화수반행위를 한다고 가정해 보자. 이때 당신에게 있어, 내가 당신에게 한 말을 듣는다는 것―그 말에 주의를 기울이고 말뜻을 파악하는 것―은 나의 발화수반행위를 인식한다는 것이다. 이로써 우리 둘은 연결된다. 즉, 내가 **오늘 하늘이 얼마나 아름다운지 봐** 하고 주장하는 이 개별 발화수반행위는, 나에게는 이를 수행하는 것과 관련된 행위이며 당신에게는 이를 듣는 것과 관련된 행위다.

우리 인간이 이런 방식으로 연결될 수 있다는 것―우리 동료들이 수행한 발화수반행위를 인식할 수 있다는 것, 인과 질서 바깥에 놓인 지각할 수 없는 개별자를 인식할 수 있다는 것, 자신에게 건네진 발화수반행위와 건네지지 않은 발화수반행위 둘 다를 인식할 수 있다는 것―은 놀랍다. 그런 실체들을 인식하는 일을 우리가 일상적으로 하고 있다는 사실은 놀라움을 넘어 기막히다.

말 건넴과 들음의 규범적 차원

우리에게 말해진 것을 듣지 않는 경우, 또는 우리가 더 듣고 싶지 않을 만큼만 듣는 경우는 드물지 않다. 그런 이유 중 하나는 들을 여유가 없거나, 시간을 쏟을 필요가 없다고 판단하기 때문이다. 내 컴퓨터에는 나에게 말을 건네려는 전자메일 메시지가 넘치려고 한다. 나는 그 메시지들을 일일이 읽는 것보다 다른 더 중요한 일이 있다고 판단한다. 듣기를 삼가는 이런 이유에서 들음의 본질이 특별히 드러나지는 않는다. 우리가 하는 대다수 일에는 시간이 든다.

누군가가 자신에게 말하는 것을 듣지 않는 또 다른 이유도 있다. 다른 사람이 자신에게 하는 말을 들으면 자기 품위에 맞지 않는다고 생각하여 듣지 않는 사람도 간혹 있다. 몇 년 전 미국인인 내 이모는 네덜란드인과 결혼해서 헤이그로 이사했다. 처음에 이모는 출석하는 교회에 아는 사람이 거의 없었다. 그런데도 예배 후 그녀는 미국에서 습관적으로 하던 행동을 했다. 그녀는 주변 사람들에게 인사했다. 이모에 따르면, 그녀가 인사한 사람 중 잘 차려입은 여성 한 명이 다가와 비꼬는 듯한 목소리로 "나는 당신을 아는 영예를 누린 적이 없네요"―네덜란드어를 번역한 것이다―라고 말했다. 이모는 이를 알고 지내자고 권하는 말로 듣지 않았다. '당신이 누군데 내게 말을 거나요?'로 들었다. 물론, 그 여성이 이모가 한 말을 들었을 뿐만 아니라 대답까지 했다는 사실에는 약간의 아이러니가 있긴 하다. 사실상 이모가 다시는 그녀에게 말을 건네지 않게끔 신호를 보낸 식이었긴 하지만 말이다.

이런 식으로 누군가에게 귀 기울이기를 거부하는 이유는 종종 누군가에게 말하기를 거부하는 이유이기도 하다. 메리는 마틸다가 자신보다 너무 열등해서 마틸다에게 말하는 것이 부적절하고 부끄럽고 심지어 잘못이라고 여기기 때문에 마틸다에게 말하기를 거부한다. 마틸다는 불가촉천민, 하층민이다. 혹은 혐오감을 주는 불법 입국 이민자 중 한 명이다. 혹은 완전히 저열하게 행동했다. 어떤 이유든, 메리가 마틸다에게 말하려면 메리 자신과 마틸다 사이에서 감지한 가치의 큰 불일치를 무시해야 한다. 이는 메리가 마틸다를 실제보다 더 가치 있게 취급하는 셈이다. 마틸다는 말을 건넬 만한 가치가 없다. 일종의 응급 상황이라면 메리가 마틸다에게 말해야 할 수도 있다. 만일 메리가 그렇게 한다면, 각 당사자는 이때 약간의 동등화가 발생했음을 인지한다. 어쩔 수 없이 마틸다에게 말하는 것이더라도 메리는 마틸다를 중하게 대한 것이다. 일시적이거나 마지못한 것이더라도 말이다.

때로는 상반되는 이유로 상대에게 말을 건네기를 삼가기도 한다. 그녀는 상대의 가치나 지위가 자신보다 너무 높다고 생각한다. 그녀는 감히 그에게 말하지 않는다. 상류층에게 말을 건네는 불가촉천민, 그녀는 누구인가? 왕에게 말을 건네는 한낱 평민, 그녀는 누구인가? 그러는 것은 상상할 수 없을 정도로 주제넘은 일이다.

이제 사회적 관습이 깨졌다고 가정해 보자. 왕이 평민에게 말을 건넨다. 그녀에게 말한다. 그녀에게 친절하게 말한다. 왕은 그녀가 평민이 아니라고 착각하거나 속은 것이 아니며, 자신이 왕임을 잊지도 않았다. 그럼에도 왕은 그녀를 말을 건넬 만한 가치가 있는 사람으로 대한다. 이로써 왕은 그녀를 존중한다. 왕의 편에서 보면 왕이 자신을 낮춘 것이다. 그녀 쪽에서 보면 왕이 그녀를 높인 것이다. 그녀는 '오 왕이시여, 제가 누구이기에 당신께서 제게 말씀하십니까?' 하는 생각을 한다. 다른 왕족들은 그녀에게 말하기에는 자신들이 위고, 그들이 말하기에는 그녀가 아래에 있다고 여긴다. 그들은 왕의 행위에 암시된 사회적 동등화를 인정하지 않는다.

왕이 그녀에게 말할 뿐만 아니라 그녀가 왕에게 말하도록 청했다고 가정해 보자. 그녀는 말하고 왕은 듣는다. 그럼으로써 왕은 그녀를 귀 기울일 가치가 있는 사람으로 대우한다. 왕은 그녀를 존중한다. 왕의 편에서 보면 왕이 자신을 다시 한번 낮춘 것이다. 그녀 편에서 보면 왕이 그녀를 다시 한번 높인 것이다. 그녀는 '오 왕이시여, 제가 누구이기에 당신이 제게 귀 기울이십니까?' 하고 생각한다. 다른 왕족들은 그녀에게 귀 기울이기에는 자신들이 위에 있고, 그들이 귀 기울이기에는 그녀가 아래 있다고 여긴다. 그들은 왕의 행위를 단호하게 반대한다.

한 사람이 상대방에게 말을 건네고 상대방이 그 말을 듣는 조합은 상호 존중을 이룬다. 말하는 이가 상대방을 말 건넬 가치가 있는 사람으로 대하기를 꺼릴 수도 있다. 상대방이 말하는 이를 귀 기울일 가치 있는 사람으로 대하기를 꺼릴 수도 있다. 그러나 말하기/듣기 관계에는 상호간에 존엄성을 인정하는 것이 내장되어 있다.

때로는 내가 언급한 두 가지, 즉 부족한 시간 및 사회적 지위의 격차와는 전혀 다른 이유로 다른 이에게 말하기를 거부하기도 한다. 때로는 심각하게 소원한 관계 때문에 다른 이에게 말하기를 꺼리는 사람도 있다. 한 젊은이가 아버지의 뜻을 너무 심하게 무시하고 가족에게 큰 수치를 안긴 나머지, 아버지는 그를 쫓아내고 이후에는 그에게 말하기를 거부한다. 형제들은 서로 너무 화가 나서 서로에게 말하기를 거부한다.

한번은 다음과 같이 믿기 어려운 행동을 목격한 적이 있다. 나는 철학과 사무실에 다른 두 명의 학과 사람과 함께 있었는데, 그중 한 명은 나머지 한 명과 말을 섞지 않았다. 그리고 내가 "낸시"(그녀의 실제 이름은 아니다)라고 부르는 학과 비서도 사무실에 있었다. 나머지 한 사람과 말을 섞지 않는 사람은 자신이 말 섞지 않는 그와 무언가를 소통해야 하는 입장이었다. 어떻게 했을까? 그 사람은 비서에게 말했다. "낸시, 무엇무엇이 이러이러하다고 말 좀 해 줄래요?"

한 사람이 다른 사람과 말을 섞지 않는 경우가 종종 있듯, 한 사람이 다른 사람의 말을 듣지 않는 경우도 때때로 있다. 한 사람이 상대방에게 무언가를 구두로 말하면 상대방은 귀를 닫는다. 만일 그 사람이 상대방에게 편지를 썼는데 상대방이 그가 썼음을 알아차린다면 상대방은 읽지도 않고 찢는다.

이런 예들이 지적하는 바는, 말을 건네고 듣는 일 모두 화합까지는 아니더라도, 어느 정도의 관용이 있음을, 그리고 타자와 어느 정도 이상의 불화가 없음을 전제한다는 것이다. 한 사람이 다른 사람

때문에 심하게 화를 낼 수 있다. 그러나 그럼에도 그가 그녀에게 말을 한다면, 심지어 그의 분노를 표출하기 위해서였더라도, 그는 완전히 불화한 것이 아니다. 예상만큼은 아니다. 또는 그럼에도 그가 그녀의 말을 듣는다면, 그는 완전히 불화한 것이 아니다. 이러한 점은 누군가에게 말을 건네는 구조 자체에, 그리고 누군가가 자신에게 하는 말을 듣는 구조 자체에 내재되어 있다.

하나님이 들으시리라는 사실에 놀라기

우리가 하나님께 한 말을 하나님이 들으실 것이라는 점은 깜짝 놀랄 만하다. 하나님은 믿기 힘들 만큼 광대하고 복잡한 우리 우주가 몹시 놀라운 다양성과 질서를 지니도록 창조하시고 유지하시는 분이다. 당신과 나는 이 우주 안에서 한낱 티끌에 불과하다. 왜 하나님은 굳이 우리 말을 들으려 하시는가? 시간은 문제가 되지 않는다. 이 세상의 모든 시간은 하나님의 것이다. 그러나 하나님이 우주를 창조하시고 유지하시는 분으로서 하셔야 할 엄청나게 중요한 일들을 고려할 때—세 가지만 언급하면, 그분은 상상할 수 없이 광대하게 빛나는 하늘을 떠받치시고, 아원자 입자의 복잡한 상호 작용을 관리하시며, 동물의 몸에 있는 단백질들이 계속해서 제대로 작동하게 하신다—왜 하나님은 굳이 우리에게 귀 기울이시는가? 정말로, 왜 하나님은 하나님께 말할 **수 있고** 게다가 하나님이 귀 기울이실

수 있는 피조물을 굳이 만드셨는가? 시편 기자의 말을 떠올려 보자.

주의 손가락으로 만드신 주의 하늘과
　주께서 베풀어 두신 달과 별들을 내가 보오니
사람이 무엇이기에 주께서 그를 생각하시며
　인자가 무엇이기에 주께서 그를 돌보시나이까? (시 8:3-4)

천사들, 그들은 하나님의 관심을 기울일 만한 가치 있는 말을 할는지 모르겠다. 그러나 우리 인간은? 우주를 창조하시고 유지하시는 분이 우리에게서 들을 가치가 있는 말을 찾으신다는 것은 정말 놀라운 일이다. 분명히 하나님은 우리가 하나님께 하는 말을 듣는 데 큰 가치를 두신다. 그렇지 않으면, 창조하시고 유지하시는 분이신 하나님이 하셔야 할 모든 일을 고려할 때, 왜 하나님이 신경을 쓰시겠는가?

　우리의 논의 순서는 피조물에서 하나님으로 이어졌다. 우리가 하나님께 말을 건네고 하나님이 우리가 드리는 말을 들으시는 것에 관련된 것이 어떤 것인지 이해하기 위해, 우리는 동료 인간에게 말을 건넨다는 것이 무엇인지, 또한 다른 사람이 자신에게 건네는 말을 듣는다는 것이 무엇인지 살펴봤다. 사물의 순서는 우리의 논의 순서와 정반대다. 언어 행위에 귀 기울일 수 있는 하나님께서 또한 그렇게 들을 수 있는 존재를 창조하셨다는 게 사물의 순서다. 우리는 언어 행위에 귀 기울이며 하나님이 하시는 일을 상상한다. 하나님의 형상을 지닌다는 것은 언어 행위에 주의를 기울이고 이를 파악할 수 있다는 것이다.

하나님께서 우리가 드리는 말을 들으신다는 게 무엇인지 더 깊숙이 들여다보면, 하나님이 그런 일을 하신다는 사실에 더욱 놀라게 된다. 우리의 찬양, 우리의 감사, 우리의 중보 기도, 우리의 찬미, 우리의 고백에 귀 기울이심으로써, 하나님은 하나님 자신을 우리와 연결하신다. 우리가 하나님께 말을 건네는 언어 행위는 곧 하나님이 들으시는 언어 행위다. 하나님은 더할 나위 없이 위대하시다. 우리의 언어 행위는 보잘것없고, 일시적이며, 제한적이고, 결함투성이다. 우리가 하나님께 하는 말에 귀 기울이심으로써, 더할 나위 없이 위대하신 하나님은 우리의 이 보잘것없고 결함투성이인 행위가 우리 사이의 연결고리가 되게 하신다. 이는 정말 놀랍다.

하나님이 우리에게 귀 기울이신다는 사실에는 더 놀라운 점이 있다. 하나님은 높고 강하시며, 하늘의 만군보다 더 높으시다. 우리는 흙에서 나서 흙으로 가는 땅의 피조물이다. 그럼에도 하나님은 우리에게 귀 기울이신다. 그렇게 하신다는 것은 우리를 귀 기울일 가치가 있는 존재로 대우하시는 것, 우리를 존중하시는 것, 우리에게 귀 기울이신다는 영예를 주시는 것이다. "오 하나님, 우리가 누구이기에 당신께서 우리에게 귀 기울이십니까?" 우리는 보잘것없지만, 하나님은 우리의 말을 듣는 것을 하나님의 존엄을 떨어뜨리는 것으로 여기지 않으신다. 하나님 편에서 보면 하나님은 하나님 자신을 낮추신 것이다. 우리 편에서 보면 하나님이 우리를 높이신 것이다.

빌립보서 2장의 그리스도 송가를 떠올려 보자.

그는 근본 하나님의 본체시나

    하나님과 동등됨을 취할 것으로

    여기지 아니하시고

오히려 자기를 비워

    종의 형체를 가지사

    사람들과 같이 되셨고

사람의 모양으로 나타나사

    자기를 낮추시고

    죽기까지 복종하셨으니

    곧 십자가에 죽으심이라.

그리스도께서는 우리의 본성을 취하심으로써 그 자신을 낮추시면서 우리를 높이셨다. 우리는 이제 그리스도와 같은 본성을 지니는 존엄이 있다.

  나는 하나님이 우리가 드리는 말을 들으실 때 일어나는 낮아짐과 높아짐은 성육신에서 일어난 낮아짐과 높아짐을 예표하는 것으로 봐야 한다고 생각한다. 시편 기자는 전자와 같은 낮아짐을 알았다. 시편 86편은 "나는 가난하고 궁핍하오니 주의 귀를 기울여 내게 응답하소서"[2]라는 간청으로 시작한다. 시편 138:6에서 기자는 "여호와께서는 높이 계셔도 낮은 자를 굽어살피시며"라고 말한다.

---

2   하나님이 귀 기울이시리라는 은유는 또한 시 40:1, 71:2, 88:2, 102:2에도 등장한다.

『하나님의 인간성: 성서신학, 인간의 신앙, 신의 모습』에서 유대교 작가 요하난 머프스는 이렇게 말한다.

[인간을 향한 하나님의] 관심을 너무 가벼이 여겨서는 안 된다. 하나님이 사람을 향해 진정으로 돌아선다는 것은 고대 근동의 종교 세계에서는 완전한 혁명이었기 때문이다. 바빌로니아의 신들은 자연과 운명에 완전히 의존했다. 그들의 주된 관심은 그들 자신, 즉 그들의 욕구 충족, 그들의 증오, 그들의 사랑이었다. 바빌로니아의 신들은 사람의 사사로운 숙명에 관심이 없었다. 신들은 자신의 육체적 욕구를 충족하기 위해 왕에게 의지했다.[3]

하나님이 우리가 드리는 말에 귀 기울이신다는 것은 분명 하나님이 우리에게 관심을 두고 계심을 전제한다. 내가 주장하는 바는, 우리에 대한 하나님의 관심은 완전히 놀라운 형태를 띤다는 것이다. 그 관심은 우리를 귀 기울일 만한 가치가 있는 존재로 대하시는, 그럼으로써 우리를 존중하시는 우주의 창조자이자 유지자라는 형태를 띤다. 자신을 낮추시고 동시에 흙으로 만든 피조물인 우리를 높이시는, 하늘의 만군보다 높이 계신 분이라는 형태를 띤다. 우리가 수행한 보잘것없고, 일시적이며, 제한적이고, 결함투성이인 행위, 즉 우리가 하나님께 말을 건네는 언어 행위에 귀를 기울이심

---

3   Yochanan Muffs, *The Personhood of God: Biblical Theology, Human Faith, and the Divine Image* (Woodstock, VT: Jewish Lights, 2005), p. 14.

으로써 그분 자신을 우리와 연결하시는 더할 나위 없이 위대하신 분이라는 형태를 띤다.

하나님께 말을 건네는 것은 주제넘은 일인가?

그러나 하나님이 들으시리라는 확신이나 기대를 품고 하나님께 말을 건네는 것은 지나친 억측이 아닌가? 평민들은 감히 왕에게 말을 건네지 못한다. 그들은 너무 미천하다. 왕 앞에서 왕을 보는 것은 그들이 감히 할 수 있는 일이며, 왕 앞이 아닌 곳에서 왕을 드높이고 왕에게 순종하는 것 또한 그들이 감히 할 수 있는 일이다. 그러나 그들이 감히 왕에게 말을 건네지는 못한다. 우리 그리스도인(또한 유대인과 무슬림)은 전례를 상연할 때 하나님께 말을 건네면서 우리 자신을 누구로 생각하는 것일까?

그리고 만일 우리가 하나님이 우리에게 귀 기울이실 것이라 생각한다면, 우리는 하나님을 누구로 생각하는가? 평민들은 왕에게 말을 건네도 왕이 듣지 않을 것이라는 생각이 있다. 왕의 지위는 너무 높고, 왕이 해야 할 더 중요한 일들이 있다. 하나님이 들으시리라는 확신이나 기대를 품고 우리가 하나님께 말을 건네는 행위는 하나님에 대한 충격적으로 낮은 시각 그리고/또는 우리 자신에 대한 충격적으로 높은 시각을 암시하지 않는가?

교회가 하나님이 들으시리라는 기대로 하나님께 말을 건네는 것이 우리에게 주제넘은 일이 아니라고 믿는 한 가지 이유는, 경전에 포함된 시편들이 어느 고대 유대인이 드린 기도의 기록일 뿐만 아니라 하나님께서 대대로 유대인과 이후 교회에 주신 선물이기에 교회의 기도 모범이자 보고로 시편을 사용해 왔다고 보기 때문이다.

시편의 다수는 하나님께 말을 건네는 형식을 취한다. 교회는 서정시를 암송하듯 시편을 암송하는 게 아니라 하나님께 말을 건네기 위해 이런 시편의 말씀들을 입에 담는다. 종종 상당한 의미 변화와 더불어 고대 시편의 말씀들을 우리의 입술에 담는 우리의 발화 행위는 우리가 지금 여기서 하나님께 말을 건네는 발화수반행위로 간주된다.

계속해서, 수십 번, 때로는 매우 절박하게, 때로는 분명한 확신으로, 때로는 걱정하는 어조로, 시편 기자는 이렇게 말한다. "나의 기도를 들으소서"(4:1), "들으소서, 여호와여. 응답하소서"(27:7), "당신의 귀를 기울여 주소서"(17:6), "속히 내게 응답하소서"(143:7), "내 목소리를 들어 주소서"(64:1), "내가 부를 때에 응답하소서"(4:1), "나의 부르짖음에 귀를 기울이소서"(39:12), "내 입의 말이 주님 앞에 열납되기를 원하나이다"(19:14). 시편 55편은 특히 단호하게 시작한다.

하나님이여, 내 기도에 귀를 기울이시고
　　내가 간구할 때에 숨지 마소서.
내게 굽히사 응답하소서.

나는 교회가 전례를 상연할 때 하나님이 들으시리라는 확신이나 기대를 품고 하나님께 말을 건넨다고 말했다. 교회가 그 입술에 담아온 시편 기자의 이런 부르짖음은 좀 전의 주장과 상반된다고 여겨질지도 모른다. 시편 기자는 하나님이 들으시리라는 확신이나 기대를 품고 하나님께 말을 건네기보다는 걱정하는 어조로 하나님이 들으시기를 간구하고 있지 않은가?

이는 올바른 해석이라 할 수 없다. 시편 기자의 부르짖음은 다른 천사들에게 건네는 것, 즉 하나님이 들으시도록 그들에게 요청한 것이 아니다. 시편 기자의 부르짖음은 하나님께 건네는 것이다. 하나님이 들으시리라 생각하지 않는다면 당신은 왜 하나님께 부르짖겠는가? 더 신중하게 말해 보겠다. 만일 당신이 하나님이 들으시리라 생각하지 않거나 하나님이 들으실 가능성이 높다고 생각하지 않는다면 당신은 왜 하나님께 부르짖겠는가? 시편 기자의 부르짖음은 시편 기자의 찬양, 감사, 중보 기도, 고백에 귀 기울여 달라고 하나님께 부르짖는 게 아니다. 그는 하나님이 귀 기울이실 것을 상정하고 있다. 이는 들으시는 하나님을 향한 부르짖음이다.

우리가 하나님께 말을 건네는 일이 주제넘지 않는다고 교회가 믿는 또 다른 이유는, 교회가 하나님이 우리를 그렇게 하도록 초청하셨다고 믿기 때문이다. 왕이 평민을 초대해 왕에게 말을 건네도록 했다고 가정해 보자. 그렇다면 평민의 입장에서 왕에게 말을 건네는 것은 주제넘은 일이 아니라 왕의 은혜로운 제안을 감사하게 받아들이는 일이다. 마태복음은 기록하기를, 예수께서는 제자들에게 "이렇게 기도하라"라고 말씀하시고서 그 뒤에 기도의 전형을 제시하신다(마 6:9). 교회는 예수께서 그의 제자들에게 가르치신 기도하는 법을 교회에 하신 하나님의 말씀으로 해석한다. 우리는 그리스도께서 그의 제자들에게 기도하라고 가르치신 대로 기도해야 한다. 우주를 창조하시고 유지하시는 분께서 정확히 그렇게 하도록 우리를 초대하셨다는 사실이 아니라면, 우주를 창조하시고 유지하시는 분께 말을 건네는 것은 사실 우리 입장에서는 참으로 주제넘은 일이다.

하나님께 말을 건네는 일은 무의미하지 않은가?

그런데 하나님께 말을 건네는 일이 무의미하지는 않은가? 하나님은 우리의 모든 생각을 아신다. 그래서 우리가 우리의 생각을 말로 하든 문장으로 기록하든, 우리가 네덜란드어나 튀르키예어를 쓰는 대신 영어로 그렇게 한다는(하나님 관점에서는 분명 중요할 리 없는) 사실 외에, 하나님이 이미 알고 계시는 것보다 더 아셔야 할 게 무엇이 있겠는가?

이런 의문에는 다음과 같은 개념이 암시되어 있다. 즉 말한다는 것은 어떤 물리 매체를 통해 자기 생각을 표현하는 것이며, 그런 다음 해석은 반대 방향으로, 물리 매체에서 생각으로 이동하는 이해다. 어떤 물리 매체로 생각을 표현하는 일과 이런 물리 매체로부터 그 생각을 추론하는 듣는 일의 조합은 말하는 이에서 듣는 이에게로 생각이 전달되거나 변환되는 일을 구성한다. 이런 언어 표현 이론은 해석의 상관 이론과 함께 낭만주의자 사이에서 일반적이었다.

우리 인간이 동료 인간들의 생각을 알려면, 그들이 어떤 물리 매체를 통해 그런 생각들을 표현하는 것과 우리가 그 표현된 생가을 알고자 매체를 해석하는 것 외에 다른 방식이 없다. 그러나 하나님은 우리가 표현하든 하지 않든, 우리가 표현하기 전에 이미 우리의 생각을 아신다. 그렇다면 하나님이 우리를 초대하여 하나님께 말을 건네게 하시는 일의 의미는 무엇인가?

언어행위 이론은 이 질문이 잘못된 가정에 기반한 것임을 발견하도록 돕는다. 말한다는 것은 어떤 정신 상태를 표현하거나 드러내는 게 아니라 어떤 발화수반행위를 수행하는 것이다. 물론 누군가가 어떤 발화수반행위를 수행하는 일은 일반적으로 그가 가진 어떤 정신 상태를 나타내지만, 그 행위 자체가 이러한 나타냄과 동일시되어서는 안 된다. 내가 어떤 일을 하겠다고 약속하는 것은 대개 내게 그 일을 할 의향이 있음을 나타내지만, 나는 어떤 일을 할 의향이 없이도 그 일을 하겠다고 약속할 수 있으며, 혹은 그 일을 할 의향이 있어서 그 일을 하겠다고 약속하지 않고도 그 일을 할 의향이 있음을 나타낼 수도 있다. 내가 어떤 일을 하겠다고 약속할 때 내게는 그것을 해야 할 의무가 생긴다. 단순히 내가 어떤 일을 하겠다는 의향을 표현했기 때문에 그렇게 할 의무가 생기는 것은 아니다. 마찬가지로, 내가 어떤 명제를 주장한다면 그것은 대개 내가 그

명제를 믿고 있음을 나타낸다. 그러나 나는 믿지 않고도 무언가를 주장할 수 있고, 무언가를 주장하지 않고도 이를 믿는다는 것을 나타낼 수 있다.

요컨대, 하나님이 우리의 가장 깊은 생각들을 알고 계시다는 사실 때문에 우리가 하나님께 말을 건네는 일이 무의미해지지 않는다. 하나님께 말을 건네는 일은 생각을 표현하는 것과 같지 않다.

하나님의 들으심은 무조건적이지 않다

나는 우리가 전례를 상연하기 위해 모일 때, 우리는 시편의 본보기를 따르며 하나님이 들으시리라는 확신이나 기대를 품고 하나님께 말을 건넨다고 주장했다. 그러나 앞 장에서 나는 하나님이 이스라엘의 제사에 귀 기울이시지 않으시리라는 하나님의 선언이 담긴 구약 예언서 구절들을 언급했다. 이런 구절들은 하나님의 들으심이 무조건적이지는 않음을 가리킨다. 하나님께서는 우리가 그분께 건네는 말을 들으시거나 듣지 않으실 자유만 있는 게 아니다. 때때로 하나님은 실제로 듣지 않으신다. 하나님은 무엇이든 막론하고 듣는 분이 아니다.

이번 장 앞부분에서는 한 사람이 다른 사람과 너무 멀어져서 전자가 후자에게 말하기를 거부할 수 있다는 사실에 주목했다. 그녀는 그와 말을 섞지 않는다. 멀어짐은 또한 한 사람이 다른 사람에게 귀 기울이기를 거부하는 결과를 낳는다. 그녀는 그의 말을 듣지 않는다. 명백하게 하나님도 우리의 말을 듣지 않을 만큼 우리에게서 멀어지실 수 있다. 하나님은 우리가 하는 말에 귀를 닫으신다. 우리의 중보 기도에 호의적으로 응답해 달라는 부르짖음에 귀를 닫는 게 아니라, 그런 중보 기도 자체에 귀를 닫으신다.[4] 특히 전례 바깥에서 이런 가능성이 드러난다. 이것은 구약 예언자들이 했던 일로, 그들은 이스라엘의 제사 바깥에 서서, 하나님이 듣지 않으셨다고 선언했다. 예언자 아모스의 잘 알려진 구절을 다시 한번 인용하겠다. 하나님이 말씀하시는 분이다.

> 내가 너희 절기들을 미워하여 멸시하며
> 너희 성회들을 기뻐하지 아니하나니
> 너희가 내게 번제나 소제를 드릴지라도
> 내가 받지 아니할 것이요,
> 너희의 살진 희생의 화목제도
> 내가 돌아보지 아니하리라.
> 네 노랫소리를 내 앞에서 그칠지어다.
> 네 비파 소리도 내가 듣지 아니하리라. (암 5:21-23)

무엇이 하나님을 이스라엘로부터 그토록 심히 멀어지게 만들어

---

4 앞 장에서 우리가 하는 말을 인지하시는 하나님과 우리가 하는 말에 주의를 기울이시는 하나님을 구별했음을 떠올려 보라.

하나님이 그들의 제사를 주목하시지 않게 했는가? 아모스는 주변 민족인 다메섹, 가사, 두로, 에돔, 암몬, 모압에 그들이 저지른 죄에 대한 심판을 선언한 후, 이스라엘과 유다를 엄히 응시하며 그들이 저지른 죄로 인해 그들에게 임할 심판을 공표한다. 예언자가 생생하게 묘사하는 죄는 이렇다. "너희는 가난한 자를 압제한다", "너희는 가난한 이에게 곡식을 거두어들인다", "너희는 궁핍한 자를 성문에서 밀어낸다", "너희는 정의를 쓴 쑥으로 바꾼다." 이스라엘과 유다에 만연한 불의가 하나님의 멀어짐을 초래했다. 그 멀어짐이 너무 심해서 하나님은 그들에게 심판을 내리셨을 뿐만 아니라 그들이 제사에서 한 말과 행동에 주의를 기울이지 않으셨다.

이사야도 아모스와 같은 점을 지적한다. 하나님의 멀어짐을 초래한 것은 이스라엘에 만연한 불의다. "너희가 많이 기도할지라도 내가 듣지 아니하리니 이는 너희의 손에 피가 가득함이라. … 행악을 그치고 선행을 배우며 정의를 구하며"(사 1:15-17). 예레미야서에서 하나님의 멀어짐을 초래한 것은 이스라엘의 불의라기보다 그들의 우상 숭배다. "그들이 … 다른 신들을 따라 섬겼은즉 … 그러므로 나 여호와가 이와 같이 말하노라. 보라. 내가 재앙을 그들에게 내리리니 그들이 피할 수 없을 것이라 그들이 내게 부르짖을지라도 내가 듣지 아니할 것인즉"(렘 11:10-11).

이런 구절들은 하나님에 관하여 근본적으로 중요한 것을 우리에게 명백히 말한다. 그러나 그 구절들은 또한 유대교와 그리스도교 전례에 관하여 근본적으로 중요한 것을 우리에게 말한다. 2장에서 언급했듯, 아모스 및 다른 구약 예언자들이 한 말에서 몇 가지를 추론하자면, 이스라엘과 유다는 전례의 참여가 하나님을 **기쁘게 하는** 것이라고 생각했다. 백성들은 하나님이 그런 종류의 것들을 좋아하신다는 가정 아래, 모여서 희생 제사를 드리고, 노래를 부르며, 악기를 연주하고, 기도문을 낭송하는 등의 행위를 했다. 예언자들의 말을 들어 보면, 백성들이 이를 그들의 일상에서 저지른 일에 대한 하나님의 노여움을 갚는 것으로 생각했는지, 혹은 하나님이 그들의 일상에는 무관심하나 그들이 드리는 제사는 매우 즐기신다고 생각했는지 확실하지 않다. 어느 쪽이든 그들이 가정한 바는, 그들의 일상 속 우상 숭배와 만연한 불의 때문에 그들이 부르는 노래와 그들의 거룩한 회중이 드리는 희생 제사에서 하나님이 가져가셔야 할 기쁨이 손상되지는 않으리라는 것이다.

예언자들은 전례에 대한 이런 이해를 즉각 거절한다. 2장에서 나는 전례 안의 **일탈적** 참여라는 개념을 소개했다. 나는 그리스도교의 하나님을 예배하는 것 외의 이유로 그리스도교 전례에 참여하는 사람들은 일탈적으로 참여하는 것이라고 말했다. 예언자들에게서 배운 것은, 전례를 위해 말과 행동의 대본을 충실하게 따른다 해도 우리의 참여가 너무 일탈적이어서 우리가 하나님께 말을 건넬 때 하나님이 우리에게 귀 기울이기를 거부하실 수 있다는 점이다.

예언자들의 맹렬한 비난에서 특히 눈에 띄는 점은, 이스라엘과 유다의 구성원들이 전례 자체에서 한 일이 아니라 전례 **바깥의** 그들의 일상에서 한 일이 그들의 상연을 용납할 수 없을 정도의 일탈로 만들었다는 점이다. 여기에서 내가 기본으로 삼은 개념을 설명하겠다. 나는 그리스도인의 삶 전체는 하나님은 누구신지와 하나님이 하신 일과 하고 계신 일과 하실 일을 인정하는, 즉 경외하고 공경하며 감사하고 놀라워하는 경배를 받으시기 합당한 더할 나위 없이 탁월한 존재임을 인정하는 삶이라고 말했다. 그리고 그런 인정의 특별한 방식이 예배라고 제안했다. 왕 앞에서는 왕에게 무릎 꿇고 그를 칭송하지만 왕 앞에 있지 않으면 마음에서 왕을 완전히 지워버리는—왕이 내려준 규칙과 규정에는 거의 전혀 주의를 기울이지 않고, 그의 왕보다 어떤 외국 군주에게 더 충성심을 느끼는 등—어떤 신하를 상상해 보라. 이 사람이 왕 앞에서 벗어나서 행한 일은 왕 앞에서 그가 수행한 존경의 말과 행동을 거짓으로 만든다. 그가 한 일은 그의 말과 행동이 진실하지 않고, 가짜이며, 일탈적임을 드러낸다. 나는 이것이 예언자들이 염두에 둔 것이라고 생각한다.

이 논의 단락을 마무리하면서, 전례의 **일탈적** 수행을 전례의 **결함 있는** 수행과 동일시해서는 안 된다는 데 주목하겠다. 전례 수행에는 어떤 식으로든 항상 결함이 있을 것이다. 그러므로 많은 전례에서, 시편 19편의 맺음말이 전례의 어딘가에 등장한다.

> 나의 반석이시요 나의 구속자이신 여호와여,
>> 내 입의 말과 마음의 묵상이
>> 주님 앞에 열납되기를 원하나이다.

개신교에서 흔히 언급되는 결함은 주의를 기울이지 않는 것, 즉 '시늉만 하는 것'이다. 주의를 기울이지 않는 것은 실제로 전례 참여에 존재하는 결함이지만, 그렇다고 누군가의 참여가 일탈인 것은 아니다. 하나님이 들으시리라는 기대를 품고, 우리는 하나님께 우리 일상의 결함뿐 아니라 주의를 기울이지 않는 결함을 포함해 우리 예배에 존재하는 결함을 용서해 달라고 기도한다.

왜 하나님은 들으시는가?

모든 것 중 가장 중요한 질문이 남았다. 왜 하나님은 우리를 초대해 우리가 하나님께 말을 건네게 하시며, 우리가 말을 건넬 때 왜 하나님은 굽히셔서 우리의 말을 들으시는가? 나는 하나님이 우리에게 귀 기울이신다는 게 얼마나 놀라운 의미인지 일깨우고자 노력했다. 하나님이 우리의 말을 들으신다는 것을 우리가 놀랍게 생각하면 할수록 '왜?'라는 질문을 그냥 넘어갈 수 없게 된다. 왜 하나님은 우리를 초대해 하나님께 말을 건네게 하시는가? 그리고 우리가 말을 건넬 때 왜 하나님은 굽히셔서 우리의 말을 들으시는가?

이 질문에 대한 대답은 우리가 건네는 말의 구체적 내용에 따라 다소 다르다. 우리가 하나님을 찬양할 때, 우리는 하나님의 더할 나위 없는 영광을 인정한다. 우리가 하나님께 감사할 때, 우리는 우리를 향한 하나님의 더할 나위 없는 사랑을 인정한다. 이것들 각각은 하나님의 더할 나위 없는 위대함의 어떤 측면에 대한 인정이다. 하나님께 찬양하거나 감사하면서, 우리는 하나님의 더할 나위 없는 위대하심에 대한 우리의 인정을 받아 주시기를 하나님께 간구한다. 그 인정이 미흡하더라도 말이다.

그렇다면 질문은 이것이다. 왜 하나님은 하나님의 더할 나위 없는 위대함 때문에 하나님께 찬양하고 감사하도록 우리를 초대하시며, 우리가 찬양하고 감사할 때 왜 하나님은 우리의 말을 들으시는가? 니체주의자들은 이것을 그리스도교 하나님의 나르시시즘이 드러나는 주요 표징으로 볼 것이다. 그러나 그것은 잘못된 결론으로부터 사물을 보는 것이다. 하나님이 진실한 찬양과 감사를 기뻐하시긴 하지만, 하나님께 찬양하고 감사하도록 우리를 초대하신 것은 하나님이 위대함을 인정하는 말 듣기를 즐기시기 때문이 아니다. 오히려 하나님과 우리 사이에 극단적인 존재론적 격차가 있음에도, 또한 우리의 말이 불가피하게 미흡함에도 우리가 자유롭게 하나님께 찬양하고 감사하도록 우리를 초청하시는 것은 하나님을 알게 된 우리가 하나님의 위대함을 인정하기를 원하기 때문이다. 이는 우리에게 중요하며, '올바르고 합당하며', 우리의 샬롬에 중대한 것이다.

평민은 왕의 등 뒤에서가 아니라, 왕의 얼굴을 보며 왕을 찬양하고 싶어 한다. 하지만 그는, 한낱 평민은 감히 왕에게 말을 건네지 못한다. 그의 주저함을 본 왕은 그를 초대해 말을 건네도록 한다. 평민은 말을 건네고, 왕이 그의 미흡한 말을 받아들여 주기를 바란다고 말하며 끝맺는다. 왕은 그의 말을 주의 깊게 귀 기울여 듣는다.

여기서 더 짚고 넘어가야 할 점이 있다. 몇몇 시편에서 시편 기자는 하나님의 비인간 피조물들이 하나님을 찬양하는 데 동참하도록 한다. 시편 148편이 좋은 예다.

> 해와 달아, [하나님을] 찬양하며
> 밝은 별들아, 다 그를 찬양할지어다!
> 하늘의 하늘도 그를 찬양하며
> 하늘 위에 있는 물들도 그를 찬양할지어다!
> 그것들이 여호와의 이름을 찬양함은
> 그가 명령하시므로 지음을 받았음이로다.
> 그가 또 그것들을 영원히 세우시고
> 폐하지 못할 명령을 정하셨도다.

시편 기자는 하나님의 비인간 피조물들이 문자적으로 하나님을 찬양할 수 없음을 안다. 그래서 시편 기자는 그들을 대신하여 하나님을 찬양한다. 이것이 그가 하나님을 찬양하는 데 비인간 피조물들을 동참시킬 때 그가 하고 있는 일이다. 그는 그들의 찬양에 목소리를 더하고 있다.

우리가 하나님께 말을 건네는 찬양과 감사에서, 우리의 죄 고백과 중보 기도로 방향을 바꿔 보자. 우리는 죄 고백에 이어 하나님이 우리에게 자비를 베푸시고 우리 죄를 용서해 주시기를 기도한다. 그럼으로써 우리는 우리가 하나님을 반역했음을 인정하고, 하나님의 용서하시는 사랑에 호소한다. 우리의 중보에 따라 하나님이 우리의 기도를 들으시기를, 즉 우리가 중보하는 이들을 그들의 번영을 위협하는 데서 건지시기를 기도한다. 그럼으로써 우리는 우리가 하나님께 의존함을 인정하고, 하나님의 구원하시는 사랑에 호소한다. 시편 기자는 "많은 인자와 구원의 진리로 내게 응답하소서"라고 기도한다.

> 여호와여 나를 반기시는 때에
> 내가 주께 기도하오니 하나님이여,
> 많은 인자와 구원의 진리로 내게 응답하소서.
> 나를 수렁에서 건지사 빠지지 말게 하시고…
> 여호와여 주의 인자하심이 선하시오니 내게 응답하시며
> 주의 많은 긍휼에 따라 내게로 돌이키소서.…
> 내 영혼에게 가까이하사 구원하소서. (69:13-18)

하나님은 왜 우리가 우리의 허물과 의존을 인정하고 하나님의 사랑에 호소하도록 우리를 초대하시며, 왜 우리가 하나님을 반역했으며 하나님께 의존적임을 인정할 때 우리의 말을 들으시는가? 니체주의자는 이를 우리가 굽신거리기를 바라는 그리스도교 하나님의 소망을 나타내는 주요 표징으로 볼 것이다. 그러나 다시 말하건대 이는 잘못된 결론으로부터 사물을 보는 것이다. 하나님은 우리가 하나님을 반역했다고 인정하는 것을 듣기 즐거워하시고 우리가

우리의 의존성을 인정하는 데서 기쁨을 취하시기 때문에 고백과 중보 기도로 우리를 초대하신 게 아니다. 하나님과 함께 서는 법을 알게 된 우리가 고백하고 중보 기도하기를―어떻게 우리가 그러기를 바라지 않을 수 있겠는가?―몹시 바라시기 때문에 하나님은 우리가 자유로이 고백하고 중보 기도하도록 초대하신다. 이는 '올바르고 합당하며', 우리의 샬롬에 중대하다. 왕은 평민을 초대해 그 평민이 매우 바라는, 즉 왕에게 자비와 구원을 구하는 일을 자유로이 하도록 한다. 평민이 그리할 때 왕은 평민의 말을 듣는다.

6

하나님이 들으신다고 말할 때 우리가 말하는 바는 무엇인가?

독자 중 전문 신학자와 전문 신학자가 되기를 바라는 이들은 지금
쯤 불편함을 느낄지도 모르겠다. 내 프로젝트에서 그리스도교 전례
에 암시된 하나님 이해를 확인하고 분명히 표현하겠다고 제시했을
때 당신은 이 프로젝트가 어디로 흘러가는지 지켜보기로 했다. 이
제 어디로 가는지 살짝 보았고 이는 싱거운 국물처럼 느껴졌을 것
이다. 당신은 삼위일체, 성육신, 칭의, 선택, 이중 예정, 신적 주권,
신적 예지 등 수 세기 동안 논쟁을 거쳐 밀도가 높아진 신학에 익
숙하다. 이 책에서 얻는 것은 그에 비해 싱거울 것이다. 복잡하지도
않다. 전례 신학이 이런 것인가?

싱겁기만 한 것도 아니다. 식별하기 쉽지 않다는 면에서 생경하
기도 하다. 전례 신학은 확실히 이신론적 신학은 아니다. 하나님이
우리의 말을 들으시고 우리에게 말씀하신다고 믿는 이신론자는 없
다. 이는 당신에게 흔한 포괄적 유신론도 아니다. 여기에는 '전'(全,
omni)으로 시작하는 익숙한 트리오인 전능, 전지, 전선에 관한 것
이 없다. 단순성, 불변성, 무감수성, 영원성 등에 관한 것도 아니다.

또한 앞서 지적했듯 삼위일체이신 하나님에 대한 또는 성육신하신 하나님에 대한 것도 아니다. 오히려 들으시는 분인 하나님 및 말씀하시는 분인 하나님에 대한 것이다. 이는 생경하다.

불편함을 일으키는 또 다른 무언가가 있을지도 모른다. 우리의 말을 들으시고 우리에게 말씀하시는 하나님을 말하는 것은 명백한 신인동형론이 아닌가? 우리가 이런 식으로 말하면서 우리는 하나님을 우리 자신의 형상으로 만들고 있지 않은가? 이는 어린아이가 하나님에 대해 말하는 방식이다. 이것이 전례에 암시된 하나님 이해라면, 어른인 우리는 전례 참여를 멈추거나, 하나님이 들으시고 말씀하신다는 전례에 암시된 하나님 이해의 결론에 이의를 제기해야 할 것이다. 우리는 전례에 대한 마이모니데스식 분석에 몰두해야 할 것이다.

이번 장에서는 우리가 하나님이 들으시고 말씀하신다고 말할 때 우리가 하나님을 우리 자신의 형상대로 만들고 있다는 우려를 다룰 예정이다. 지금까지 내 논의가 유별나서 불편함을 느낀 이들은 이제 불편한 정도가 상당히 낮아짐을 발견할 것이다. 암시적인 것을 명시하기 위해 전례를 조사하는 대신, 우리는 아주 전통적인 주제인 하나님에 관한 서술의 지위에 몰두할 것이다. 확실히 독자들은 우리가 전례 신학을 뒤로한 게 아닌가 싶을 정도로 이 논의가 이전 논의와 매우 다르다고 느낄 것이다.

전례 신학을 뒤로하지는 않을 것이다. 나는 전례 신학을 세 단계로 생각해 볼 수 있다고 제안했다. 전례 전체에서 또는 그 일부에서 시작해, 전례 신학자는 첫 번째로 전례 전체에서 또는 일부에서 어떤 일이 일어나는지 이해하려고 노력한다. 그다음 두 번째로, 그는 그 안에 암시된 하나님 이해를 명시하려고 한다. 세 번째로, 그는—신학적으로 발전시키고 반론에 맞서 변호하고자—그 이해를 명확히 한다. 만일 도중에 그가 전례의 일부에 암시된 하나님 이해에 결함이 있다는 결론에 도달한다면 그는 전례의 그러한 측면에 비평을 제시할 것이며, 그 비평 또한 그의 전례 신학을 구성하는 요소가 될 것이다.

이번 장에서 다룰 우리의 주제, 즉 들으시고 말씀하시는 하나님에 대해 생각하고 말한다는 것은 용납할 수 없는 신인동형론인가 하는 주제는 전례 신학의 단계 중 어느 단계에 해당하는가?

이 주제는 여러 다른 방식으로 다뤄질 수 있다. 어떻게 다룰 것인가에 따라, 이 주제는 전례 신학의 세 단계 중 첫 번째 또는 세 번째에 해당한다. 나는 이를 첫 단계에 포함해 다룰 것이다. 나는 전례의 많은 부분에서 우리는 하나님께 말을 건네고 있으며, 하나님이 들으시리라는 가정 아래 하나님이 호의적으로 응답하시리라는 희망이나 기대를 품고 그리한다고 주장했다. 나는 마이모니데스 및 다른 많은 철학자와 신학자가 제기할 만한 반대에 맞서 이런 전례 분석을 변호할 것이다.

마이모니데스가 말하는, 하나님이 들으실 수 없는 이유

마이모니데스는 『혼란스러워하는 이들을 위한 안내서』에서 이렇게 말한다.

이 모든 행위는 오로지 신체 기관을 통해 수행하는 것이기 … 때문에, 이 모든 신체 기관은 비유적으로 [하나님께] 귀속된다. 즉 국부적 움직임의 수단인 신체 기관들(나는 발과 발바닥으로 그리한다), 듣고 보고 냄새를 맡는 신체 기관들(귀, 눈, 코), 말과 말의 질료들을 생성하는 신체 기관들(입, 혀, 목소리)은 비유적으로 귀속되는 것이다. … 이 모든 것을 요약하면 이렇다. 하나님(모든 결함을 초월하여 높임을 받으소서)은 자신의 행위가 이 수단을 통해 나타내어지도록 신체 기관이 자신에게 귀속되게 하신다. 그리고 그런 특정 행위들은 언급한 행위와 동일하지 않은 어떤 완전성을 나타내기 위해 비유적으로 그분께 귀속된다. … 행위와 말이 하나님께 귀속되는 것은 이로써 그분으로부터 비롯된 흘러넘침이 나타나도록 하는 것이다. … 음성 기관은 예언자들에게 그 지성이 흘러넘침을 나타내기 위해 언급된 것이다.[1]

말하기가 당연히 신체 행위라고 여긴 마이모니데스는, 하나님

---

1   *Guide of the Perplexed*, trans. Shlomo Pines (Chicago: University of Chicago Press, 1963), 1.46 [pp. 99-100].

은 입, 혀, 성대가 없으므로 문자 그대로 말씀하실 수 없다고 주장한다. 그의 긍정의 제안은, 우리가 말하기를 하나님께 귀속시킬 때 우리는 우리 자신이 언어를 비유적으로 사용하고 있음을 이해해야 한다는 것이다. 우리는 비유적으로 언어를 사용하므로 신인동형론에 관여하는 게 아니다.

인용한 구절에서 마이모니데스가 하나님이 문자 그대로 들으실 수 없다고 하지는 않았지만, 이는 의심의 여지 없이 그의 견해다. 듣기를 당연히 신체 행위로 여기므로 그는 하나님이 귀나 눈이 없어서 들으실 수 없다고 주장할 것이다. 그래서 우리는 우리가 말하기를 하나님께 귀속시킬 때 우리 자신이 언어를 비유적으로 사용하고 있다고 이해해야 하는 것처럼, 듣기를 하나님께 귀속시킬 때도 우리 자신이 언어를 비유적으로 사용하고 있다고 이해해야 한다.

마이모니데스의 긍정의 제안에 대해 무슨 말을 하든, 언어행위 이론이 분명히 밝히는 바는 하나님이 문자적으로 말씀하시거나 들으실 수 없다는 것에 대한 그의 주장은 타당하지 않다는 것이다. 우리가 하나님께 말을 건네는 것은 우리가 수행하는 발화수반행위로 구성되며, 우리는 하나님이 이 행위에 주의를 기울이시고 이를 이해하시며 호의적으로 응답하시리라는 목적과 목표를 지니고 이 행위를 수행한다. 우리는 이런 발화수반행위를 발화행위들을 수행함으로써 수행한다. 그러나 우리가 하나님께 말을 건네는 것은 어떤 의미를 생각하면서 '문장을 내뱉는 행위'가 아니다. 그것은 하나님을 찬양하고, 하나님께 감사하며, 하나님께 중보 기도하는 등의 발화수반행위다. 이런 것들은 신체 행위가 아니다. 우리는 우리의 신체로 무언가를 **함으로써** 이를 수행하지만, 이 행위들 자체는 신체 행위가 아니다. 그것들은 지각할 수 없는 개별자다.

자신에게 말해진 바를 듣는 것—수행된 발화수반행위에 주의를 기울이고 이를 파악하는 것—도 마찬가지로 신체 행위가 아니다. 당신과 나는 눈이나 귀를 이용해서 동료들의 말에 주의를 기울이고 이를 파악한다. 우리는 내뱉은 문장을 듣거나 글로 쓴 문장을 본다. 그러나 우리가 발화수반행위 자체를 주의 깊게 관찰하고 이를 이해하는 것은 눈이나 귀로 하는 행위가 아니다. 그 행위는 지각할 수 없기 때문이다. 하나님이 눈이 없다거나 귀가 없다는 사실이 하나님은 들으실 수 없다고 주장할 이유는 아니다.

시편 기자가 "내게 귀를 기울여/내 말을 들으소서"(17:6)라고 말할 때, 우리는 "내게 귀를 기울여"라는 말과 "들으소서" 말이 비유적으로 사용되고 있다고 이해해야 한다. 이 점에서 마이모니데스는 옳다. 문자 그대로 하나님께는 말을 듣기 위해 기울일 귀가 없다. 그러나 우리가 언어행위 이론을 따라 생각한다면, 우리는 시편 기자가 언어를 비유적으로 사용한다고 이해할 것이다. 즉 그가 수행한 발화수반행위에 하나님이 주의를 기울이시고 호의적으로 응답하시기를 간구하면서 언어를 사용한다고 이해할 것이다. 그런 발화수반행위는 보이거나 들을 수 있는 게 아니었다. 지각할 수 없는 것이었다.

물론, 만일 하나님이 발화수반행위 수행으로 **간주되는** 발화행위 수행을 듣거나 보지 않고는 발화수반행위에 주의를 기울이시고 이해하시는 게 불가능하다면, 하나님께 귀와 눈이 없는 것이 하나님이 들으실 수 없음을 암시할지 모른다. 하지만 왜 그것이 불가능하다고 생각하는가? 다시 말하지만, 누군가가 자신에게 말하는 것을 듣는다는 게 무엇인지 떠올려 보라. 이는 수행된 발화수반행위에 주의를 기울이고 이를 파악하는 것이다. 따라서 듣기를 하나님께 귀속시키는 것은 하나님이 지각할 수 없는 일종의 개별자들, 즉 발화수반행위에 주의를 기울이시고 이를 이해하신다고 말하는 것이다. 하나님이 우리 마음의 가장 깊은 비밀을 아실 수 있다면 왜 하나님이 우리가 수행하는 발화수반행위에 주의를 기울이시고 이를 이해하실 수 없겠는가?

당신은 이제 충분하다고 말할지 모른다. 그러나 듣기가 지각할 수 없는 개별자를 인식하는 한 방식이라는 지적은 신인동형론을 우려하는 이들에게는 분명 적절치 못한 대답이다. 세상에서 일어나는 모든 일에 대한 지식을 하나님께 귀속시킬 때, 우리는 신인동형화하는 게 아닌가? 우리의 형상대로 하나님을 만들지 않으려면, 우리가 듣기를 하나님께 귀속시킬 때만이 아니라 우리가 시공간에 있는 모든 개별적인 것에 관한 인식을 하나님께 귀속시킬 때도 우리는 우리 자신이 비유적으로 말하고 있다고 이해해야 하지 않을까?

이런 질문들에 답하기 위해 우리는 하나님에 관한 서술의 지위라는 매우 골치 아픈 주제로 들어가야 한다. 그래서 이번 장 나머지 부분에서는 그 일을 하고자 한다.

몇 가지 구별

이런 쟁점들을 다룰 때는 쓰는 용어들에는 전형적인 의미가 있음에도, 다양한 저자가 용어에 다양한 의미를 붙여 사용한다. 큰 혼란을 낳거나 오해를 일으킬 정도로 말이다. 따라서 용어에 대한 몇 가지 설명으로 시작해야 한다.

윌리엄 얼스턴(William Alston)은 1980년대에 그가 발표한 여러 논문에서 "하나님에 관한 문자적 담화의 불가능성은 이번 세기 신학에서 거의 신조가 되었다"고 지적한 후, 오히려 문자적으로 말함으로써 하나님에 관한 참인 무언가를 확언할 수 있다고 주장했다.[2] 논증 과정에서 얼스턴은 이 쟁점들을 논할 때 전형적으로 사용되는 용어에 대해 매우 도움이 되는 명확한 언급을 남겼다. 이 문제에 관해 말해야 할 많은 부분은 얼스턴에게 배운 것이다.

먼저, 용어를 사용하는 다양한 방식을 구별해 보자. 우리는 용어를 **문자적으로** 사용할 수 있고, **비유적으로**, 특히 **은유적으로** 사용할 수 있고, 내가 **유비적 확장**(analogical extension)이라고 부를 방식

---

2   해당 논문은 "Irreducible Metaphors in Theology", "Can We Speak Literally of God?", "Functionalism and Theological Language"다. 이 논문들은 *Divine Nature and Human Language: Essays in Philosophical Theology* (Ithaca: Cornell University Press, 1989)라는 제목의 얼스턴 논문 모음집에서 확인할 수 있다. "Irreducible Metaphors in Theology"에서 인용한 부분은 앞서 언급한 책의 p. 17이다. 20세기 신학에 대한 같은 지적은 더 최근의 책인 Roger M. White, *Talking about God: The Concept of Analogy and the Problem of Religious Language* (Farnham, Surrey: Ashgate, 2010), pp. 183ff에서 제기되었다.

대로 사용할 수도 있다. 용어를 문자적으로 사용한다는 개념과 비유적으로 사용한다는 개념은 익숙하다. 그러나 용어를 유비적으로 확장하여 사용한다는 개념은 익숙하지 않을 것이다. 그러니 이를 설명해 보겠다.

유비적 확장

내가 나의 개를 가리키면서 단호하게 "그는 보석이다"라는 문장을 내뱉는다고 가정해 보자. 이때 나는 '보석'이라는 용어를 비유적으로, 더 구체적으로는 은유적으로 사용했을 것이고, 나의 개에 대해 참된 무언가를 말한 것이다. 내가 문자적으로 말했다면 내 말은 분명 거짓이다. 좋은 은유를 관찰해 보면, 좋은 은유는 사물에 관한 말을 불확실하게 둠으로써 의미를 어느 정도 열어 둔다는 점을 보게 된다. 반면 이른바 죽은 은유는 의미에 제한을 두지 않는 일이 거의 없다. 내가 나의 개를 두고 '보석이다'라는 술어를 사용할 때 나의 은유는 죽은 은유거나 거의 죽은 것이다.

여기에 한 가지 추가하자면, 나는 사람들이 용어를 비유적으로 사용할 때 이를 일상 의미로(혹은 일상 의미 중 하나로) 사용한다고 생각한다. 문자적 사용과 비유적 사용의 차이는, 한 용어를 다른 두 가지 의미로 사용하는 데 있는 게 아니라 완전히 다른 두 사물을 한 용어로 말하는 데 있다. 즉 같은 의미를 지닌 용어를 사용하면서도 완전히 다른 두 발화수반행위를 수행하는 데 있다.

이제 내가 나의 개를 가리키면서 단호하게 "그는 자기 주인을 안다"라고 말한다고 가정해 보자. 나아가 우리는 개들의 내면생활에 대해 혹은 개들에게 내면생활이 있는지조차 알지 못하므로 나의 개가 주인을 안다는 것이 문자적으로 참인지, 아니면 그에 대해 문자적으로 참인 것은 오히려 그가 '안다'와 상당히 비슷한 행동을 한다는 것인지 알 수 없음을 우리가 인정했다고 가정해 보자. 따라서 내가 나의 개에게 '안다'라는 술어를 사용할 때 내가 하는 일은, 문자 그대로 그가 안다고 말하는 것이거나 또는 그가 '안다'와 상당히 비슷한 행동을 한다고 말하는 것이다. 이것이 내가 "용어를 유비적으로 확장하여 사용하는 것"이라고 말하는 바의 예다.

우리는 어떤 것에 f이다라는 속성이나 이와 상당히 비슷한 속성이 있다고 말할 때 'f이다'라는 술어를 유비적으로 확장하여 사용한다. 내가 나의 개에 대해 '보석이다'라는 술어를 사용할 때 유비적으로 확장하지 않고 비유적으로 사용한 이유는 나의 개가 보석이라거나 보석과 상당히 비슷하다고 말하는 게 결코 아니기 때문이다. 마찬가지로, 우리가 블루 노트(대개 블루스나 재즈에서 사용하는, 장3도, 완전5도, 장7도를 반음 낮춘 음—옮긴이)에 대해 말할 때 '블루'라는 용어를 유비적으로 확장하지 않고 은유적으로 사용하는 이유는 이 소리가 파란색이라거나 파란색과 상당히 비슷하다고 말하는 게 결코 아니기 때문이다. 당연히, 말이 비유적으로 사용되는지 유비적으로 확장하여 사용되는지 명확하지 않은 애매한 경우도 있을 것이다.

2012년 10월 26일자 〈뉴욕 타임스〉의 주말 예술 코너에서, 음악 평론가 재커리 울프(Zhacary Woolfe)는 피아니스트 안드라스 쉬프 (Andras Schiff)와 J. S. 바흐의 "평균율 클라비어"에 대해 나눈 대화를 언급한다. 기사에서 쉬프는 앞부분보다 뒷부분을 더 강렬하게, 다장조를 백설공주로, 나단조를 죽음의 칠흑으로, 올림라단조를 옅은 파랑으로, 올림다장조와 올림다단조를 노랑으로 묘사한다. 이는 색이름의 비유적 사용이지 유비적 확장이 아니다.

일의적, 다의적, 유비적

용어에 관한 새로운 점으로 넘어가자. 문자적·비유적으로 쓰이는지, 또는 유비적으로 확장하여 쓰이는지 묻는 것은 용어를 한 번 사용한 경우다. 이와 대조적으로, '일의적', '다의적', '유비적'이라는 말은 용어를 두 번 이상 사용할 때 사용 방식을 비교하기 위한 것이다.

우리가 A에 어떤 용어로 서술하고 B에 대해 어떤 용어로 서술할 때 A와 B에 대해 같은 것을 말하고 있다면, 우리의 두 서술은 서로에 대해 일의적이다. 다른 것을 말한다면 우리의 서술은 서로에 대해 다의적이다.[3] 유비적 서술은 다의적 서술의 특수한 경우다. 다의

---

3   테런스 쿠니오는 이 원고를 보고 다음과 같은 의견을 제시해 주었다. 만일 내가 A에 대해 F로 서술하고 B에 대해 F가 아닌 것으로 서술한다면 위의 정의를 따른 결과 나의 이두 서술까지도 서로 다의적인 것이다. 쿠니오는 만족스러운 정의였다면 이런 결과를 피했을 것으로 생각한다. 그러나 나는 동의하지 않는다. 이는 실제로 다의성에 대한 예로

적 서술의 경우에서, 내가 같은 용어로 A와 B를 서술하지만 한 경우에는 용어를 문자적으로 사용하고 다른 경우에는 유비적으로 확장하여 사용한다고 가정해 보자. 그렇다면 나의 두 서술은 서로에 대해 유비적이다.

같은 용어를 사용한 두 서술은 서로에 대해 명백히 일의적일 수 있다. 그러나 같은 용어는 또한 서로에 대해 다의적인 서술을 하는 데 사용될 수 있다. 예를 들어, 만일 한 용어에 자리 잡은 의미가 두 가지인데, 내가 이 용어로 A를 서술하면서 그중 한 의미를 문자적으로 사용하고, 또한 이 용어로 B를 서술하면서 그중 다른 의미를 문자적으로 사용한다면, 내 서술들은 서로에 대해 다의적이다. 혹은 내가 그 용어를 어떤 경우에는 문자적으로 사용하고 다른 경우에는 비유적으로나 유비적 확장으로 사용한다면, 다시 말하지만 내 서술들은 서로에 대해 다의적이다. 같은 용어를 사용하여 서로에 대해 다의적인 서술을 할 또 다른 가능성은 같은 용어를 비유적으로 사용하면서 문맥에 따라 서로 의미가 확연히 달라지는 경우다. 그리고 이보다 더 많은 조합도 가능하다.

명백히 다른 용어는 서로에 대해 다의적인 서술을 하는 데 사용될 수 있다. 그러나 그것들은 서로에 대해 일의적인 서술을 하는 데 사용될 수도 있다. 우리가 동의어인 두 단어를 각각 문자 그대로 사용한 경우가 그렇다. 또한 적어도 죽은 은유에서는 한 용어를 문자

통상 제시될 만한 것이 아니라, A에 대해 말한 것과 같은 것을 B에 대해 말하지 않은 경우다.

적으로 사용하고 다른 용어를 은유적으로 사용하면서 서술들이 서로에 대해 일의적인 것도 가능하다.

여러 가능성이 어지러움을 일으키기 시작한다. 하지만 내가 이런 구별들을 제시한 것은 구별 자체를 목적으로 하거나 현기증을 유발하기 위해서가 아니며, 우리가 하나님에 관한 서술을 논하면서 명료히 해야 할 부분이 있기 때문이니 독자들은 안심하기를 바란다. 명심해야 할 점은 다음과 같다. 어떤 용어가 문자적으로, 비유적으로 사용되었는지, 아니면 유비적으로 확장하여 사용되었는지 묻는 것은 한 번 사용된 용어에 대해서다. 서술들이 서로에 대해 일의적인지 다의적인지 묻는 것은 둘 이상의 서술에 대해서다. 만일 다의적이라면, 그것들이 서로에 대해 유비적인지 아닌지 묻는다.

용어를 **유비적 확장**으로 사용한다는 개념은 **유비적 서술** 개념—즉, 두 **서술**이 서로에 대해 **유비적**이라는 개념—과 혼동하기 쉽다. 그러니 그 차이를 강조해 보겠다. 유비적 확장 개념은 어떤 용어를 한 번 사용하는 경우와 관계가 있어서, 용어를 한 번 사용한 경우에 대해서 그것이 유비적으로 확장하여 사용되었는지 아닌지 물을 수 있다. 오직 둘 이상의 서술에 대해서만 서술들이 서로에 대해 유비적인지 아닌지 물을 수 있다.

문자적으로 말함으로써 하나님에 대해 참된 무언가를 말할 수 있는지, 아니면 오로지 비유적으로 말하거나 유비적으로 확장하여 말함으로써만 하나님에 대한 참된 무언가를 말할 수 있는지 여부를 묻는 물음이 있다. 하나님에 대해 참인 서술과 인간에 대해 참인 서술이 과연 서로 일의적일 수도 있는지, 아니면 두 서술은 항상 서로에 대해 다의적인지 묻는 것은 앞의 물음과 다른 물음이다. 만일 이 두 서술이 항상 서로에 대해 다의적이라면 경우에 따라서는 서로에 대해 유비적인지 묻는 것도 첫 물음과 다른 물음이다.

아퀴나스가 말하는, 하나님을 문자적으로 서술하는 용어

아마 틀림없이 하나님에 관한 서술에 대한 가장 영향력 있는 논의는 아퀴나스가 다룬 것이므로, 아퀴나스가 그 문제에 대해 말해야 했던 것을 고려하지 않고서는 우리가 다루는 주제를 적절하게 다룰 수 없다. 그러니 이제 그리로 넘어가 보겠다.[4]

우리는 모두 아퀴나스가 유비 교리를 주장했음을 안다. 그의 견해를 따르면, 내가 하나님에 대한 참된 무언가를 서술하고 또한 어떤 피조물에 대한 참된 무언가를 서술할 때, 나의 두 서술은 결코 서로에 대해 일의적일 수 없다. 두 서술은 서로에 대해 항상 다의적이다. 두 서술의 다의성은 서로에 대해 유비적일 수도 있고 그렇지 않을 수도 있다.

거의 모든 주석가는 피조물과 하나님 모두에게 동일하게 문자적

---

4   이후 논의는 내가 쓴 논문인 "Alston on Aquinas on Theological Predication," *Inquiring about God: Selected Essays*, Volume 1, ed. Terence Cuneo (Cambridge: Cambridge University Press, 2010), pp. 112-132에서 가져와 개작한 것이다.

으로 적용되는 용어가 없다는 견해를 아퀴나스의 것으로 여긴다. 그들 중 대다수는 하나님께 문자적으로 적용되는 용어가 없다— 오로지 피조물에게만 문자적으로 적용된다—는 견해도 아퀴나스의 것으로 여긴다. 그러나 나는 아주 분명히 아퀴나스가 이런 입장들을 취하지 않았다고 생각한다. 그는 우리의 용어 중 일부가 하나님과 피조물 모두에게 동일하게 문자적으로 적용된다고 주장했다. 하나님에 관한 서술과 피조물에 관한 서술은 기껏해야 서로에 대해 유비적일 뿐 결코 일의적이지 않다. 그럼에도 우리의 술어 중 일부는 하나님과 피조물 모두에게 문자적으로 적용된다. 그가 어떻게 생각했는지 보자.

아퀴나스는 『신학대전』의 제1부, 제13문제, 제3절에서 "어떤 용어(*nomen*)가 하나님에 대해 문자적으로(*proprie*) 말해질(*dicatur*) 수 있는가?"라고 질문한다.[5] 아퀴나스는 어떤 사물을 문자적으로 말하는 것과 은유적으로 말하는 것을 구별하면서, "모든 용어가 하나님에 대해 은유적인 것은 아니다. 일부는 문자적이라고 말할 수 있다"라고 대답한다(재반론). 이런 것들은 "하나님으로부터 흘러나와서 피조물 안에서 발견되지만, 여전히 탁월한 방식으로 하나님 안에 존재하는 완전성"을 의미하는 용어다(답변). 아퀴나스는 "존재", "선한", "살아 있는" 같은 용어를 예로 든다. 그는 말하기를, 이

---

[5]   『신학대전』의 영국 도미니크회 관구 번역과 블랙프라이어스 번역 모두 내 목적에 완전히 만족스럽지는 않은데, 둘 다 내가 논의할 점들에 관해서 아퀴나스를 잘못 해석하기 때문이다. 그러나 대개는 번역이 더 문자적이라는 이유로 도미니크회 관구 번역을 따를 것이며, 수정이 필요하다고 여기는 부분은 수정할 것이다.

용어들은 "문자 그대로 하나님에 대해 말해질 수 있다"(해답 1). 그는 이 용어들이 피조물에 대해서도 문자 그대로 말해질 수 있다고 가정한다.

본문에서 아퀴나스가 'proprie'(본래 의미대로)를 엄밀하게, 그 문자적 의미 그대로 사용하지 않았다고 가정할 이유가 없다. 그리고 그가 'proprie'와 대비시킨 것이 'metaphorice'(은유적으로)임을 고려할 때, 우리 말 '문자적'은 꽤 정확한 번역이다. 요컨대 아퀴나스의 견해는 분명, 용어를 문자적으로 사용할 때 우리는 '존재하다', '선한', '살아 있는' 같은 완전성 용어로 하나님에 대해 서술함으로써 하나님에 대한 참된 것을 확언할 수 있다는 것이었다.

같은 답변(ST I.13.3)에서 아퀴나스는 용어에 의해 의미된 것(res significata)과 용어의 의미 양태(modus significandi)를 구별해 자신의 생각을 더 상세히 설명하고 명료화한다. 일부 용어가 "문자적으로(proprie) 하나님께 적용되는" 것은 오로지 "의미된 것에 관한 한" 그렇다. 실제로 일부 용어는 "피조물보다 하나님께 더 적절하게" 적용되며, "주로(per prius) 하나님에 대해 말해진다." 하지만 의미의 양태에 대해서는 어떤 용어도 "하나님에 대해 문자적으로(proprie) 말해"질 수 없다. "그 용어들은 [모두] 피조물과 관련하여 의미의 양태를 가지기 때문이다"(답변).

아퀴나스는 독자들이 용어의 'res significata'와 'modus significandi'의 구별에 익숙하다고 가정한다. 그는 그 구별을 설명하지 않는다. 서술어의 'res significata'가 의미하는 바는 명확하다. 또는 많은 서술어에 여러 가지 다른 의미가 있음을 고려할 때, 분명한 것은 어떤-의미를-지닌-서술-어의 'res significata'가 의미하는 바다. 이것은 어떤 의미를 지닌 용어에 의해 '의미된' 또는 지시된 속성이다. 즉, 문자적으로 어떤 의미를 지닌 술어로 무언가를 서술했을 때 그것에 귀속시키는 속성이다. 그것이 우리가 사용하는 완전성 용어일 때, 'res significata'는 그 용어가 지시하는(의미하는) 완전성이다. 선함, 생명, 존재 등이 그렇다.

아퀴나스가 용어의 'modus significandi'라는 말을 쓸 때 염두에 둔 것이 무엇이었는지는 덜 분명하지만 여기서 우리의 목적과 관련해서는 충분히 명료하다. 우리는 "우리의 지성은 이런 완전성을 피조물에 존재하는 양태로 파악한다"라는 그의 언급에서 핵심 정보를 얻는다. 나는 우리가 오늘날 내포라 부르는 것에 서술어의 의미 양태가 포함된다고 생각하면 헤매지 않으리라 생각한다.

어떤 속성을 파악하는 경우, 그 속성을 염두에 두고 있는 경우를 생각해 보라. 아퀴나스는 파악된 속성과 속성을 파악하는 방식을 구별한다. 속성을 파악하는 방식은 속성이 피조물 안에 존재하는 방식과의 익숙함에 따라 형성된다. 그러므로 나는 **권력**을 생각할 때, 내가 파악하고 있는 것, 즉 권력과 내가 권력을 파악하는 방식을 구별할 수 있다. 후자는 나에게 익숙한 힘 있는 것들에 의해 형성된다. 물론 나만이 이 속성, 즉 권력을 파악하는 게 아니다. 대다수 인간이 유아기 때부터 그렇듯 당신도 파악한다. 따라서 우리는 나의 권력 파악 방식과 당신의 권력 파악 방식에 대해서만이 아니라 **우리의** 권력 파악 방식에 대해서도 말할 수 있다.

아퀴나스의 생각은, 우리가 파악한 속성과 우리가 이를 파악하는 방식의 구분은 속성에 상응하는 술어에서도 계속된다는 것이다. 또는 술어 안에 구분이 유지된다는 것이다. 우리가 우리의 피조물 경험에서 어떤 완전성을 파악하는 방식들은 그 완전성을 의미하는 용어의 의미 양태에서 재료—내포에 포함된 의미 구성 요소—가 된다. 서술어는 어떤 특정 속성을 의미할 뿐만 아니라, 우리의 경험을 통해 우리에게 익숙한 속성의 사례들을 파악하는 우리의 방식을 표현한다—'표현한다'(express)는 아마도 여기에 가장 적합한 단어일 것이다. 그리고 우리의 그런 경험에 해당하는 것이 무엇이든 그것들은 모두 피조물의 경험일 것이다.

아퀴나스는 용어의 '*res significata*'와 그 '*modus significandi*'의 구별을 사용해 왜 일부 용어는 하나님에 대해 문자적으로 서술될 수 있고 일부는 은유적으로만 서술될 수 있는지 설명한다. "문자적으로 하나님에 대해 말해질 수 있는 용어들은 의미된 것에는 신체적 요소들을 포함하지 않고 의미 양태에만 포함한다. 반면 은유적으로 하나님에 대해 말해질(*dicuntur*) 수 있는 용어들은 의미된 것 자체에 신체적 요소들을 포함한다"(*ST* I.13.3. 해답 3). 그는 더 자세히 이렇게 말한다.

하나님으로부터 피조물로 흘러가는 이런 완전성을 의미하는 몇몇 이름이 있는데, 돌이 어떤 물질적 존재를 의미하는 것처럼, 피조물이 신적 완전성을 수용하는 불완전한 방법 자체가 이름이 담고 있는 의미의 일부인 식이다. 그리고 이런 종류의 이름들은 은유적 의미에서만 하나님께 적용될(*attribui*) 수 있다. 하지만 **존재, 선, 살아 있음** 등과 같은 다른 이름들은 참여 양태가 의미의 일부가 아닌 채로 이런 완전성을 절대적으로 의미한다. 그런 이름들은 문자적으로 하나님에 대해 말해질(*dicuntur*) 수 있다(*ST* I.13.5).

아퀴나스가 말하는, 서로에 대해 유비적인 서술

"하나님의 이름들"에 관한 제13문제에서 두 절 뒤에 아퀴나스는 "어떤 용어들이 하나님과 피조물에 대해 말할 때 일의적이거나 다의적인가?"라는 새로운 물음을 제기한다(*ST* I.13.5). 아퀴나스는 하나님에 대한 언어의 문자성에 관해 자신이 앞서 말했던 것에서 이미 이 문제에 답했다고 가정하지 않는다. 용어에 관한 우리 논의는 문자성에 대해 아퀴나스가 옳았음을 보여 준다. 이 점은 너무 자주 간과되므로 한 번 더 반복할 만하다. 용어가 문자적으로 사용되었는지 비유적으로 사용되었는지 여부를 고려할 때는 용어가 한 번 사용된 사례를 가지고 개별적인 용도를 묻는다. 한 번 사용된 것과 관련해 그것이 일의적으로 사용되었는지 다의적으로 사용되었는지 묻는 일은 타당하지 않다. 어떤 용어로 두 번 이상 서술한 경우에만 서술들이 서로에 대해 일의적인지 다의적인지 물을 수 있고,

만일 다의적이라면 그것들이 서로에 대해 유비적인지 물을 수 있다. 서술들은 결코 그저 유비적일 수 없으며, **다른 여지는 없다.** 서술들은 **서로에 대해서만** 유비적일 수 있다.

용어들이 하나님과 피조물에 대해 일의적으로 말해지는지 다의적으로 말해지는지 묻는 질문에 아퀴나스는 이렇게 대답한다. "어떤 것을 하나님과 피조물에 대해 일의적으로 서술하기는(*praedicare*) 불가능하다. 여러 사물이 같은 용어를 쓰지만 이치(*ratio*)가 다르게 서술되는(*praedicatur*) 경우 다의적으로 서술된다. 그런데 어떤 용어도 피조물에 대해 말해질(*dicitur*) 때 따르는 이치와 동일한 이치로 하나님께 적용되지(*convenit*) 않는다." 두 서술은 서로에 대해 항상 다의적일 것이다. 그다음에 아퀴나스는 그러한 예로 "지혜롭다"라는 용어를 사용하여 이렇게 말한다. "피조물에게 지혜는 하나의 자질이지만 하나님께는 아니다"(*ST* I. 13.5).

퍼즐과 해결법

이제 퍼즐이 우리 앞에 놓여 있다. 아퀴나스는 완전성 용어들은 우리에게만이 아니라 하나님께도 문자적으로 참이라고 주장했는데, 그러한 완전성 용어들의 '*res significata*'는 완전성을 예시하는 특정한 방식이 아니라 바로 그러한 완전성 자체이기 때문이다. 완전성을 예시하는 우리 피조물의 방식은 완전성 용어들의 '*res signifi-*

cata'에 들어가지 않는다. 피조물의 방식은 의미된 바에 들어가지 않고 그것들의 내포나 의미 양태에 들어간다. 그러나 하나님과 피조물 사이에서 그렇듯 완전성 용어든 다른 어떤 것이든 일의적으로 서술되지 않는다. 어떻게 이럴 수 있는가? 어떻게 같은 의미의 같은 용어가 하나님과 우리에게 모두 문자적으로 적용될 수 있는데도 우리의 서술들이 서로에 대해 일의적이지 않을 수 있는가?

아퀴나스가 하나님과 인간 사이에서 그렇듯 긍정적 서술들이 서로에 대해 결코 일의적이지 않다고 주장한 이유에서 시작하자. 아퀴나스가 왜 이런 입장을 고수하는지에 대해서는 의심의 여지가 없다. 그가 앞서 주장했듯, 하나님은 존재론적으로 단순하신 반면 (*ST* I.3), 어떤 피조물도 존재론적으로 단순하지 않기 때문이다. 하나님 안에서는 하나님과 하나님의 본질의 구별, 하나님과 하나님의 속성의 구별, 하나님의 한 속성과 다른 속성의 구별이 없다. 아퀴나스가 '지혜롭다'가 하나님과 피조물에 대해 일의적으로 서술될 수 없는 이유는 "피조물에게 지혜는 하나의 자질이지만 하나님께는 아니"기 때문이라고 말했을 때(*ST* I.13.5) 내비친 바가 바로 이것이다. 그가 "자질"이라는 말로 의미한 바는 실체가 곧 실체의 속성인 실체와 구별되는 속성이다.

이제, 당신과 내가 아퀴나스의 존재론을 지지한다고 가정해 보자. 피조물은 존재론적으로 복잡한 반면 하나님은 존재론적으로 단순하시다. 그럼에도 우리는 같은 완전성들에 참여한다. 그렇다면 우리는 하나님과 피조물에 관한 서술들의 일의성 혹은 다의성이라는 주제에 관해 무엇을 말할 수 있는가?

나는 우리가 아퀴나스의 존재론을 지지한다면 다음과 같이 말하리라고 생각한다. 하나님과 우리가 같은 완전성들에 참여한다는 우리의 확신을 고려하면, '하나님은 살아 계시다', '하나님은 선하시다', '하나님은 강하시다' 등을 확언할 때 형용사 '살아 있는', '선한', '강한'은 우리가 인간을 가리켜 '그는 살아 있다', '그는 선하다', '그는 강하다'라고 확언할 때와 동일한 완전성을 지시하거나 의미한다고 우리는 말할 것이다. 우리는 '하나님은 살아 계시다'라고 확언할 때와 '조는 살아 있다'라고 확언할 때 완전히 다른 두 존재에 대해 같은 '형식'으로 서술한다. 두 경우 모두 우리는 형용사 '살아 있는'을 문자적으로 사용하고 있다.

하지만 여기서 멈추지 말고 더 살펴보겠다. 하나님은 단순한 존재로서 완전성에 '참여하시는' 반면 우리는 복잡한 존재로서 참여한다는 우리의 또 다른 확신을 고려하면, 우리는 하나님과 조가 '살아 있다'라고 서술할 때 두 경우에서 실체와 실체의 완전성 사이를 잇는 다른 관계를 주장하고 있다고 말할 것이다. 형용사 '살아'(alive)는 두 경우 모두 같은 의미지만, 계사 '-이다'(is)는 그렇지 않다. 하나님과 조 둘 모두에 대해 '살아 있다'(is alive)로 서술할 때, 우리의 서술은 이 형용사에 대해서는 일의적이지만 계사에 대해서는 다의적이다.

내가 말한 바는, 우리가 아퀴나스의 존재론을 수용한다면 이렇게 말하리라는 것이다. 그리고 이것이 아퀴나스가 말하는 바다. 아퀴나스가 하나님과 피조물 사이에서 그렇듯 모든 서술이 다의적이라고 선언했던 곳 바로 앞 구절을 다시 인용하겠다. "여러 사물이 같은 용어를 쓰지만 이치(*ratio*)가 다르게 서술되는 경우 다의적으로 서술된다. 그런데 어떤 용어도 피조물에 대해 말해질(*dicitur*) 때 따르는 이치와 동일한 이치로 하나님께 적용되지(*convenit*) 않는다." 용어가 같더라도 같은 이치, 즉 같은 함의로 **서술되지**는 않는다. 서술은 같은 함의를 지니지 않는다. 용어는 같은 이치를 따라, 즉 같은 함의로 하나님께 **적용**되지 않는다. 우리의 용어 **적용**은 같은 함의를 지니지 않는다. 다시 말하건대, 우리가 하나님과 피조물을 같은 완전성 용어로 서술하는 것은 형용사와 관련하여 일의적이지만 계사와 관련해서는 다의적이다.

그러나 계사와 관련하여 **순전히** 다의적이지는 않다. 두 경우에서 계사의 함의(이치)는 완전히 다르지 않으며 완전히 무관하지 않다. 계사는 **완전히** 다의적으로 사용되지 않는다. 하나님에 대해 무언가를 서술할 때의 함의(이치)는 피조물에 대해 무언가를 서술할 때의 함의(이치)를 **유비적으로 확장한** 것이다. 두 경우 모두 언급된 실체가 완전성에 '참여'하는 어떤 양태를 주장하고 있다. 형용사가 지시하는 완전성과 하나님의 관계는 그 완전성과 우리의 관계와 비슷하다. 우리가 하나님에 대해 '살아 있다'라고 서술할 때, '살아'라는 말은 문자적으로 사용하지만, 계사는 **유비적으로 확장하여** 사용한다.

요컨대, 아퀴나스의 유비 교리는 서술된 내용이 아니라 서술 행위와 관련된다. 더 정확하게는, 형용사가 아니라 계사와 관련된다.

우리가 하나님과 어떤 인간에 대해 모두 '지혜 있다'라고 서술할 때, 우리의 서술은 형용사와 관련하여 일의적이지만 계사와 관련해서는 유비적이다. 그리고 이제 말할 필요도 없이, 두 가지 서술이 계사와 관련하여 유비적이라고 말하는 것은 두 서술에서 모두 형용사를 문자적으로 사용한다고 말하는 것과 완전히 양립할 수 있다.

내가 지금 제시한 아퀴나스 해석에 대해, 『신학대전』 I.13.5의 재반론에 나온 서술들의 이치에 관한 간략한 설명을 극히 과도하게 해석했다고 대응하는 사람이 있을지 모른다. 내 대답은, 만일 그 구절이 이 문제에 대해 아퀴나스가 한 말의 전부라면 내 해석은 과도한 해석일 수도 있다는 것이다. 그러나 그렇지 않다. 유비가 형용사가 아니라 계사와 관련된다는 점은 내가 볼 때 I.13.5의 대답이 분명히 가르치는 바다. 아퀴나스는 이렇게 말한다.

> 일의적 서술은 하나님과 피조물 사이에서 불가능하다. 그 이유는, 작용인의 능력이 충분히 작용한 것이 아닌 모든 작용결과는 작용주체의 유사성을 완전한 정도가 아니라 모자란 정도로 받으므로, 작용결과에서는 나눠지고 다수인 것이 작용주체 안에서는 단순하게, 같은 방식으로 존재하기 때문이다. 예를 들어 태양이 자신의 능력을 행사함으로써 모든 열등한 것에 다채롭고 다양한 형상을 생산하는 것과 같다. 같은 방식으로 … 피조물 안에서 나뉘어서 다수로 존재하는 모든 완전성이 하나님 안에서는 일치하여 선재한다. 따라서 피조물에 대해 완전성에 관한 어떤 용어로 말

할 때, 이는 그 피조물 안의 다른 것들과 구별된 개별 완전성을 의미한다. 예를 들어, 인간에 대해 '지혜로운'이라는 용어로 말할 때, 우리는 그 사람의 본질, 그의 능력, 그의 존재 등 그에 대한 다른 모든 것과 구별된 완전성을 의미한다. 그러나 우리가 이 용어로 하나님에 대해 말할 때, 우리는 그분의 본질이나 능력이나 존재와 구별된 무언가를 의미하려는 게 아니다. … 따라서 하나님과 인간에 대해 '지혜로운'이라는 용어로 말할 때 같은 이치로 말하는 게 아님이 분명하다. 다른 용어도 마찬가지다. 따라서, 어떤 용어도 하나님과 피조물에 대해 일의적으로 서술되지 않는다. 또한 어떤 사람들이 말하는 바와 같이 순수하게(*pure*) 다의적이기만 하지도 않다. … 그러므로 하나님과 피조물에 대해 말해지는 용어는 유비, 즉 비례에 따라 말해져야 한다.

이것은 우리가 완전성 용어들로 하는 서술이 하나님과 인간 사이에서 그렇듯 다의적임을 주장하는 아퀴나스의 논증이다. 그럼에도 **순수하게** 다의적이지는 않고 유비적이라고 주장하는 그의 논증은 다음과 같다.

하나님과 피조물에 대해 무엇이 말해지든 그것은 피조물이 하나님께 대해 그 원리와 원인으로서 맺는 관계에 따라 말해지는 것이다. 거기에는 사물의 모든 완전성이 탁월하게 선재한다. 이제 이렇게 관념을 공유하는 양태는 순수한 다의성과 단순한 일의성

사이에 있는 의미다. 유비에서의 관념은 일의성의 관념과는 다르게 하나이자 같은 것이 아니다. 하지만 다의성의 관념과도 다르게 완전히 다르지도 않다. 그러나 이와 같이 다수의 의미로 사용된 용어는 어떤 하나에 대한 다양한 **비례들**을 의미한다. (*ST* I.13.15, 답변)

이제까지 아퀴나스가 『신학대전』에서 하나님에 관한 서술을 논한 것을 살펴봤다. 아퀴나스는 이 주제를 그가 이전에 쓴 『대이교도대전』(분도출판사)에서도 다루었다. 아퀴나스가 하나님의 단순성에 관한 자신의 교리에서 요구하는 유비를 형용사가 아니라 계사에서 발견한다는 점은 오히려 거기서 더 분명해진다. 그는 이렇게 말한다.

작용주체의 행위 형상과 뚜렷하게 똑같은 형상을 받지 않은 작용 결과는 그 형상에서 발생하는 이름을 일의적 서술에 따라 받을 수 없다. … 이제, 하나님이 만드신 사물의 형상들은 신적 능력과의 뚜렷한 닮음에 달하지 못한다. 하나님이 만드신 것들은 그분 안에서 단순하고 보편적인 방식으로 발견되는 것을 개별적으로 나눠진 방식으로 받기 때문이다. 그러므로 하나님과 다른 사물들에 대해 일의적으로 말해질 수 있는 것이 없음은 명백하다. (*SCG* I.32.2)

사물 안의 형상들이 하나님 안의 형상들에 "달하지" 못한다고 말하는 방식은 단지 하나님은 단순한 방식으로 형상을 담으시고 우리는 나눠진 방식으로 형상을 담는다는 것이다. 이 점에 주목해 보라. 바로 이 점 때문에 하나님과 우리에 대해 일의적으로 말할 수 있는 것은 없다. '…에 대해 말하기', '…에 대해 서술하기'는 하나님에 대한 서술과 우리에 대한 서술 사이에서 그렇듯 일의적이지 않지만, 두 서술 모두 서술된 형용사는 같은 완전성을 지시할 수도 있다.

아퀴나스는 다음과 같이 이어 간다.

> 나아가, 어떤 결과가 원인의 종(種)에 이르더라도 같은 존재 양태에 따라 같은 형상을 받지 않는 한 그 이름의 일의적 서술을 받지 않을 것이다. 제작자의 기술 안에 있는 집의 형상은 두 위치에서 일의적으로 같은 존재가 아니기 때문이다. 이제, 나머지 만물은 하나님 안에 있는 형상과 절대적으로 같은 형상을 받더라도 같은 존재 양태에 따라 받지는 않는다. 우리가 말한 바에서 분명하듯, 다른 사물들의 경우와는 달리 하나님 안에는 신적 존재 자체가 아닌 것이 없다. 그러므로 하나님과 다른 사물들에 대해 일의적으로 서술될 수 있는 것은 없다. (SCG I.32.2)

같은 완전성 용어들은 하나님과 피조물 모두에게 용어의 'res significata'와 관련하여 문자적으로 적용된다. 이는 일의적이지 않은 **서술 행위**다. 더 정확히 말하자면, 일이적이지 않은 계사의 효력 (**비례**)이다.

아퀴나스의 생각이 사라진 영어 번역

아퀴나스가 이런 선상에서 생각하고 있었다는 사실은 표준 영어 번역들에서는 드러나지 않는다. 두 가지를 예로 들어 보겠다. 내가 『신학대전』 I.13.5의 재반론에서 인용한 두 문장을 다시 살펴보라.

여러 사물이 같은 용어를 쓰지만 이치가 다르게 서술되는(*praedicatur*) 경우 다의적으로 서술된다. 그런데 어떤 용어도 피조물에 대해 말해질(*dicitur*) 때 따르는 이치와 동일한 이치로 하나님께 적용되지(*convenit*) 않는다.

도미니코 수도회 사제 허버트 맥케이브(Herbert McCabe)가 옮긴 블랙프라이어스 번역에서는 두 번째 문장을 다음과 같이 옮겼다. "그러나 어떤 단어도 하나님께 사용될 때는 피조물에게 사용될 때와 같은 것을 의미하지 않는다." 나는 어떻게 맥케이브가 이러한 번역을 아퀴나스가 이전 두 절에서 주장한 내용, 즉 완전성 용어들이 하나님과 피조물에게 문자적으로 적용된다는 내용과 조화시켰는지 모르겠다. 이것은 해석이지, 번역이 아니다. 아퀴나스는 맥케이브가 옮긴 내용, 즉 어떤 용어도 하나님께 사용될 때는 피조물에게 사용될 때와 **같은 것을 의미하지** 않는다는 내용을 말하지 않았다. 저 문장은 라틴어로 다음과 같다. "*sed nullum nomen convenit Deo secundum illam rationem, secundum quam dicitur de* *creature.*" 문자적으로 이런 의미다. "그런데 어떤 이름도 피조물에 대해 말해질 때 따르는 이치와 동일한 이치를 따라 하나님께 적용되지 않는다." 아퀴나스가 말하는 바는, 어떤 용어도 하나님과 피조물에 대해 같은 이치를 따라 **말해지지** 않는다는 것이다. 아퀴나스는 한 용어가 두 가지 경우에서 결코 같은 것을 의미하지 않는다고 말하지 않았다.

나아가, 『신학대전』 I.13.5의 대답에 나오는 구절을 다음과 같이 내가 번역한 대로 생각해 보자. "따라서 하나님과 인간에 대해 '지혜로운'이라는 용어로 말할 때 같은 이치로 말해지는(*dicitur*) 게 아님이 분명하다. 다른 용어도 마찬가지다." 블랙프라이어스 번역에서는 이 구절을 다음과 같이 번역한다. "따라서 '지혜로운'이라는 단어는 하나님과 인간에게 같은 의미로 사용되지 않는 게 분명하며, 다른 모든 단어도 마찬가지다." 그러나 아퀴나스는 '지혜로운'이라는 용어가 같은 의미로 사용되지 않는다고 말하지 않았다. 그는 이 용어가 하나님과 인간에 대해 같은 이치를 따라 말해지지(*dicitur*) 않는다고 말한 것이다.

문제에 대한 변론

독자들은 아마도 내가 용어의 문자적 사용, 비유적 사용, 유비적 확장으로 구별한 반면 아퀴나스는 용어의 문자적 사용과 은유적 사용으로만 구별했음을 눈치챘을 것이다. (나는 그가 은유적 사용을 말했을 때 염두에 둔 것은 대개 비유적 사용이었다고 생각한다). 예를 들어, '나의 개는 주인을 안다'라고 말할 때 '안다'라는 용어가 사용되는 방식을 식별하기 위해 유비적으로 확장하여 용어를 사용한다는 개념이 필요하다는 것이 나의 주장이다. 분명 이는 용어를 비유적으로 사용하는 것이 아니다. 나의 개를 보석이라고 말하는 것과도 다르고, 올림라단조를 옅은 파랑으로 묘사하는 것과도 다르다. 그런데 우리가 개의 내면생활에 관해 아는 것이 없음을 고려하면 문자 그대로 나의 개가 주인을 아는지 여부는 모르지만, 개에게 네 다리가 있음은 문자 그대로 안다. 그래서 내가 제안한 바는 다음과 같다. '주인을 안다'라고 서술할 때 이는 개가 주인을 안다고 말하는 것 또는 '안다'와 상당히 비슷한 행동을 한다고 말하는 것이다. 나는 용어를 유비적으로 확장하여 사용하고 있다.

우리가 보았듯, 아퀴나스가 계사와 관련하여 유비적인 서술 개념을 도입하게 된 동기는 하나님의 단순성에 관한 자신의 교리였다. 하나님의 단순성 교리는 신학에 지대한 영향을 미쳤다. 아퀴나스의 경우 단순성은 실재에 관한 자신의 논증에서 도출한 첫 번째 결론이었다. 즉 실재(reality)란 자신과 동일하지 않은 모든 것의 무조건적 조건인 무언가가 있어야 하는 식으로 되어 있다는 논증이다. 단순한 존재는 자신 안에 어떤 종류의 구분도 없는 존재다. 다시 말해, 하나님의 본질이 하나님 자신과 구분된다면, 하나님은 하나님과 구분되는 무언가에 의해, 즉 하나님의 본질에 의해 조건 지어질 것이다.

하나님의 단순성 교리가 그리스도교 신학을 형성한 정도를 고려할 때, 나처럼 그리스도교 전통에 속한 신학자나 철학자는 이 교리를 가볍게 폐기하지 않는다. 그럼에도 나는 이 교리를 폐기해야 한다고 생각한다.

어떤 이들은 이 교리가 궁극적으로 일관성이 없다고 주장해 왔다.[6] 실제로 몇몇 존재론적 틀에서는 일관적으로 구성될 수 없다는 것이 사실이지만, 다른 글에서 나는 어떤 아리스토텔레스식 틀—물론 이는 아퀴나스가 사용한 틀이다—에서는 일관적으로 구성될 수 있다고 주장했다.[7] 그럼에도 그 교리를 폐기해야 한다고 생각하는 이유는 다음 두 가지다. 나는 실재가 자신과 동일하지 않은 모든 것의 무조건적 조건인 무언가가 있어야 하는 식으로 되어 있다는 주장이 설득력 있다고 생각하지 않는다. 그리고 더 중요한 것은, 내가 보기에 그 교리는 삼위일체 하나님 교리와 궁극적으로 양립할 수 없다. 하나님은 삼위일체라고 말하는 것은, 굳이 언급하자면 하나님 안에 일종의 구별이 있다고 말하는 것이다. 전통 개념을 쓰자면 **위격**의 구별이 있다고 말하는 것이다.[8]

내가 하나님의 단순성을 거부할 때 그 의미는, 하나님과 피조물에 관한 서술이 계사에 대해 다의적이지만 술어에 대해 일의적이

---

6   Alvin Plantinga, *Does God Have a Nature?* (Milwaukee: Marquette University Press, 1980)를 보라.

7   내 논문 "Divine Simplicity", *Inquiring about God*, pp. 91-111를 보라.

8   나는 아퀴나스가 삼위일체 교리를 하나님의 단순성과 양립하도록 전개하려 했다는 사실을 안다. 그의 시도는 성공하지 못한 듯 보이지만, 여기서 이를 논할 수는 없다.

라는 아퀴나스의 생각이 필요하지 않다는 것이다. 내 견해로는, 계사는 하나님과 피조물에 대해 말할 때 같은 함의로 사용된다.

하나님은 우리 이해를 훌쩍 뛰어넘으시는 분이다. 우리는 하나님이 어떻게 창조하셨는지 전혀 모른다. 우리는 하나님이 어떻게 우주를 유지하시는지 전혀 모른다. 하지만 분명 창조에는 지식과 비슷한 무언가가 요구된다. 따라서 시편 기자는 계속해서 하나님의 지혜를 기린다. 내 제안은, 우리가 하나님께 '안다'라는 용어를 적용할 때 우리는 그 용어를 유비적으로 확장하여 사용하고 있다는 것이다. 우리가 하나님은 우리 구원의 바위시라고 말할 때, 우리는 '바위'라는 용어를 은유적으로, 비유의 말로 사용한다. 하나님이 아신다고 말하는 것은 이와 같지 않다. 여기서 '안다'는 은유적으로, 비유의 말로 사용되고 있지 않다. 그래서 나는 우리가 하나님이 아신다고 말할 때는 다음과 같이 말하는 것이라고 제안한다. 즉 하나님이 아신다고 말하는 것이거나 또는 하나님이 '안다'와 상당히 비슷한 일을 하신다고 말하는 것이다. 따라서 우리가 피조물과 하나님에 대해 '안다'라고 서술할 때 우리의 서술은 서로에 대해 유비적이다. '안다'는 문자적으로 우리에게 해당하는 말이며 유비적으로 확장하면 하나님께도 해당하는 말이다.

하나님께 '안다'라는 용어를 적용할 때 문자적으로나 비유적으로 사용한 것이 아니라 유비적으로 확장하여 사용된 것으로 '안다'를 해석하는 근거로, 나는 우주의 창조와 보존에는 지식 아니면 지식과 상당히 비슷한 무언가 필요하다고 말했다. 이와 관련해 또 다른 고려 사항이 있다.

창세기 기자는 우리가 하나님의 형상대로, 하나님의 모습(like-ness)대로 창조되었다고 선언한다. 다른 동물에 대해서는 이런 말을 하지 않는다. 우리 모두 알다시피, 기자는 우리가 하나님의 형상과 모습대로 창조되었다는 말의 의미를 설명하지 않는다. 문맥이 몇 가지 힌트를 제공하지만 몇 개 되지 않아서 이 문제에 대한 산더미 같은 추측만 난무해졌다. 그러나 다른 어떤 동물도 하나님의 형상과 모습대로 창조되었다고 말하지 않는다는 점을 고려하면, 그것이 우리의 인격―인격적 동물, 동물적 인격―과 관련 있다고 추론할 수 있다. 우리의 지식 능력은 우리 인간성의 핵심 구성 요소다. 우리의 지식 능력에서 우리가 하나님의 형상을 반영한다는 결론을 거부하기 어렵다.

우리는 귀속 순서를 따라 '안다'라는 용어를 인간 인격에 적용하고 그다음 이를 유비적으로 확장하여 하나님께 적용하는 법을 배웠다. 사물의 순서를 따르면, 우리가 우리 안의 지식이라고 칭하는 것은 하나님 안에 있는 지식과 상당히 비슷한 무언가의 형상이다. 아퀴나스는 완전성이 하나님으로부터 우리에게로 흐른다고 말함으로써 이 점을 일반화한다.

하나님이 들으시고 말씀하신다는 말은 비유적 표현인가?

시작할 때의 질문으로 돌아가 보자. 비유적으로 말하지 않는 한, 하나님이 들으시고 말씀하신다고 말하는 것은 너무나 유치한 신인동형론이 아닌가? 이 점에서 전례에 대한 마이모니데스식 분석이 필요하지 않은가?

우리가 앞서 살핀 바는, 자신에게 말해진 것에 주의를 기울이고 말뜻을 파악할 때, 주의를 기울여 파악하는 언어 행위나, 주의를 기울이는 행위나, 파악하는 행위는 모두 흔히 말하는 신체 행위가 아니라는 점이다. 당신과 나의 경우는 특정한 신체 행위 수행을 **통해** 이런 행위들을 수행한다. 하지만 이런 행위 자체는 신체적이지 않다. 나는 하나님께 몸은 없지만 하나님이 우리가 하는 말에 주의를 기울이시고 말뜻을 파악하신다는 사실을 의심할 이유는 없다고 본다. 하나님은 딸기를 맛보실 수 없는데, 그러려면 혀가 있어야 하기 때문이다. 우리가 수행하는 발화수반행위에 주의를 기울이고 파악하는 일은 이와 다르다. 그리고 우리가 하나님께 '주의를 기울이다'와 '파악하다'라는 용어를 적용할 때 우리는 그것들을 비유적으로 사용하는 게 아니라 유비적으로 확장하여 사용하는 것이다. 우리가 하나님께 하는 말에 하나님이 주의를 기울이시고 이를 파악하신다고 말하는 것은 우리가 하나님께 하는 말에 하나님이 주의를 기울이시고 이를 파악하신다고 말하는 것이거나, 또는 이와 상당히 비슷한 무언가를 하신다고 말하는 것이다. 우리는 유치한 신인동형론과 무관하다.

하나님이 우리에게 귀 기울이신다는 주장을 우리가 어떻게 이해해야 하는지에 대해 내가 말한 모든 것은 적절히 각색하면 하나님이 우리에게 말씀하신다는 주장을 우리가 어떻게 이해해야 하는지에도 적용된다. 우리는 하나님이 말씀하신다고 말할 때, '말하다'라는 용어를 유비적으로 확장하여 사용하는 것이다.

아퀴나스는 다른 많은 이와 마찬가지로 두 가지 용어 사용 방식, 즉 문자적 사용 방식과 비유적 사용 방식만 인정한다. 나는 그 두 가지 방식의 용어 사용 사이에 유비적 확장을 통한 용어 사용 방식이 있다고 주장한다. 우리는 하나님이 들으시고 말씀하신다고 말할 때, 문자적으로 말하고 그 결과로 신인동형론적으로 사고해야 하는가, 아니면 비유적으로 말해야 하는가 하는 딜레마에 봉착하지 않는다. 우리는 '듣다'와 '말하다'라는 용어를 유비적으로 확장하여 사용하고 있다.

호의적으로 들으시는 분인 하나님

전례에서 찬양과 감사로 하나님께 말을 건넨 후, 우리는 이어서 "우리의 찬양과 감사의 제사가 당신 보시기에 합당하기를, 오 주님"이라고 말한다. 우리의 죄를 고백하고 하나님께 용서를 구한 후, 우리는 "주님, 자비를 주소서. 그리스도시여, 자비를 주소서"라고 말한다. 우리의 간구를 하나님께 건넨 후, 우리는 "우리의 기도를 들으소서, 오 주님"이라고 말한다.

하나님이 듣고 계시다는 가정 아래 하나님께 말을 건넨 후, 우리는 우리의 찬양, 우리의 감사, 우리의 용서 간청, 우리의 간구를 호의적으로 들어 달라고 하나님께 요청한다. 이번 장에서 우리 앞에 놓인 물음은 다음과 같다. 우리가 하나님께 건네는 말을 호의적으로 들어 달라고 하나님께 요청하는 이 반복되는 전례 행위에 암시된 하나님 이해는 무엇인가?

우리가 건네는 말을 호의적으로 들어 달라는 요청에서, 우리는 명백히 하나님이 우리의 찬양과 감사의 제사에 대해 이를 받아들이심으로써 응답**하실 수 있다**고, 하나님이 용서해 달라는 우리의

간청에 용서해 주심으로써 응답**하실 수 있다**고, 하나님이 우리의
간구에 우리가 요청한 바를 들어 주심으로써 응답**하실 수 있다**고
가정한다. 분명하게 이런 전례 행위에 암시된 하나님 이해는 하나
님이 우리가 건네는 말에 응답하실 수 있다는 것이다.

하지만, 철학적 신학 전통에 정통한 이라면 누구나 마이모니데스
식 우려를 즉시 떠올릴 것이다. 문자적으로 말해, 하나님은 정말 응
답하실 수 있는가? 우리가 하는 말에 응답하시는 하나님은 하나님
의 자존성, 하나님의 영원성, 하나님의 불변성과 양립할 수 있는가?
우리에게는 전례의 이 지점에서 우리가 하고 있는 것에 대한 마이
모니데스식의 대안적 분석, 즉 하나님이 응답하실 수 있다고 문자
적으로 또는 유비적으로 확장하여 가정하지 않는 분석이 필요하지
않은가? 그리고 우리의 간구에 대해서는, 하나님이 인과 질서에 개
입하심으로써 응답**하실 수 있음**을 우리가 당연하게 여기는 것처럼
보인다. 그러나 문자적인 또는 유비적으로 확장한 의미에서, 하나
님은 정말로 인과 질서에 개입하실 수 있는가? 그리고 하나님이 개
입하실 수 있더라도 하나님이 개입하실 것이라 가정할 이유가 있
는가? 우리가 하나님께 해달라고 중보 기도한 일은 대부분 전혀 일
어나지 않는다. 다시 이 점에서, 우리에게는 전례에 대한 마이모니
데스식의 회의적인 분석이 필요하지 않은가?

철학적 신학 전통에서 나온 매우 골치 아픈 이런저런 문제들에
직접 뛰어드는 것은, 하나님께 우리가 건네는 말을 호의적으로 들
어 달라는 요청의 중요성을 우리가 안다고 가정하기 때문이다. 그

런데 우리가 그러한가? 우리가 하나님께 말을 건네면서 이렇게 덧붙이는 말의 중요성을 안다고 가정하기보다는, 한 걸음 물러서서 그 의의를 성찰해 보기를 제안한다.

하나님께서 호의적으로 들으시기를 요청하는 일의 의의

왜 우리는 우리의 찬양, 우리의 감사, 우리의 용서 간청, 우리의 간구를 소리 내어 말하고는 그대로 마치지 않는가? 왜 이에 덧붙여 하나님께 우리가 말한 것을 호의적으로 들어 달라고 간청하는가?

　앞 장에서 언급했듯, 교회가 이렇게 덧붙이는 말을 갑자기 생각해 낸 것은 아니다. 교회가 찬양, 감사, 용서 간청, 간구에 이런 말을 덧붙이는 것은 시편 기자의 인도를 따른 것이다. 다양한 말로 거듭거듭, 수차례, 시편 기자는 하나님이 호의적으로 들으시기를 요청한다. "나의 기도를 들으소서", "당신의 귀를 기울이소서", "서둘러 제게 대답해 주소서", "나의 목소리를 들으소서", "나의 말을 들으소서", "제게 대답하소서", "제 부르짖음에 주의를 기울여 주소서."

　덧붙이는 말의 의의 중 몇 가지는 분명하다. 자신에게 말을 건네라는 하나님의 초대는 이제 우리가 무슨 말을 하든 하나님이 호의적으로 들으시는 게 당연하다는 함의를 담고 있지 않다. 하나님이 우리가 하는 말을 호의적으로 들으신다는 것은 하나님 편에서의 은혜와 친절의 행위다. 하나님이 **반드시** 하셔야 할 일은 아니다. 하나님의 호의적 응답은 우리의 말 건넴이 하나님께 **강제한** 행위가 아니다. 하나님이 우리가 건네는 말을 호의적으로 들으시기를 비는 우리의 기도는 하나님 편에서 우리의 말을 호의적으로 들으시는 것이 값없는 은혜의 행위임을 인정하는 것이다.

이 정도는 분명하다. 그런데 우리가 하나님께 은혜로 행해 달라고 요청하는 바는 정확히 무엇인가? 예를 들어, 우리의 간구를 생각해 보라. 그저 우리는 일어났으면 하는 일들을 골라서 하나님께 인과 질서에 개입하셔서 그것들을 이루어 주시기를 요청하고 있는 것인가? 혹시 하나님이 적어도 우리 요청 중 일부는 이루어 주실지 모르니, 요청하는 것인가? 우리는 친구, 친척, 주변 교우들의 치유를 위해 기도하고서, 치유되면 이 경우에는 하나님이 기도를 호의적으로 들으셨다고 결론 내리고, 치유되지 않으면 우리에게 감추어진 이유 때문에 하나님이 호의적으로 듣지 않으셨다고 결론 내리는가?

그게 우리가 하고 있는 일이라면, 즉, 우리가 하나님께 해 달라고 요청하면 하나님이 그중 일부를 이루어 주실지 모르니 일어났으면 하는 다양한 일을 골라내고 있다면, 우리 편에서 적절한 자세나 심리 상태는 무엇인가? 적절한 자세는 희망인가? 우리는 하나님께 건네는 모든 간구 중 하나님이 선택해 호의적으로 들으시기를 **희망**하며 기도하는가? 아니면 적절한 자세는 바람인가? 우리는 하나님이 우리의 요청을 선택해 호의적으로 들으시기를 **바라는** 마음을 표현하고 있는가? 아니면 적어도 때로는 적절한 자세가 절망인가? 우리는 때때로 절망에서 부르짖는 시편 기자를 따라 하는가? "여호와여 내가 깊은 곳에서 주께 부르짖었나이다. 주여, 내 소리를 들으시며 나의 부르짖는 소리에 귀를 기울이소서!"(130:1-2) 아니면 우리는 성서가 때때로 제안하듯이 확신을 가지고 기도하는가? 어떤 확신인가?

다시 말하지만, 우리가 하나님께 건네는 말을 하나님이 호의적으로 들으시기를 요청할 때 우리가 하나님께 요청하는 바는 정확히 무엇인가? 우리는 이 전례 행위를 어떻게 이해해야 하는가?

당신의 나라가 임하시오며

모든 전통의 전례에는, 사람들이 하나님께 드리는 기도 중에 주기도문이 있다. 이 기도가 그저 여러 기도 중 하나가 아니라는 사실은, 한 제자가 "주여, 우리에게 기도를 가르쳐 주옵소서"(눅 11:1)라고 요청했을 때 우리 주님이 가르치신 기도임을 나타내는 말로 소개된다는 사실에서 드러난다. 성공회 전례에서는 주교가 이렇게 말한다. "그리고 지금, 우리의 구주 그리스도께서 우리를 가르치신 대로, 우리는 담대하게 말합니다." 요컨대, 이것은 교회를 위한 모범적 기도다. 전례에서 모든 다른 기도는 이 기도의 변형이나 확대로 이해해야 한다. 어떤 기도가 이렇게 이해되지 않는다면 그 기도가 전례에서 있을 자리는 없다. 혹은 더 신중하게 말해, 전례에 그러한 기도가 있어야 할 근거가 필요한데, 우리 주님이 우리에게 기도하라고 가르치셨다는 근거 말고 다른 근거가 필요하다.

우리는 "하늘에 계신 우리 아버지여"라고 말을 건네며 시작하고, 하나님의 이름이 거룩히 여김을 받으시기를 구하는 첫 번째 간구 후, "당신의 나라가 임하시오며"라고 기도한다. 그다음 우리는 하나님의 뜻이 하늘에서 이루어진 것같이 땅에서도 이루어지기를, 하나님이 우리에게 우리의 일용할 양식을 주시기를, 우리가 우리에게 죄 지은 자를 용서한 것 같이 하나님이 우리의 죄를 용서하시기를, 하나님이 우리를 시험의 때와 악의 손아귀에서 건지시기를 요청한다. 그다음 우리는 "나라와 권세와 영광이 당신께 있사옵나이다"라는 말로 우리의 청원을 끝맺는다.

이 모범적 기도에 관해 던져야 할 기본 질문은, 기도 전체에서 하나님 나라가 임하기를 요청하는 청원의 역할과 그 나라가 하나님의 것이라는 마무리 선언에서 이 청원이 메아리치는 것을 어떻게 이해해야 하는가다. 우리는 이 청원을 여러 청원 중 하나로, 예를 들어 오늘날 우리에게 우리의 일용할 양식을 주시기를 하나님께 요청하는 것과 같은 선상에서 이해해야 하는가?[1]

나는 이런 이해는 심각하게 잘못되었다고 주장한다. 이 기도는 하나님 나라가 도래하기를 바라는 청원에 의해, 그리고 나라는 하나님의 것이라는 마무리 선언에 의해 기도 전체의 틀이 구성되는

---

1   칼뱅은 『기독교 강요』에서 주기도문을 해설하면서, 나라가 도래하기를 청원하는 것을 여섯 가지 청원 중 하나로 다룬다(III.xx.34-47). 그는 나아가 두 번째 청원이 첫 번째와 "비슷하고 거의 같은 간청"이라고 말한다(III.xx.42; p. 905).

것으로 이해해야 한다. 다른 청원들은 이 틀 안에서 일어나는 것으로 이해해야 한다.[2]

우리는 그 나라가 하나님의 것이라 확신하며 이런 기도를 드린다. 그런 확신 속에서, 우리는 하나님 나라가 도래하기를, 즉 더욱 충만히 드러나기를 기도한다. 하나님 나라에서 하나님의 이름은 거룩히 여김을 받을 것이다. 따라서 우리는 "당신의 이름이 거룩히 여김을 받으시옵소서" 하고 기도한다. 하나님 나라에서 하나님의 뜻은 이루어질 것이다. 이는 우리가 "당신의 뜻이 하늘에서 이루어진 것같이 땅에서도 이루어지이다" 하고 기도하는 이유다. 하나님 나라에서 우리는 우리 일상에 필요한 것들을 누릴 것이다. 그러므로 우리는 "우리에게 일용할 양식을 주시옵소서" 하고 기도한다. 하나님 나라에서 하나님은 우리의 죄를 용서하시고 우리는 우리에게 죄 지은 자를 용서할 것이다. 따라서 우리는 "우리가 우리에게 죄 지은 자를 사하여 준 것같이 우리의 죄를 사하여 주시옵소서" 하고 기도한다. 하나님 나라에서 우리는 더 이상 시험을 마주하지 않을 것이며 악의 손아귀에서 벗어날 것이다. 그래서 우리는 "우리를 시험에 들게 하지 마시옵고 다만 악에서 구하시옵소서" 하고 기도한다.

2   20세기 네덜란드 개혁파 신학자인 K. H. 미스코테(Miskotte)는 모든 기도가 하나님 나라의 기도라는 (또는 그래야 한다는) 점을 지적한다. "모든 진정한 기도는 크든 작든, 개인적이든 일반적이든, 삶, 직장, 구원, 도움에 관한 한 하나님의 약속의 성취로서 **하나님의 통치가 도래하는 것**과 관련된다." F. Gerrit Immink, *The Touch of the Sacred: The Practice, Theology, and Tradition of Christian Worship* (Grand Rapids: William B. Eerdmans Publishing Company, 2014), p. 145에서 재인용.

요컨대, 그 나라가 하나님의 것이라는 우리의 선언과 더 충만히 드러나기를 바라는 우리의 기도에 의해 구성된 그 틀 안에서, 우리는 그 나라의 표지들을 언급하고 이런 표지들이 눈앞에 나타나도록 기도한다. 나라가 충만히 드러날 때 하나님의 이름은 거룩히 여김을 받으실 것이고, 하나님의 뜻이 이루어질 것이며, 우리는 일상의 필요를 충분히 얻을 것이고, 우리는 우리가 용서하듯 용서받을 것이고, 우리는 더 이상 시험을 마주하지 않을 것이며 악의 손아귀에서 벗어날 것이다. 물론 그 나라의 이런 표지들을 언급한다는 것은 동시에, 하나님 나라가 아직 충만히 드러나지 못한 측면을 암시하는 것이기도 하다. 하나님의 이름은 보편적으로 거룩히 여김을 받지 않고 있고, 모든 사람이 일상의 필요를 충족하지는 못하며, 많은 이가 용서보다 복수를 실천하고 있고, 많은 이가 중독, 이데올로기적인 '주의'(isms) 등 이런저런 형태의 악의 손아귀에 사로잡혀 있다.

이것이 모범적 기도임을 고려할 때, 그리고 이 기도에서 우리의 청원들이 그 나라가 하나님의 것이라고 선언하고 하나님 나라가 충만히 드러나도록 하나님께 청원하는 맥락에 자리한다는 점을 고려할 때, 확실히 그 결론은 다음과 같다. 즉, 일반적으로 우리의 기도가 하나님 나라의 도래 외에 다른 것들을 하나님께 요청하는 것으로 구성되어서는 안 되며, 그렇게 구성된 것으로 이해되어서도 안 된다는 것이다. 우리의 기도는 하나님 나라의 도래 외에 우리가 간절히 바라는 다양한 것이 일어나도록 하나님께 인과 질서에 개입해 달라는 요청으로 구성되어서는 안 되며, 그렇게 구성된 것으로 이해되어서도 안 된다. 우리의 기도는 그 대신 하나님 나라가 충만히 드러나기를 열망하는 교회의 구체적인 표현으로 이해되어야 한다. 내가 '구체적인 표현'이라고 말한 것은 우리가 열망을 일반화하여 표현한 것에 만족하기보다 열망하는 점들을 구체적으로 말한다는 의미이다. "룻이 낫기를 빕니다." "포악한 정권이 곧 전복되기를 빕니다."

우리가 계속 대답을 찾고 있는 물음은, 우리의 찬양, 우리의 감사, 우리의 용서 간청, 우리의 간구를 하나님께서 호의적으로 들어 주시기를 요청하는 전례 행위에 암시된 하나님 이해가 무엇인가다. 이 물음에 대답하기 위해, 우리는 우리가 건네는 말을 호의적으로 들어 주시기를 하나님께 요청할 때 정확히 무엇을 해달라고 요청하는 것인지를 분명히 해야 했다. 우리의 물음에 대한 답은 이제 우리 바로 앞에 있다. 우리가 건네는 말을 호의적으로 들어 주시기를 하나님께 요청하는 전례 행위 안에 암시된 하나님 이해는, 하나님 나라가 충만히 드러나도록 적극적으로 관여하시는 하나님에 대한 이해다.

하나님 나라에 대한 두 가지 이해

그렇다면 하나님 나라는 무엇인가? 많은 전통 전례 상연 중 암송하는 니케아신경에서, 우리는 그리스도에 대해 "그분은 살아 있는 자와 죽은 자를 심판하시러 영광 가운데 다시 오실 것이며, 그분의 나라는 끝이 없을 것입니다"라고 선언한다. 성공회 교회의 감사성찬례를 위한 예식에서 회중은 죽은 모든 성인과 함께 "당신의 하늘 나라에 참여하게 해 주소서"(p. 330)라고 기도한다. 회중기도 대안 4양식에서 회중은 "죽은 모든 이를 위해, 그들이 당신의 영원한 나라에서 자리를 차지할 수 있도록"(p. 393)이라고 기도한다. 추수감사절에, 감사성찬례 2형식에서 집전자는 "마지막 날에 [당신께서] 우리를 모든 성인과 함께 당신의 영원한 나라의 기쁨으로 인도[하실 것입니다]"(p. 363)라는 청원을 포함한다. 같은 예식에서 성찬례 이후 집전자와 회중은 "당신의 영원한 나라의 상속자"임을 확신하면서 하나님께 감사드린다. 감사성찬례 1형식에서 그들은 성찬례 이후, 그들이 "소망을 통하여, 영원히 지속될 당신 나라의 상속자"(p. 339)인 것에 대해 하나님께 감사드린다.

신경과 이런 기도문에 표현된 하나님 나라에 대한 이해는 주기도문에 표현된 이해와는 분명 다르다. 이 기도들이 하나님의 "하늘"나라, "영원한" 나라, 또는 "영원히 지속될" 나라라고 언급한 나라는 무엇보다 사람들이 일상의 필요를 충분히 채우고 악의 손아귀에서 벗어난다는 사실로 표현되는 나라와 같지 않다. 신경과 이런 기도는 '하나님 나라'라는 말로 완성의 시대, 부활의 시대를 의미한다. '영원한'이라는 단어는 이것이 우리의 공간과 시간의 세계 바깥에 있는 나라임을 강하게 암시한다. 이것이 하나님 나라에 대해 말하면서 의미하는 바라는 점에서, 성공회 교회의 전례는 전혀 특이하지 않다. 오히려 전형적이다.

따라서 이런 전례에는 긴장감이 있다. 전례에서 하나님 나라에 대해 말할 때 그들이 전형적으로 언급하는 것은 부활의 시대다. 그럼에도 전례는 전례의 기도들 중에 주기도문을 포함한다. 주기도문에서 언급하는 것은 분명 우리가 지금 여기, 이 시간과 공간에 도래하기를 기도하는 것이다. 물론, 우리가 지금 여기 도래하기를 기도하는 나라는 장차 도래할 시대의 하나님 나라와 완전히 분리되지 않는다. 우리에게 일용할 양식이 있는 만큼은, 우리가 악의 손아귀에서 구해지는 만큼은, 우리가 용서하고 용서받는 만큼은 영원한 나라의 삶을 미리 맛보는 경험을 하는 것이다. 실제로, 우리의 전례 상연 자체가 그 영원한 나라를 미리 맛보는 일이다. 그래서 전례에서 이 지점에 긴장감이 있어야 옳다. 그래서 나는, 전례에서 하나님의 영원한 나라에 대한 언급이 현시대에 하나님 나라의 도래에 대한 언급을 거의 압도할 만큼 나와야 한다는 생각은 옳지 않다고 제안한다.

하나님 나라의 도래

주기도문에 사용된 하나님 나라 이해 및 "우리의 기도를 들으소서, 오 주님"같이 전례 곳곳에 퍼져 있는 간청에 전제된 하나님 나라 이해를 명확하고 상세하게 표현한 것을 어디에서 찾아볼 수 있는가? 나는 하나님 나라와 관련해 여러 신학자가 사변적으로 숙고한 결과보다는, 어떤 것이든 예수께서 염두에 두었던 것을 우리에게 조명해 주는 자료에서 찾아볼 것을 제안한다. 내 판단에는, 다행히 우리는 이제 그러한 자료에 대한 최고의 안내를 받을 수 있다—이는 해당 분야에 대한 전문 지식이 전혀 없는 이의 판단이라는 말을 재빨리 덧붙여야겠지만 말이다.

내가 염두에 둔 안내서는 N. T. 라이트의 월등히 포괄적이고 면밀하며 통찰력 있고 균형 잡힌 책들로, 그의 1996년 저서 『예수와 하나님의 승리』, 그리고 같은 책을 대중적으로 다듬어 내놓은 2012년 저서 『하나님은 어떻게 왕이 되셨나』이다.[3] 내가 읽은 하나님 나라에 대한 다른 모든 논의는 이 책들과 비교해 볼 때 얄팍하고 가벼우며 오해의 소지가 있어 보인다. 라이트는 관련 원문을 면밀하게 이해하고 2차 문헌에 대한 방대한 지식을 갖추고서 논의한다. 그리고 입심 좋은 계몽주의와 포스트-계몽주의의 회의주의에 대해 신선하고 명쾌하게 논한다. 이 책들은 두껍다. 『예수와 하나님의 승리』는 본문이 662면, 『하나님은 어떻게 왕이 되셨나』는 276면이다 (한국어판은 각각 973면, 352면이다—옮긴이). 여기서 나는 문제의 핵심을 제시하는 것 이상을 할 수는 없다. 논의 대부분은 인용으로 구성할 것이다.

---

3 N. T. Wright, *Jesus and the Victory of God* (Minneapolis: Fortress, 1996). 『예수와 하나님의 승리』(CH북스); *How God Became King* (New York: Harper One, 2012). 『하나님은 어떻게 왕이 되셨나』(에클레시아북스). 내게 이 책들을 추천해 준 에드윈 밴 드리얼(Edwin van Driel)에게 감사한다. 인용 면수는 본문 안에 포함할 것이다.

라이트는 『하나님은 어떻게 왕이 되셨나』에서 논의를 시작하며, "위대한 신경들은 예수님을 언급할 때 동정녀 탄생에서 수난과 죽음으로 곧장 넘어간다. 네 복음서는 그렇게 하지 않는다. 반대로 말하면, 마태, 마가, 누가, 요한은 모두 예수께서 탄생과 죽음 사이에서 행하신 일에 대해 많은 것을 우리에게 알려 주는 게 아주 중요하다고 보는 듯하다. 특히, 그들은 우리가 예수님의 하나님 나라 개시 사역이라고 부를 만한 것에 대해, 즉 하나님 나라가 어떤 의미에서든 하늘에서와 같이 땅에서, 그때 거기에 도래하고 있었다고 선언하셨던 예수님의 말씀과 행하심에 대해 우리에게 이야기한다. 그들은 이에 대해 많은 것을 알려 준다. 그러나 위대한 신경들은 그렇지 않다"(p. 11) 라이트는 사도신경에서 예수 그리스도에 관한 부분을 인용하고서 비꼬듯 말한다. "수많은 세부 사항이 있는데도, 잉태되어 태어나신 것과 본디오 빌라도에 의해 십자가에 못 박히신 것 사이에 예수께서 하신 일을 전혀 다루지 않는다"(p. 13) 여기서 신경에 해당하는 것은 전례의 수많은 기도에도 해당한다. 『성공회 기도서』의 추수감사절 기도는 성육신에서 십자가로 직행한다.

물론 신경에서 이렇게 현저한 차이가 나는 이유는 신경이 성육신과 삼위일체의 본성에 대한 초기 교회의 치열하고도 광범위한 논쟁 결과였기 때문이다. 예수께서 탄생과 죽음 사이에서 행하시거나 말씀하신 것으로 기록된 것 중, 초기 몇 세기 동안 교회에서 특별히 논란거리로 판명된 것은 없었다. 따라서 "신경에서 복음서의 중심 내용을 언급할 필요가 없었다." 라이트는 이는 "완전히 의도

하지 않은 결과"였긴 해도 "심각한 결과"를 가져왔다고 본다. 그가 말하길, 이는 "오늘날 그리스도인들이 복음서가 진짜 말하고자 했던 것을 파악하기 어려워하는 이유"다(p. 12).

라이트의 논의에서, 예수님의 하나님 나라 개시 말씀과 사역에 대해 복음서가 말하고자 했던 것을 파악하기 어려운 또 다른, 훨씬 더 중요한 이유가 있는 게 분명해진다. 라이트는 『예수와 하나님의 승리』에서 이를 설득력 있게 주장한다. "무시간적인 진리의 선생, 또는 본질적으로 무시간적인 결단을 요구하는 선포자라는 예수의 오래된 초상은 그저 사라져야 할 것이다"(p. 172).[4] 복음서가 말하고자 했던 것을 이해하기 위해 우리는 1세기 유대인들의 사유 세계로 들어가야 한다. 복음서가 예수님의 하나님 나라 개시 말씀과 사역에 대해 말하려던 것은 그 당시 사유 세계의 변형이다. 그러나 21세기 초 서구 사회 구성원인 우리에게 그 당시 사유 세계는 엄청나게 낯설다. 물론 우리 주변의 세속인들보다는 그리스도인인 우리에게 다소 덜 낯설긴 할 것이다. 그럼에도 우리에게도 낯설고, 낯섦을 넘어 이상하다. 우리가 익숙하게 생각하는 방식에서 매우 멀리 떨어진 곳으로 들어가는 것은 어렵다.

---

4 달리 표기하지 않는 한, 이후에 이 부분에서 내 주장에 대한 참고 문헌은 모두 라이트의 『예수와 하나님의 승리』다.

예수와 하나님 나라

라이트는 말하길, 복음서는 "예수님이 **어떤** 예언자로 보였다고, 그리고 예수님도 자신을 그렇게 보았다고 그린다. … 옛 예언자들과 같은 어떤 예언자가 이스라엘의 언약 신의 말씀을 가지고 와서, 이스라엘이 가는 방향에 두려운 결과가 임박할 것이라고 경고하고, 새로운 다른 길을 촉구하고 요구했고"(p. 163) "야웨의 참된 백성으로 간주될" 무리를 자기 주변에 모으고 있었다(p. 196). 그분은 최측근인 열두 제자와 함께 이 마을 저 마을 돌아다니며 하나님 나라의 임박한 도래를 선포하셨다. 그분의 선포는 비유, 종말의 심판, 금언의 형태, 그리고 종종 수수께끼 형태를 띠었다. 그리고 예루살렘 입성, 성전 정화, 마지막 만찬같이 그 나라의 도래를 상징하는 행위의 형태를 띠었다. 또한 샬롬을 가져와서 그 나라가 침입했음을 나타내는 행위의 형태를 띠었다. 이를테면 치유, 축귀, 용서의 선언, 종교적·사회적으로 버림받은 이들과의 식사 같은 것이다.

복음서는 예수께서 비유, 종말의 심판, 금언 등을 전하신 일이 한 번씩 있었다는 인상을 준다. 그래서 성서 비평가들은 예수께서 하신 말씀을 기록한 내용이 복음서마다 다소 다른 이유를 설명하려 한다. 그러나 확실히 이런 인상은 잘못되었다. 예수께서는 이 마을 저 마을 돌아다니며 치유와 축귀를 수행하셨을 것이고, 수많은 집에서 버림받은 이들과 식사하셨을 것이며, 여러 차례 같은 금언을 전하고, 같은 비유를 말하며, 같은 종말의 심판을 공표하셨을 텐데,

여기에는 의심의 여지 없이 약간의 차이가 있었을 것이다. 각 복음서는, 말하자면 가장 기억할 만한 사건들을 강조해 혼합한 그림을 우리에게 제시한다. 라이트를 인용해 보겠다. "그 시대 소농들의 구전 문화 안에서, 예수님은 한두 번의 단발성 전승이 아니라, 간결하고 적절하게 끊어 말씀하셨기 때문에, 그리고 먼저 들은 이들이 즉각 반복했기 때문에 기억될 수 있었던 일화나 문장들, 경구들, 운율을 띈 금언들, 지역마다 조금씩 다르게 기억할 법한 이야기들, 단어들을 여기저기서 어수선하게 남기셨을 것이다."(p. 170).

어떤 순회 예언자가 하나님 나라의 도래가 임박했다고 선언했을 때 1세기 전반의 팔레스타인 유대인은 이 예언자의 말을 어떻게 이해했을까? 같은 질문을 다르게 말하자면, 어떤 예언자가 하나님이 왕이 되시리라 선언했을 때 당시 유대인은 이 예언자의 말을 어떻게 이해했을까? 어떤 인간이 곧 왕이 될 것이라는 주장이었다면 사람들이 어떻게 이해했을지는 수수께끼가 아니다. 그러나 하나님이 곧 왕이 되실 것이고 하나님 나라가 지척에 있다는 주장을 사람들은 어떻게 이해했을까?

라이트는 비꼬듯이, 그들이 이를 "시공간으로 된 우주에 곧 종말이 온다거나, 초월적 인물이 구름을 타고 둥둥 떠서 곧 땅에 이를 것"(p. 516)이라는 주장으로 이해하지 않았을 것이라 말한다. 그 대신 그들은 이를, 이스라엘의 위대한 소망이 역사 속에서 이제 곧 실현된다는, 즉 현재의 악한 시대가 곧 끝난다는 주장으로 이해했을 것이다. 그 희망은 야웨께서 과거에 행하신 일에 대한 기억과 얽혀 있었을 것이고, 이스라엘의 현재 상황에 관한 자신들의 분석과도 얽혀 있었을 것이다.

이스라엘은 야웨께서 이집트의 노예 노동으로부터 그들을 구원하신 일과 약속의 땅으로 그들을 들어가게 하신 일을 기억했다. 다윗 왕조가 수립된 일을 기억했다. 야웨께서 거하기로 결정하신 곳, 솔로몬이 지은 첫 성전을 기억했다. 제1성전기 동안 "유대인 예배의 주요 요소를 형성한 시편은 계속해서, 이스라엘의 신은 온 세상의 주님이시고, 그분께서 예루살렘의 성전에 거하기로 결정하셨으며, 그곳에서 그분은 그분 백성들의 기도를 들으시고 그들을 도우러 오시리라는 사실을 기렸다"(p. 205). 성전은 "야웨께서 거하시는 장소요, 하늘과 땅이 만나는 지점이었다"(p. 205).

바빌로니아에 의한 최초의 성전 파괴, 이스라엘 자치의 종식, 이스라엘의 강제 추방은 말할 수 없는 차원의 재앙이었다. 그들은 야웨께서 이스라엘을 버리셨다고 설명할 수밖에 없었다. 야웨의 영광, '쉐키나'가 성전을 떠났다. 다윗 왕조는 쫓겨났다. 야웨께서는 이스라엘을 적들에게서 보호하시는 대신 적들의 손에 넘겨주셨고, 그 이후에 그들은 약속의 땅에서 추방되었다.

남은 자들은 약속의 땅에서 살기 위해 바빌로니아에서 돌아왔고, 성전은 다시 지어졌다. 그러나 이스라엘의 갈망은 아직 채워지지 않았다. 유배지에서의 귀환은 완전하지 않았다. 계속해서 외세의 지배 아래 있었다. 다윗 왕조는 회복되지 않았다. 적들은 여전히 강하고 위협적이었다. 그리고 야웨께서는 "악을 처리하기 위해, 잘못된 것을 바로잡기 위해, 사막에서 죽어 가는 사람처럼 의에 목마른 자들에게 정의를 가져다주기 위해"(p. 172) 시온으로 돌아오지 않으셨다. 많은 사람이 준-유배 상태에서 이스라엘의 정체성은 토라를 충실히 지키는 데 달려 있다고 생각했다.

라이트를 인용해 보겠다.

> [이 상황에서] 누군가 예수의 동시대인들에게 야웨께서 왕이 되시리라 말했다면, 우리는 그들이 유배의 이중 현실에 관한 이러한 양면적인 이야기를 이런저런 형태로 떠올렸을 것이라고 무난하게 추측할 수 있다. 이스라엘은 '정말로' 유배에서 돌아올 것이고, 야웨께서는 마침내 시온으로 돌아오실 것이다. 그러나 이런 일이 일어나려면 세 번째 요소가 있어야 한다. 대개 이스라엘의 적들이라는 형태로 나타나는 악이 패배해야 한다. 이 세 주제가 어우러져 그 나라라는 말에 암시되어 있는 메타내러티브를 형성한다. … 제2성전기 유대교에서 '하나님 나라'라는 주제에 무엇보다 이 완전한 줄거리가 내포되어 있다는 점은 계속 강조할 만하다(p. 206).

예수께서는 하나님 나라의 도래에 대한 전통적 이해를 전복하신다

지금까지는 하나님 나라가 도래한다고 선포하는 예언자가 나타났다면 '1세기 전반부에 해당 지역 유대인'은 어떻게 생각했을지에 대한 라이트의 설명을 수많은 세부 사항을 제하고 소개했다. 당시 유대인은 예언자가 "이스라엘의 설욕, 이교도에 대한 승리, 평화와 정의와 번영 같은 궁극적 선물이 도래함"(p. 204)을 예언하고 있다고 생각했을 것이다.

그러나 그가 나사렛 예수라는 이 특수한 예언자의 말에 조금이라도 주의를 기울였다면, 그는 이 예언자의 말에 이상하고 의외인 것이 많다는 점을 알아차렸을 것이다. 다른 사람들은 마을을 다니며 이스라엘을 해방하고 갱신하는 계획을 제시했다. 누군가는 로마인에 대한 무장 저항을 촉구했고, 누군가는 성전 제의의 전면적 개혁을 촉구했으며, 누군가는 더 철저하게 토라를 준수해야 한다고 촉구했다. 하지만 이 예언자는 로마에 무장으로 저항하는 민족주의적 계획에 심판을 선고하고 성전 숭배 및 토라 준수의 시대는 끝났다고 선언했다.

그는 이스라엘의 유배가 끝났음을 선포했다. 그러나 그는 유배를 다르게 이해했고, 따라서 어떻게 유배가 끝났는지도 다르게 이해했다. 그는 이스라엘의 설욕과 적들에 대한 이스라엘의 승리를 선포했다. 그러나 그는 설욕과 승리를 다르게 이해했다. 그는 야웨께서 이스라엘로 돌아오심을 선포했다. 그러나 그는 야웨의 임재를 다르게 이해했다. 요컨대, 예수께서는 이스라엘의 전통적 자기 이해를 전복시키는 방식으로 이스라엘의 전통적 자기 이해를 사용하셨다. 다시 라이트를 인용해 보겠다.

예수께서는 사람들이 오래 갈망하며 기다려 온 이스라엘 신의 나라가 실제로 탄생 중이지만 상상했던 바와 다른 모습이라고 선포하고 계셨다. 유배에서의 귀환, 악의 패배, 야웨의 시온 귀환 모두 일어나고 있었지만, 이스라엘이 추정했던 방식으로 일어나는 것은 아니었다. 회복의 시대는 가까웠고, 모든 부류의 사람은 이를 나누고 즐기도록 부름받았다. 그러나 이스라엘은 그 나라를 촉진하려는 그들의 현재 방식이 완전히 역효과를 낳고 큰 민족적 재앙을 초래하리라는 경고를 받았다(p. 201).

예수께서는 (의외의 방식이긴 하지만) 이스라엘의 이야기가 이제 결정적으로 절정에 이르렀다고 선언하시기만 한 것이 아니다. 자신의 말과 사역에서 그것이 절정에 이르렀음을 나타내셨다. "그분은 그 나라에 대한 세 가지 주요 주제, 즉 유배에서의 귀환, 악의 패배, 야웨의 시온 귀환을 선언하는 것뿐만 아니라 이것들을 상연하여 구현하는 것이 자신의 임무라고 믿었다"(p. 481). "그분은 자신을 많은 예언자 가운데 하나가 아니라 … 자신의 사역을 통해 이스라엘 역사를 마침내 절정의 순간에 이르게 할 예언자로 보았다"(p. 196). 그분의 "신념은 그 나라가 **그분 자신의 사역에서, 사역을 통해 도래하고 있다고 믿은** 1세기 유대인의 신념이었다. 따라서 그분은 이스라엘이 소중히 여긴 신념에 충실했고, 이 충실함은 내부로부터의 비판과 혁신의 형태를 띠었다. 이 충실함은, 그가 (오래전 예언자들과 자기 시대의 급진주의자들처럼) 전통과 제도의 참된 목적이 심히 부패하고 왜곡되었다고 생각했기에 이에 도전하는 형태를 띠었다. 이 충실함은, 전례가 없었는데도 그저 혁신이 아닌 새로운 제안의 형태를 띠었다"(p. 652).

아주 짧게 간추리면, 예수께서 말씀하셨던 바는 무엇이며, 자신이 무엇을 하고 있다고 보셨는가? 마태와 마가 둘 다 예수님의 선포를 요약하여 서두를 연다. 그들은 예수께서 "회개하라. 하나님 나라가 가까이 왔느니라"라고 선포하셨다고 보고한다(마 4:17; 막 1:15). 이와 같이 회개와 하나님 나라의 도래를 연결한 데서는 예수께서 새로이 말씀하신 바가 없었다. 그 시대 모든 신실한 유대인은 하나님이 이스라엘을 유배에 넘긴 것은 그들의 불순종 때문이며 따라서 "단번에 이루어지는 민족적 회개가 … 유배를 끝내기 위해" 그리고 야웨께서 다시 한번 그의 백성 안에 거하시기 위해 "필요하다"고 믿었다(p. 251). 예수의 회개 요구에서 새로운 것은 회개 요구 자체가 아니라 이스라엘이 회개해야 할 근본적인 죄에 관한 그의 메시지였다.

이스라엘은 "우상 숭배적 민족주의"를 회개해야 했다(p. 331). 이스라엘은 "토라가 이스라엘을 [그들의] 이교도 이웃들과 구별 지었던 측면들"(p. 385), 곧 "성전 제의, 안식일 준수, 음식 금기 준수, 할례 준수"(p. 384)를 열심히 옹호하고 실천함으로써 파멸로 이끌려 가고 있었다. 부름받은 대로 열방에게 빛이 되는 대신, 이스라엘은 성전과 토라를 "이방인에 대한 방어 수단으로, 따라서 민족의 경계와 열망을 강화하는 수단으로" 사용했다(p. 389). "그때는 이스라엘의 구별됨을 드러내는 신이 주신 표지들을 상대화할 때였다"(p. 389). 그리고 성전 자체는 "전체 민족의 삶의 주요 상징이었으나 신적 위협 아래 놓였고, 이스라엘이 회개하지 않으면 이교도에게 무너질 것이었다"(p. 417). 성전은 도적단의 소굴이 되었고, 성전 제의는 "너무나 끔찍하게 더럽혀져서 성전을 파괴하는 것만이 유일한 해결책"(p. 353)이었다. 성전은 "가망이 없을 정도로 부패했다. … 예레미야의 시대와 같이 심판의 때가 무르익었다"(p. 317).

이스라엘은 또한 오랜 전통의 "거룩한 전쟁"(pp. 448-449) 및 민족 방어를 위해 무장 폭력에 의존하는 경향을 회개해야 했다. 예수의 "이스라엘에 대한 도전은 정확히 이스라엘에게 그들의 군국주의적 민족주의를 회개하라고 말하는 데 목표가 있었다. 큰 전투를 통해 쟁취하고자 한 로마로부터의 민족 해방이라는 그들의 열망은 그 자체가 그들이 근본적으로 병들어 있음을 나타내는 명백한 징후였으며 뿌리 뽑혀야 할 것이었다. 예수님은 다른 방식의 해방을 제시했다. 그 방식은 이스라엘의 운명**뿐만 아니라** 민족의 적들의 인간됨도 긍정하는 것이고, 따라서 군사적 열심으로 세상을 부수는 자가 아니라 세상에 빛을 가져오는 자라는 이스라엘의 운명을 긍정하는 것이다"(p. 450). 비유와 격언을 통해 "예수께서는 계속해서 거듭 그분의 동시대인들에게 이렇게 경고하신다. 이스라엘이 회개하지 않으면 … 다시 말해 로마와의 무력 대결을 포기하고 그 나라의 급진적인 대안적 비전을 따르지 않으면, 그들의 시대는 끝날 것이다. 진노가 그들에게, 하늘에서 떨어지는 불과 유황이 아니라 로

마의 검들과 무너지는 돌들의 형태로 임할 것이다"(p. 317).

실제, 예수님의 예언자적 사역에서 상당히 두드러진 점은 이스라엘이 자신들의 길을 바꾸지 않는 한 예루살렘과 성전이 파괴될 것이란 그분의 예언이었으므로, 예언자로서의 명성은 그분이 예견하신 대로 "한 세대 안에 성전이 무너지는지에 달려 있었다." 만일 "성전이 영구히 건재하고, 그분의 운동이 흐지부지된다면 … 그분은 사기꾼, 거짓 예언자, 어쩌면 심지어 신성 모독자로 드러났을 것이다. 그러나 성전이 파괴되고 희생 제사가 멈춘다면, 이교도 무리가 성전을 돌 하나하나까지 무너뜨린다면, 그리고 불운의 바빌로니아 유배 생활로부터 이스라엘이 탈출한 것을 재현하듯, 그분을 따르는 자들이 해를 입지 않고 대재앙에서 탈출한다면, 그는 예언자로서뿐만 아니라 이스라엘의 대표자로서도 정당성을 입증받게 될 것이다"(p. 362). 만일 "예루살렘이 파괴되고, 예수의 백성이 바로 그때 폐허로부터 탈출한다면, 그것은 야웨께서 왕이 되셔서 그분의 참된 언약 백성의 해방, 유배에서의 참된 귀환, 새로운 세계 질서의 시작을 일으키시는 일이 **될 것이다**"(p. 364).

이스라엘이 참으로 유배되었다는 것은 약속의 땅에 살면서도 여전히 외세의 지배 아래 있었다는 사실에 있지 않다. 그들의 진짜 유배는 삶의 방식이 하나님으로부터 멀어졌다는 사실에 있다. 유배에서 귀환하려면, 그들의 우상 숭배적 민족주의 및 그 폭력적 경향을 뿌리 뽑고 완전히 새로운 삶의 방식, 새로운 실천으로 사는 회개가 필요했다. 새로운 실천은 이웃이 누구든, 심지어 적이더라도 이웃을 사랑하고, 복수하려 하기보다 용서를 건네며, 가난한 자와 짓밟힌 자와 약한 자를 위해 정의를 추구하고, 종교적·사회적으로 버림받은 이들과 함께 식사하며, 불공평한 태도를 보이지 않는 것이다. 회개로의 부르심은 "이스라엘에게 일련의 의제를 포기하고 다른 것을 수용하도록 요구하는 **정치적** 부르심이었다"(p. 251).

예수님께서는 회개가 "성전에 가서 희생 제사를 드리는 것과 무관했다"(p. 257)는 점을 간과해서는 안 된다. 성전 제의와 희생 제사의 시대는 끝났다. 예수님의 부르심은 급진적이었다. 그 부르심은 "사람들에게 성전을 더 많이 방문해서 희생 제사를 더 많이 드리며 정결 예식에 더 신경 쓰라고 촉구하는 일과는 아무런 상관이 없다. … 예수님의 말씀에 함의된 내러티브는 민족의 회복 자체(유대인의 통상적인 이야기에서 예상할 만한 내용)로 이어지지 않고, 청중들에게 이스라엘이 되는 다른 방식을 따르고 다른 식의 설욕을 기다리라는 도전으로 이어졌다"(p. 258).

마가는 예수께서 이렇게 말씀하셨다고 기록한다. "때가 찼고 하나님의 나라가 가까이 왔으니 회개하고 복음을 믿으라"(1:15). 믿음은 예수께서 촉구하신 이스라엘이 되는 새로운 방식의 핵심 요소였다. 무엇에 대한 믿음인가? 예수님 자신에 대한 믿음이다. 예수님의 "수많은 치유 행위에 수반되는 '믿음'은 단순히 '이스라엘의 신이 이 치유를 할 수 있음을 믿는 것'이 아니다. **이스라엘의 신이 예수님의 사역에서 절정에 이른 행동을 하고 계심**을 믿는 것이다. 이 문장의 전반부와 후반부는 똑같이 중요하다. (a) 이는 이스라엘이 기대해 온 순간이다. (b) 이 순간은 바로 예수님의 현전과 활동으로 이루어지고 특징지어진다"(p. 262).

그리고 예수께서 단지 그 나라의 도래를 선포만 하신 게 아니라 이를 가지고 오셨듯, 예수님의 부르심을 따랐던 청중들도 단지 이스라엘이 되는 다른 방식을 실천한 게 아니라 그들 자신이 참된 이스라엘이었다. 그들이 회개하는 가운데, 이스라엘이 하나님으로부터 멀어짐, 즉 이스라엘의 유배는 끝나고 있었다. "예수께서 들려주신 기본 이야기는, 그분의 청중들이 그들 자신을 마침내 유배에서 귀환하고 그 과정의 본질로서 그들의 하나님께 돌아간 참된 이스라엘로 보도록 초대했다"(p. 256). "예수께서는 자신의 청중들이 새로운 방식으로 이스라엘이 **되어서**, 펼쳐지는 드라마에서 그들이 자기 역할을 하도록 부르셨다. 그리고 예수님은 그들에게 이런 방식으로 자신을 따르면 큰 날이 왔을 때 그들이 설욕하게 될 것이라고 확언하셨다. 이 모든 과정에서 예수님은 진정한 적 사탄—이스라엘이 상상했던 것과는 다른 전투, 다른 적—과 결정적인 전투를 개시하셨다"(p. 201).

이스라엘은 배타적 민족주의와 그에 따른 복수심에 불타는 폭력을 회개해야 했다. 그러나 이 중 어느 것도 문제의 근원은 아니었다. "이스라엘이 처한 곤경에 대한 예수님의 분석은 구체적인 행동과 믿음을 넘어서 자신이 문제의 근원으로 보았던 것에 이른다. 즉, 당시 이스라엘이 고발자인 '사탄'에게 속았다는 것이다. **나머지 세상에서 잘못인 것은 이스라엘에게 역시 잘못인 것이다.** '악'은 이스라엘의 경계 너머에, 이교도 무리 안에 편리하게 자리할 수 없었다. 악은 선택받은 백성 안에 거처를 잡았다. 그러므로 악에 맞서는 전투는—문제의 올바른 분석과 이에 대한 올바른 대답은—예수님의 동시대인들이 상상한 바와는 다른 상태였다"(pp. 446-447). 예수님은 생애 내내 세상을 떠도는 이 기이한 악의 세력과 싸우셨다. 그것이 축귀, 치유, 일부 논쟁의 의의다. 치유와 축귀는 악의 세력에 대한 승리의 극적 표지, 그 나라의 도래와 창조 세계의 회복에 대한 표지였다.[5] 예수께서는 전투의 최종 단계에서 고통이 수반될 것을 알면서도, 그분의 생애 내내 싸워 온 이 기이한 악의 세력과 결정적인 최종 전투를 벌이기 위해 예루살렘으로 향하셨다. "고난 자체가 유대인이 기대하는 위대한 구원, 위대한 승리에서 핵심 요소였기"(p. 465) 때문이다. 예수님은 "내부로부터의 **비판**만이 아니라, 내부로부터의 **반대**만이 아니라, 내부로부터의 비판과 반대의 **결과까지 겪으시는** 전적으로 철저히 유대적인 소명을 스스로 짊어 지셨다"(p. 595). 그분은 "**이스라엘이 그분의 평화의 방식을 거부했기 때문에** 이스라엘에게 임하고 있는 '진노'를 스스로 짊어지셨다"(p. 596). "이스라엘은 이교도의 손에 고통받으며 포로 생활 중이었다. 로마의 십자가는 계속되는 포로 상태를 나타내는 쓰라린 상징이었다. 예수님은 백성들이 이교도 제국의 손에서 오백 년 동안 이런저

---

5   참조. Wright, *How God Became King*, p. 195. "특히 축귀는 단순히 소수의 가엾은 영혼들을 기이한 속박에서 풀어 준 게 아니었다. … 예수와 복음서 저자들에게, 축귀는 훨씬 더 심각한 어떤 일이 진행되고 있다는 신호였다. 즉, 정통주의 옹호자들과의 치열한 논쟁이 아니라 사탄과 전면전을 벌이는 실제 전투 사역이었다."

런 식으로 겪은 운명과, 동시대인들이 자신들의 방법으로 인해 좌절될 운명을 모두 자신이 짊어지려고 자기 백성보다 앞서 나아가실 것이다"(p. 596).

그래서 악은 어떻게 패배했는가? 악은 "군사적 승리에 의해서가 아니라, **이중의** 혁명적 방법으로 패배할 것이었다. 그 방법은 다른 쪽 뺨도 돌려 대는 것, 십 리를 가는 것, 심오한 전복적 지혜인 십자가를 지는 것이다. 예수께서 자신의 추종자들에게 펼쳐 놓으신 의제는 곧 그분 자신이 복종한 의제였다. 이는 왕국이 도래할 방식이고, 전투에서 승리할 방식이었다"(p. 465). "예수님은 공생애 내내 군중, 가난한 자, 목자 없는 양에 대한 연민을 바탕으로 행동하셨다. … 가장 초기의 그리스도인들은 십자가에서 예수님의 성취를 악에 대한 결정적 승리로 여겼다. 그런데 이보다 더 중요한 점은 그들이 십자가의 성취를, 적극적으로 나가서 치유하는 사랑이 트레이드마크이자 인증마크가 된 공생애의 절정으로 보았다는 것이다"(p. 607).

초기 그리스도교의 재가공

당신과 나는 예수님과 그분의 선포가 입증된 두 큰 사건, 즉 예수님의 부활 및 예루살렘과 성전의 파괴 이후 시대에 살고 있다. 이 두 사건, 특히 예수님의 부활은 초기 교회가 예수께서 예견하고 초래하셨던 새로운 시대를 살고 있음을 알게 해 주었다. 이 새로운 시대에서 그들은 하나님 나라라는 사상을 낡았다며 버리지 않았고, 예수께서 의미하신 바와 전혀 다른 것을 언급하기 위해 하나님 나라에 관한 언어를 사용하지도 않았다. 그 대신 그들은 새로운 상황에 맞도록 그 생각을 재가공했다. "1세기 유대교의 상징 세계는 그 기저에 있는 신학(유일신론, 선민사상, 종말론)이 명시적으로 유지되고 있었지만 또한 낱낱이 재고되었다"(p. 218). 라이트는 재가공에서 두 요소를 강조한다.

첫째로, 우리가 신약의 서신서와 사도행전에서 확인하듯, 초기 그리스도교에서 나라라는 언어는 "이스라엘 민족의 설욕, 팔레스타인에서 로마 통치의 전복, 시온산에 새로운 성전 건축, 토라 준수 확립, 열방이 야웨에 대한 지식으로 심판받기 위해 그리고/또는 교육받기 위해 시온산에 몰려드는 것과는 거의 또는 전혀 관련이 없다"(p. 219). "새로운 운동의 이야기는 이스라엘의 민족적, 인종적, 지리적 해방과 관계없이 전해진다"(p. 218). "통상적인 유대교의 상징들이 완전히 빠져 있다"(p. 218). 그리고 "그 나라의 실천(거룩함)은 토라와 관계없이 정의된다"(p. 218). 기록자들은 "이스라엘과 그들의 민족적 소망에 대해" 말하지 않고 "구속받은 인류와 우주에 대해" 말한다(p. 218). 그들은 자신들이, "항상 전체 세계의 구속을 구상했던 창조자의 언약 목적이 단일 민족이라는 협소한 한계(물론 여기서는 민족적 상징들이 적절했다)를 넘어, 초-민족적이고 초-문화적인 공동체가 탄생하는 시대"를 살고 있다고 보았다. "나아가 [그들은 자신들이] 창조자, 언약의 신이 손으로 지은 성전이 아니라 그의 백성과 거하기 위해 돌아온 시대를" 살고 있다고 보았다(p. 219).

둘째로, 그 나라는 이제 참된 신만이 아니라 예수, 메시아께 속한 것으로 언급된다. 그리고 바울 서신의 중요한 구절에서, 창조자 신과 메시아의 이 공동의 나라는 연대기적 용어로 묘사된다. 바울은 말하기를, 메시아가 반드시 통치할 것인데 "모든 그의 적을 그의 발아래 둘 때까지 할 것이다. 죽음은 멸망해야 하는 마지막 적이다." "그런 다음, 메시아가 그 나라를 아버지이신 신께 넘겨 드릴 때, 그가 모든 통치와 모든 권세와 권력을 제압했을 때 종말이 온다."[6]

라이트는 바울의 핵심이 다음과 같다고 말한다. "창조자 신은 메시아를 통해 언약이 제정된 목적, 즉 죄와 죽음을 처리하고 그럼으로써 새롭게 된 인간의 지혜로운 통치 아래서 창조 세계를 회복한다는 목적을 완수하신다. 이런 견해가 제2성전기 비그리스도교 문헌에서 발견되는 견해와 결정적으로 다른 점은, 그 나라가 어떤 의미에서는 이미 현전하면서도 또 다른 의미에서는 여전히 미래라는 것이다. … '메시아의 나라'는 이미 세워졌지만, 이런 엄밀한 의미에서 보면 '하나님의 나라'는 아직 도래하지 않았다. 우리는 현재의 실현과 미래의 희망 사이에 긴장이 있음을 여기서 정확히 알 수 있는데, 이는 순전히 초기 그리스도교 전체의 특징으로 현대 학자들에게는 꽤 모호해 보인다. … 우리가 초기 그리스도교 전반에 걸쳐 발견하는 것은 … 그 나라의 현재성에 대한 견고한 믿음, **그와 동시에** 미래

---

6   고전 15:24-26. *Jesus and the Victory of God*, p. 216에서 라이트가 번역한 것.

성에 대한 똑같이 견고한 믿음으로, 이 두 입장은 정교한 묵시적 도식 안에 한데 어우러져 있다"(pp. 216-217). "현재 나라의 핵심은 그것이 미래 나라의 첫 열매라는 것이다. 그리고 미래 나라는 공간이나 시간이나 우주 자체의 폐지가 아니라 오히려 우주와 시간과 창조 세계를 위협하는 것, 즉 죄와 죽음의 폐지와 관련이 있다"(p. 218).

우리가 시작했던 곳으로 돌아가서

내가 제기한 질문은, 우리가 하나님께 건네는 말을 호의적으로 들어 달라고 하나님께 요청할 때 우리가 하나님께 요청하는 것이 무엇이냐는 것이었다. 우리는 이 전례 행위를 어떻게 이해해야 하는가? 나는 우리의 모든 청원은 가장 포괄적인 맥락에서 볼 때 하나님 나라가 도래하기를 기도하는 것으로 이해되어야 한다고 제안했다. 그리고 이에 따라 우리는 N. T. 라이트의 안내를 받아 하나님 나라와 그 도래에 관한 광범위한 논의에 들어갔다.

우리 그리스도인은 하나님 나라가 도래하기를 갈망한다. 우리의 갈망은 일반적이고 추상적인 수준에 머무르지 않는다. 하나님 나라의 도래는 룻의 치유를 포함하고, 우리의 포악한 정권의 몰락을 포함하며, 중동의 평화 등을 포함하는 구체적인 갈망의 형태를 띤다. 우리가 하나님께 우리의 기도를 받아 달라고 간구할 때, 우리는 하나님께 하나님 나라의 도래를 위한 우리의 구체적인 갈망을 받아 달라고 요청하는 것이다.

물론 우리가 우리의 일상에서 하나님 나라의 도래를 위해 우리 자신이 해야 할 역할을 하지 않는다면, 우리가 우리 공동체에서 하나님의 이름이 거룩히 여김을 받으시기를 도모하지 않고, 하나님의 뜻이 우리 국가에서 이루어지기를 도모하지 않으며, 각자 자신의 생계를 적절히 꾸릴 만큼 일하지 않고, 이런저런 '주의'(ism)의 손아귀에서 벗어나기를 도모하지 않는다면, 우리의 기도는 일탈적인 것, 잘못 형성된 것이다. 이것이 이스라엘의 예식을 향한 예언자의 비판에서 우리가 배워야 할 바다.

우리는 우리의 세계가 하나님 나라를 충만히 드러내지 못하는 방식에 대해 우리가 하나님께서 관심 가져 주시기를 요청한다고 말할 수 있는가? 우리가 이런 부족함을 하나님께 상기해 드린다고 말할 수 있는가? 우리가 "상기해 드리다"와 "관심 가져 주시기를 요청한다"를 유비적으로 확장하여 사용한다면 그렇다. 우리는 그럴 수 있다.

그 나라가 하나님의 것임을 선언하고 그 나라가 도래하기를 기도하는 맥락에서, 우리가 룻의 질병, 우리의 포악한 정권, 중동의 갈등을 아직 그 나라가 충만히 도래하지 않았다는 표시라 부르고, 그리고 그 나라의 도래가 룻이 치유되는 형태, 우리의 포악한 정권이 전복되는 형태, 중동에 평화가 임하는 형태를 취하기를 기도한다고 가정해 보자. 룻이 치유된다면, 독재 정권이 정복된다면, 중동에 평화가 임한다면, 우리는 이 모든 것을 그 나라의 도래를 나타내는 표지이자 본보기로 받아들이고 하나님께 감사와 찬양을 드릴 것이다.

그러나 반대로, 룻이 치유되지 않고, 우리의 정권이 전복되지 않고, 중동에 평화가 오지 않는다고 가정해 보자. 우리는 이를 어떻게 해석하는가? 그분의 나라가 도래하기를 간구한 우리의 기도를 하나님이 호의적으로 듣지 않으셨다고 해석하는가?

그렇지 않다. 우리는 하나님 나라의 도래가 더딤을, 고통스러울 만큼 더딤을 안다. 우리가 이해할 수 없기에 시간이 필요하다. 질병, 압제, 갈등이 남아 있다는 사실은 우리에게 하나님 나라가 도래하고 있지 않다는 표지가 아니다. 다만 우리가 아는 것은 그 나라의 도래 표지가 룻의 치유로 나타나길 바라는 우리의 갈망이 성취되지 않았다는 것이다. 그 나라의 도래 표지가 정권의 정복으로 나타나길 바라는 우리의 갈망이 성취되지 않았다는 것이다. 그 나라의 도래 표지가 중동의 평화로 나타나길 바라는 우리의 갈망이 성취되지 않았다는 것이다. 이런 식의 채워지지 않은 갈망을 품고 사는 것이 이 현시대 그리스도인의 삶에서는 본유적이다. 하나님은 그런 갈망을 바라신다.

우리의 중보 기도 및 용서를 구하는 기도를 하나님이 호의적으로 들어 주시기를 바라는 우리의 청원은 하나님 나라의 도래를 갈망하는 틀 안에 놓고 이해해야 한다. 하나님이 우리의 찬양과 감사를 받으시기를 바라는 우리의 기도 역시 그 틀 안에 놓고 이해해야 한다. 찬양과 감사는 그 자체로 하나님 나라의 표지다.

암시된 것은 무엇인가?

이번 장에서 우리 앞에 놓인 전례 신학적 물음은 다음과 같았다. 하나님이 우리의 찬양, 감사, 용서를 구하는 기도, 간구를 호의적으로 들으시기를 요청하는 우리의 전례 행위에 암시된 하나님 이해는 무엇인가? 이제 그 대답은 분명하다. 우리는 영광, 거룩함, 사랑이 더할 나위 없는 하나님을, 하나님 나라의 충만한 현시를 가져오시는 분으로 이해한다. 우리는 우리 일상에서, 우리의 전례 상연에서, 하나님께서 하나님 나라를 가져오시는 일에 우리 자신을 맞춘다. 우리는 하나님이 우리의 말을 호의적으로 들으시기를 구하는 기도에서 하나님 나라의 도래에 대한 우리의 갈망을 표현한다.

8

말씀하시는 분인 하나님

우리는 세 장에 걸쳐 하나님께 말을 건네는 전례 행위에 암시된 하나님 이해를 성찰했다. 내가 주장했듯, 하나님은 이런 행위들 안에서 우리에게 귀 기울이시고 우리가 하는 말을 호의적으로 들으신다고, 하나님 나라를 가져오는 과정에서 그렇게 하신다고 암시적으로 이해된다. 이제 다른 주요 유형의 전례 행위에 주의를 기울일 때다.

거의 모든 전례 상연에서 사람들은 그들에게 하는 상당량의 말을 듣는다. 일부 개신교 전례 상연에서는 그 외의 행위를 거의 하지 않는다. 전례 상연에서 상당 부분이 회중이 말을 듣는 일로 구성되어 있다는 사실은 전통 전례를 위해 인쇄된 대본에서는 즉각 눈에 띄지 않는다. 설교가 선포될 때는 확장된 듣기가 발생한다. 그러나 대개 전례를 위한 인쇄된 대본에서 볼 수 있는 것은 '설교'나 '강론'이라고 적힌 붉은 글씨 지시문(rubric)뿐이다.

회중은 그들에게 하는 말을 들을 때 분명, 그들의 사제, 그들의 목회자, 성서 낭독자, 기도 인도자 등 그들의 동료 인간 중 누군가가 하는 말을 듣고 있다. 그러나 4장에서 나는 전례 신학의 전통을 언급하면서 우리가 듣는 전례 행위 대부분에서 우리는 어떤 인간이 말하는 것을 통해 하나님이 우리에게 말씀하셨거나 말씀하시는 바를 듣고 있다고 주장했다. 나는 이 점에 대한 본보기로 스위스 전례 신학자인 J.-J. 폰 알멘의 논의를 인용했다. 알멘은 이렇게 말한다. "모든 그리스도인은 하나님의 말씀이 그리스도교 예배의 본질적 구성 요소라는 데 동의한다. 하나님의 말씀이 없으면, 숭배는 하나님과 그분 백성의 살아 있는 효과적 만남이 아니라 순전히 인간의 독백이나 대화일 것이다. 기적이 아니라 눈먼 사람의 더듬거림, 갈망, 절망일 것이다. … 숭배는 그 실체가 사라져서 비그리스도교의 숭배와 구분되지 않을 것이다."[1]

폰 알멘이 하나님의 말씀이 전례에서 선포되는 세 가지 기본 방식을 구별했음을 떠올려 보라. 성서를 읽을 때 발생하는 선포, 설교가 전해질 때 발생하는 선포, 그리고 목회자가 예배를 여는 초대의 말, 죄 용서, 폐회 강복을 할 때 발생하는 선포가 있다. 폰 알멘은 이 것들을 각각 **재인식적**(anagnostic) 선포, **예언적** 선포, **성직적** 선포라고 부른다.

전례의 상연이 이런 다양한 형태의 선포로 하나님이 하신 말씀을 우리가 들음으로써 일어나는 "하나님과 그분 백성의 살아 있는 효과적 만남"이라는 데 모든 그리스도인이 동의한다는 폰 알멘의 말은 확실히 잘못되었다. 아마도 모든 전례 신학자는 이에 동의할

---

1   J.-J. von Allmen, *Worship: Its Theology and Practice* (London: Lutterworth Press, 1965), p. 13. 이후 이 책 인용 면수는 본문에 괄호를 사용해 표기할 것이다.

것이다. 그러나 확실히 모든 그리스도인이 동의하지는 않는다. 사실, 우리 시대 세계의 **대다수** 그리스도인은 동의하지 않는다고 말하는 게 더 확실할 것이다. 그들은 듣는 전례 행위를 수행할 때, 동료 인간이 하나님, 그리스도, 성서, 사랑, 용서 등에 관해 말하는 것을 듣는다고 생각한다. 그래서 다시 우리는 내가 전례 신학의 형성에서 구별했던 세 단계 중 첫 단계, 즉 우리가 어떤 전례 행위에서 정확히 어떤 일이 일어나는지 밝혀내는 단계에서 벌써 생각의 차이와 논쟁이 발생한다는 사실에 직면한다.

나는 이번 기회에 그 논쟁에 끼어들지 않기를 제안한다. 그 대신 나는 폰 알멘이 옳다고 가정할 것이다. 성서 낭독, 설교 선포, 성직자의 여는 인사, 죄 사함, 폐회 강복의 선포를 통해, 하나님은 사람들에게 말씀하시고 사람들은 하나님이 하셨거나 하시는 말씀을 듣는다. 전례 상연에서 우리는 하나님 나라를 가져오시는 더할 나위 없이 위대하신 하나님께 말을 건네고 하나님은 우리에게 귀 기울이시기 위해 몸을 굽히시고 우리가 하는 말을 호의적으로 들으신다. 또한 하나님은 우리에게 말씀하시기 위해 몸을 굽히시고 우리는 하나님이 하시는 말씀을 듣는다. 전례에 암시된 하나님 이해는, 하나님은 들으시는 분이자 말씀하시는 분이라는 것이다.

그러나 우리에게 말씀하시는 하나님이라는 이 생각을 우리는 어떻게 이해해야 하는가? 그것이 내가 이번 장에서 씨름할 주제다. 전례에서 하나님이 우리에게 말씀하신다는 생각을 우리는 어떻게 신학적으로 가장 잘 전개할 수 있는가? 따라서 이번 장의 주제는 내가 구별한 전례 신학 형성의 세 단계 중 세 번째에 해당하며, 이 단계에서는 우리가 전례에 암시된 것으로 식별한 하나님 이해에 대해 명확한 신학적 표현을 제시한다.

말씀하시는 분인 하나님에 대한 두 가지 이해

나의 전략은 말씀하시는 분, 특히 전례의 상연에서 말씀하시는 분인 하나님이라는 생각을 전개하는 데 두 가지 상당히 다른 방식을 제시하는 것이다. 그중 한 가지 방식은, 목회자는 하나님의 대리인이라는 것이다. 그는 하나님 대신, 하나님의 이름으로 말하므로, 그의 말은 지금 여기서 하나님이 이 특정 사람들에게 하시는 말씀으로 간주된다. 이것은 설교에서 일어나는 일에 대한 칼뱅의 이해다. 목회자의 교회 직분에 대해 이야기하면서 그가 말하는 바는 이렇다. 하나님은 "사람의 목회를 사용하셔서 사람의 입을 통해 그분의 뜻을 우리에게 공개적으로 선언하시는데, 이는 일종의 위임된 일로서 사람들에게 그분의 권리와 명예를 넘겨주시는 게 아니라 그들의 입을 통해 그분 자신의 일을 하시는 것이다. 마치 노동자가 일하기 위해 도구를 사용하는 것과 같다." 하나님은 "세상에서 그분의 대사로서 섬기도록, 그분의 비밀스러운 뜻을 해석하도록, 그리고 요컨대 그분의 인격을 대리하도록 사람들 가운데서 누군가를 취하실 때, 우리를 존중하고 계심을 선언하시는 것이다"(*Institutes*,

IV.iii.1, p. 1053). 약간 뒤에서 칼뱅은 목회자를 "하나님의 이름으로 말하는, 흙에서 난 보잘것없는 자"라고 언급한다(IV.iii.1, p. 1054).

한 구절에서는 폰 알멘이 칼뱅을 따라 목회자를 하나님의 대사, 그리고 하나님을 대리하는 자라고 말한다(p. 142). 그러나 이는 예외적인 경우다. 다른 모든 구절에서는 오히려 "하나님 말씀"이라는 말로 그리스도를 의미하면서 목회자를 **하나님 말씀을 선포하는 자**라고 말한다. 목회자는 그리스도를 선포한다.

일반적인 성직적 선포에 관해 폰 알멘은 "목회자가 성서에 기초한 문구로 사람들에게 **인사**하고 **죄 사함을 선언**하며 주의 **축복**을 베푼다"고 말한다(p. 138). 이 문장만 놓고 보면 칼뱅주의 노선에서 이해될 수 있다. 그러나 폰 알멘이 이를 그렇게 이해되도록 의도하지 않았다는 것은 조금 뒤에서 그가 질문할 때 분명해진다. "인사, 죄 사함, 강복을 공표하는 하나님 말씀의 이 '성직적' 선포에서 무슨 일이 일어나는가?" 이 질문에 대한 그의 대답은 이렇다. "분명하게, 신적 은혜에 의해 초래된 사건이 일어난다. 하나님의 말씀은 신적 레마(RHEMA[즉, 영])의 모든 능력을 발휘하여 '재인식적' 혹은 '예언적' 방식으로 선포될 때보다 아마 훨씬 더 효과적으로 활동하게 된다"(p. 141). 여기에는 목회자가 하나님의 대사 혹은 대리자로 역할하는 것에 대한 언급이 없다. 목회자는 하나님의 말씀이신 그리스도를 선포한다. 그렇게 선포할 때 그리스도께서 성령의 능력을 통해 "효과적으로 활동하시게 되는" 사건이 발생한다.

특히 강복에 관해 폰 알멘은 이렇게 말한다. "이때 말해지는 것은 창조적이고 효과적인 하나님의 말씀이고, 그래서 이 말씀이 울려 퍼지는 예배의 순간들은 특히 영적 능력으로 가득하다. 강복은 하나님 자신 또는 그분을 대리하는 사람이 사람, 생물 또는 사물에게 구원, 안녕, 삶의 기쁨을 전달하는 능력이 가득한 말이다. 그리고 이와 동일한 능력이 인사와 죄 사함에서도 작동한다"(p. 142).[2] 다시 말하지만, 목회자가 하나님의 대사 역할 하는 것에 대한, 목회자가 하나님을 대신하여 말하는 것에 대한 언급은 없다. 목회자는 하나님의 말씀, 즉 그리스도를 말로 표현한다. 그리고 그렇게 말로 표현할 때 하나님이 듣는 이들에게 구원을 전하시는 사건이 일어난다.

설교에 대해 폰 알멘은 이렇게 말한다. "하나님의 손안에서, 설교는 신자와 교회의 삶에 직접적인 예언적 개입을 발생시키는 기본 수단이다. … [설교는] 하나님 말씀이 간직된 사건, 곧 말씀이 예수 그리스도 안에 도래한 사건이 일어난 그때 그곳에 하나님 말씀이 화석화되는 것을 방지하고, 그때 그곳이 지금 이곳에서 새롭게 작동하게 한다"(p. 143). "설교는 그리스도의 현전을 매개하고 보장하는, 교회의 예언적 말이다"(p. 145). 다시 한번, 여기에는 목회자가 하나님의 이름으로 말한다는 칼뱅의 생각에 대한 단서조차 없다는 데 주목하라. 폰 알멘이 보기에, 예언적 선포에서 목회자는 하나님의 말씀이신 그리스도를 선포한다. 그리고 그때 그리스도께서 현전하시고 '활동하시는' 사건이 발생한다.

2   나는 "또는 그분을 대리하는 사람"이라는 표현은 폰 알멘의 실수라고 판단한다. 이 표현에는 그의 생각이 담기지 않는다.

폰 알멘은 교회의 선포에 대한 논의를 시작하면서, "우리는 조직 신학이 아니라 전례를 다루고 있으므로, 내가 여기에서 하나님 말씀의 신학을 포함한 것에 대해 양해를 구한다"라고 말한다(pp. 130-131). 그러면서 폰 알멘은 하나님이 전례의 상연에서 말씀하시는 방식에 대한 이해에서, 말씀하시는 분인 하나님에 대한 아주 독특한 신학, 즉, 그의 동료 스위스 개혁파 신학자인 칼 바르트의 신학으로 작업하고 있다. 이는 의심의 여지가 없다. 그는 수차례 명시적으로 바르트를 언급하고 인용한다.

폰 알멘은 이 점에서 특이하지 않다. 특히 개신교계에서 바르트의 말씀하시는 분인 하나님이라는 개념의 발전은 엄청난 영향력을 행사했고 그 영향력은 계속 남아 있다. 그래서 우리는 바르트에게로 눈을 돌려야 한다. 말씀하시는 분인 하나님에 대한 바르트의 신학은 복잡하다. 기본 윤곽만 파악하는 데도 시간이 꽤 걸린다.

바르트가 말하는, 교회 선포와 하나님의 말씀

칼 바르트는 그리스도교 교회의 다른 어떤 신학자보다도 말을 아끼지 않았으며, 이 점에서는 그와 동시대 가톨릭 신학자 한스 우르스 폰 발타사르(Hans Urs von Balthasar)도 많이 뒤처지지 않았다. 그의 방대한 『교회 교의학』 중 두 권으로 된 장대한 프롤레고메나에서, 바르트는 하나님 말씀의 "삼중 형태"에 관한 교리를 전개했고,

이는 유명해졌다. 그 삼중 형태는 예수 그리스도 안에 계시된 하나님 말씀, 성서에 기록된 하나님 말씀, 교회에서 선포되는 하나님 말씀이다.[3] 이어지는 우리의 목표는 바르트가 교회에서 선포되는 하나님 말씀에 대해 이야기하고자 한 바를 고려하는 일이다. 그러나 먼저 그가 말한 하나님 말씀의 다른 두 '형태'를 다루지 않고서 거기 도달할 수는 없다.

N. T. 라이트가 제시한 예수와 하나님의 승리에 관한 사복음서의 이야기를 살핀 후 하나님 말씀으로서의 예수 그리스도에 관한 논의로 넘어가면 몇 가지 뚜렷하게 대조되는 점이 눈에 띈다. 그중 하나는 바르트의 논의가 유난히 추상적이라는 점이다. 우리는 니케아신경과 사도신경이 우리를 성육신에서 십자가 처형, 부활, 승천으로 곧장 데려간다는 라이트의 말에 주목했다. 신경들은 예수님의 생애 및 그분이 행하고 말씀하신 것에 대해 아무 말도 하지 않는다. 마찬가지로, 바르트도 예수님의 생애에 대해 거의 말하지 않는다. 그리고 십자가 처형, 부활, 승천이라는 세 사건은 바르트의 가르침에서 빼놓을 수 없는 요소지만, 그것들은 성육신에 비하면 분명히 두 번째 자리를 차지한다. 바르트 논의의 중심은 "하나님의 말씀이 사람이 되었고 이 사람이 하나님의 말씀이 되었다는 사실"이다(I/2; p. 1).

---

3   Karl Barth, *Church Dogmatics*, Volume I, Part 1: *The Doctrine of the Word of God*, trans. G. W. Bromiley (Edinburgh: T&T Clark, 1975); *Church Dogmatics*, Volume I, Part 2: *The Doctrine of the Word of God*, trans. G. T. Thomson and Harold Knight (Edinburgh: T&T Clark, 1956). 『교회 교의학』 I/1, I/2(대한기독교서회). 이 책에서 인용한 면수는 본문에 표기할 것이다.

또한 라이트가 복음서에서 가장 포괄적인 주제로 식별한, 하나님이 예수 메시아 안에서 왕이 되신다는 주제가 바르트의 논의에서는 거의 보이지 않을 만큼 작은 역할을 한다는 점도 눈에 띈다. 그 대신 바르트의 전체 논의는 성서 자체에서는 작은 역할을 하는 생가, 즉 하나님이 자신을 계시하신다는 생각으로 형성되어 있다. 바르트에게 성육신의 근본 의미는 성육신 안에서, 그 안에서만 하나님이 계시된다는 것이다. "하나님의 계시는 하나님의 아들 예수 그리스도다"(I/1; p. 137). "계시를 말한다는 것은 '말씀이 육신이 되었음'을 말한다는 것이다"(I/1; pp. 118-119).

바르트는 자신이 '계시'라는 말로 의미하는 바가 모호하지 않도록, 계시는 "가려진 것의 드러남"이라고 설명한다(I/1; pp. 118-119). 성육신에서, 이전에는 인간에게서 숨겨졌던 하나님이 우리의 본성을 취하시고 우리 가운데 거하심으로써 하나님 자신을 드러내셨다. "신약은 구약과 마찬가지로, 숨겨진 하나님의 [이] 계시에 대한 증거다"(I/2; p. 106).

그리스도교 전통에서 자주 사용되어 왔고 일부 영역에서는 계속 사용하고 있는 계시 개념은 이른바 '명제적 계시'다. 하나님의 계시는 하나님이 특정 사람들에게 하나님에 관한 특정 명제들을 믿게 하시는 것으로 구성된다는 것이다. 바르트는 퉁명스럽게 이러한 생각을 거부한다. 그는 계시가 "진리의 총합으로 … 용해"되어 "신앙, 구원, 계시의 진리로 제시"되어서는 안 된다고 말한다(I/2; p. 507). 계시는 하나님의 계시에 관한 것이지, 하나님에 대한 몇몇 명제에 관한 것이 아니다. "자유로이 행동하시는 하나님 자신이 계시의 진리이며, 하나님 홀로 계시의 진리다"(I/1; p. 15). 하나님의 계시는 누군가 자신에 관한 비밀을 다른 이에게 드러내는 것에 비유될 수 없고, 은폐에서 나옴으로써 누군가 자신을 계시하는 것에 비유되어야 한다.

여기서 던져야 할 질문은 하늘이 하나님의 영광을 선포하고 창조 세계가 전반적으로 하나님의 지혜, 능력, 성실하심을 드러낸다는 성서의 선언을 바르트가 어떻게 다루기를 제안하느냐다. 내가 하나님의 **창조의 영광**이라고 부르는 것을 그는 어떻게 다룰 것인가? 그는 하나님의 영광이 하나님의 창조 세계 안에 계시된다는 것을 부인하는가?

예상과 달리, 바르트는 두 권의 프롤레고메나에서 계시에 대해 광범위하게 논하면서도 이 문제를 다루지 않는다. 하지만 나는 이 질문을 그에게 던졌다면 그가 어떤 대답을 했을지 우리가 추측할 수 있다고 생각한다. 창조 세계는 하나님의 다양한 속성—하나님의 영광, 하나님의 지혜, 하나님의 능력과 성실하심—을 보여 주고 나타내는 반면, 예수 그리스도 안에서는 단지 하나님의 몇몇 속성이 아니라 그야말로 하나님 자신이 계시된다. 내가 생각하기에는 이것이 다음 내용에서 바르트가 함의하는 바다. 예수님의 죽음 안에서, 하나님은 "자신의 인격을, 일반적인 신의 본성이나 이것이 보이고 숭배되는 신의 형상과 대조되는 자신의 신적 본질을" 계시하신다. "이 일을 계시하기 위해서는, 특히 하나님 자신을, 하나님의 신적 인격과 본질을 계시하기 위해서는 하나님 자신이 필요하다. 하나님이 아니면 누가 하나님을 계시할 수 있겠으며 계시하는가?"(IV/3.1; p. 412). "계시는 우리를 향한 하나님 자신의 삶 그 이상도 이하도 아니다"(I/2; p. 483).[4]

이러한 추측이 실제로 바르트가 말하려 했던 것이라면 나의 대답은 다음과 같다. 창조 세계 안에 계시되는 하나님의 다양한 속성과 예수 그리스도 안에 계시되는 하나님 자신은 참으로 구별되어야 하지만, 이렇게 구별하는 것이 '계시'라는 용어 적용을 후자에만 제한해야 한다는 것을 정당화하지는 않으며, 창조 세계 안에 있는 하나님에 대한 계시를 소홀히 여기는 것을 정당화하는 것은 더욱 아니다.

바르트가 하나님의 계시인 예수 그리스도에 관해 말하려 했던

---

4   하나님은 예수 그리스도 안에서만 계시된다는 바르트의 주장이 갑자기 튀어나온 것이 아님을 깨닫게 해 준 케빈 헥터(Kevin Hector)에게 감사드린다. 바르트의 가장 영향력 있는 스승 중에는, 알브레히트 리츨(Albrecht Ritschl)의 가장 위대한 제자였던 빌헬름 헤르만(Wilhelm Hermann)이 있었다. 리츨은 그의 논문 「신학과 형이상학」에서 이렇게 말한다. "만일 누군가 그는 그리스도 안에서, 오직 그리스도 안에서만 하나님을 안다는 사실을 경험했다면—그리고 이 사실이 신학이 섬겨야 할 그리스도교 공동체 안에서 자신의 실존에서 비롯되었다면—하나님의 다른 계시들은 기껏해야, 그가 이 다른 계시들을 아들에 의해 매개된 계시에 견주어 볼 수 있을 때만 관심의 대상이 된다"(Albrecht Ritschl, *Three Essays*, trans. Philip Hefner [Eugene, OR: Wipf & Stock, 2006], p. 153). 바르트는 "그리스도 안에서, 오직 그리스도 안에서만 하나님을 안다"는 데 강력하게 동의하겠지만, 나는 바르트라면 "하나님의 다른 계시들은" 이후에 나오는 문장의 나머지 부분에 대해서는 다소 느슨한 진술로 간주했을 것이라고 감히 말한다. 리츨은 그가 여기에서 진술한 입장이 루터를 따른 것이라고 주장한다. 그의 주장이 맞든 틀리든, 하나님이 예수 그리스도 안에서만 계시된다고 주장한 바르트는 혁신가라기보다 당시 독일 신학에서 전통적으로 이어져 온 사상을 이어가고 있었던 게 분명하다.

바로 돌아가자. 바르트는 말하길, 하나님은 예수 그리스도 안에서 성육신하심으로써 하나님 자신을 계시하는 가운데 말씀하신다. 하나님은 무언가를 말씀하신다. 이 경우 계시는 또한 발언이다. 바르트는 주장하기를, "우리가 하나님 말씀이라는 개념을 주로 문자적 의미로 취하지 않을 이유가 없다. 하나님 말씀은 하나님이 말씀하신다는 것을 의미한다. 말씀하신다는 것은 (P. 틸리히가 … 생각하듯이) '상징'이 아니다. 말씀하신다는 것은 사람이 그 상징적 힘에 대한 자신의 평가에 기초하여 이 표현과는 매우 다르고 상당히 낯선 무언가를 위해 채택한 명칭이나 기술이 아니다. … 하나님 말씀이라는 개념은 본래적으로 그리고 변경 불가능하게 하나님이 말씀하신다는 것을 의미"한다(I/1; pp. 132-133).

하나님은 예수 그리스도 안에서 성육신하심으로써 하나님 자신을 계시하시는 가운데 무엇을 말씀하시는가? 하나님은 "하나님이 우리와 함께하신다"고 말씀하신다(I/1; p. 160). 바르트는 하나님이 명령으로 말씀하시는 바와 약속으로 말씀하시는 바를 구분함으로써 이 압축된 요약을 더 자세히 서술한다. 하나님이 명령으로 말씀하시는 바는 이렇다. "하나님의 말씀은 이러한 맥락에서 하나님의 긍정적 명령을 의미한다. … 이는 우리가 예견할 수 없는 방식으로 나아가는 명령으로서 우리를 들어 올리고 통제한다. … 이에 대해 우리는 우리가 들었다고 여기는 대로 이를 반복하고 우리가 할 수 있는 만큼 이에 순응하려고 노력하는 태도를 취할 수 있을 뿐이다. … [이는] 하나님 자신의 지시"다(I/1; p. 90). 하나님이 약속으로 말씀하신 바는 이렇다. "이러한 말씀에서 교회에 주어진 약속은, 그야 말로 하나님이시고 그야말로 인간이신 그분의 인격 안에서 발화된 하나님의 자비에 대한 약속이며, 하나님께 대항하는 우리의 적개심 때문에 우리 스스로 전혀 어쩔 수 없었을 때 우리가 시작한 것을 떠맡으시는 하나님의 자비에 대한 약속이다. 따라서 이 말씀의 약속은 임마누엘, 즉 하나님이 우리와 함께하신다는 것이다"(I/1; pp. 107-108).

바르트는 하나님의 약속이 그야말로 하나님이시고 그야말로 인간이신 분의 **인격 안에서** 발화된다고 선언한다.[5] 물론 바르트라면 하나님의 명령에 대해서도 같은 말을 할 것이다. 즉, 하나님의 명령도 그야말로 하나님이시고 그야말로 인간이신 분의 **인격 안에서** 발화된다. 이 선언에서 주목할 만한 것은 실제로 예수께서 하신 말씀이 그림에서 **빠졌다**는 점이다. 바르트가 하나님은 나사렛 예수님의 말씀 안에서 말씀하신다고—하나님이 아닌 다른 이가 말하는 게 아니라 하나님 자신이 말씀하신다고—믿었다는 데는 의심의 여지가 없다. 그렇지만 말씀하시는 하나님을 설명하면서, 바르트는 예수께서 실제로 하신 말씀을 거의 언급하지 않는다. 그의 논의가 극단적으로 추상적인 이유는 어느 정도 이 때문이다. 바르트에게, 하나님은 주로 예수 그리스도의 **인격** 안에서, 즉 **그러한** 성육신 안

---

5 참조. I/1; p. 107. "예언적이고 사도적인 말씀은 예수 그리스도에 관한 말씀, 증거, 선포, 설교다. 이러한 말씀 안에서 교회에 주어진 약속은 그야말로 하나님이시고 그야말로 인간이신 그분의 인격 안에서 발화된 하나님의 자비의 약속이다."

에서 그리고 성육신에 의해서 말씀하신다. 한 구절에서 그는 예수님에 대해 이렇게 말한다. "이스라엘의 예언자들과 달리, 그분은 주님의 말씀을 받아 전달하기 위해 그곳에 있지 않으시고, 그분은 그분 자신을 말씀하신다. 사실 그분이 이 말씀이시다. 그분은 하나님 자신이 사람을 위한 증인이 되시는 하나님의 전권적 대리를 성취하신다"(I/2; p. 105).

성서 속 하나님 말씀

하나님 말씀의 세 가지 형태 중 두 번째로 넘어가자. 육체를 지닌 예수를 보고 그의 목소리를 들은 이들과 달리, 당신과 나는 예수 그리스도 안에서의 하나님의 자기 계시인 하나님의 발언에 직접 접근할 수 없다. 우리의 접근은 성서로 매개된 간접적 접근이다. 바르트가 구약의 예언자들과 신약의 사도들에 대해 사용한 가장 포괄적인 범주는 **증인**이라는 범주다. 그들은 하나님 말씀이신 예수 그리스도의 증언자이었다. 바르트는 말하길, 증언한다는 것은 "자신을 넘어 다른 이를 구체적인 방향으로 가리키는 것을 의미한다. 증언한다는 것은 … 이 다른 이를 언급하는 섬김이다. 이 섬김은 예언자라는 개념의, 또한 사도라는 개념의 구성 요소다"(I/1; p. 111). 구약은 예언자들의 증언을 기록으로 담은 것이며, 신약은 사도들의 증언을 기록으로 담은 것이다.

여기에는 강조할 가치가 있는 것이 많이 있다. 첫째, 바르트가 반복해서 주장하듯, 계시에 대한 증인의 기록 자체는 계시가 아니다. 성서는 하나님의 계시가 아니다. "참된 증거는 그것이 증언하는 대상과 동일하지 않지만, 그 대상을 우리 앞에 위치시킨다"(I/2; p. 463). "성서 안에서 우리는 인간의 발언으로 기록된 인간의 말들과 만나며, 우리는 이 말들 안에서, 따라서 이 말들을 수단으로 하여 삼위일체 하나님의 주 되심에 대해 듣는다. 따라서 우리가 성서와 관련될 때 우리는 주로 이 수단과, 이 말들과 관련되며, 그 자체로 계시가 아니라 다만—이것이 한계다—계시를 증언하는 증거와 주로 관련된다"(I/2; p. 463). 만일 우리가 "성서를 신적 계시의 참된 증거로 생각하려 한다면, 다음 두 가지를 끊임없이 우리 앞에 두고 그에 합당한 비중을 두어야 한다. 즉 제한과 긍정적 요소다. 성서가 계시에 관한 그저 인간의 말들인 한, 성서는 계시와 구별된다. 계시가 이 말들의 근거, 대상, 내용인 한, 성서는 계시와 통일성이 있다"(I/2; p. 463).

둘째, 증인은 대리인이 아니다. 예언적·사도적 증인에게는 수동적인 면과 능동적인 면이 모두 있다. 예수 그리스도 안의 하나님의 계시**에 대한** 증인이 된 예언자들과 사도들은 결국 그 계시**를** 증언하는 증인이 된다. 그 계시를 적극적으로 증언하는 그들의 말은 순전히 인간적이다. 그들은 하나님을 대신하여 말하지 않는다. 아무도 하나님을 대신하여 말하지 않는다. 나아가, 성령께서는 예언자들과 사도들이 계시를 목격하는 일과 계시를 증언하는 일을 모두

감독하셔서 그들의 말이 참으로 하나님의 계시를 우리에게 전달하도록 하시지만, 성령께서 인간의 모든 특수성을 없애거나 모든 오류를 막는 방식으로 그들의 증언을 감독하시지는 않는다. "예언자들과 사도들은 그들의 직분을 수행하면서, 증인으로서 그들의 역할을 담당하면서, 그들의 증언을 글로 쓰는 행위를 하면서, 그들이 뱉은 말과 글로 쓴 말에서 오류를 범한 실제 역사적 인물이었다. … 우리가 하나님의 말씀을 사람이 쓴 무오한 성서의 말로 바꾸거나 사람이 쓴 성서의 말을 무오한 하나님의 말씀으로 바꿀 때마다, 우리는 우리가 저항해서는 안 되는 사실, 즉 여기 오류를 범할 수 있는 사람들이 오류를 범할 수 있는 인간의 말로 하나님의 말씀을 말한다는 이 기적의 진리에 저항하는 것이다"(I/2; p. 529). 오류의 범위는 성서 기자들의 신학적·윤리적 견해까지 확장된다.

셋째, 하나님의 계시를 예수 그리스도와 동일시한 바르트가 신약 기자들뿐만 아니라 구약 기자들까지 계시의 증인이라는 범주에 맞추려고 할 때 그가 과하게 노력한 것이 가시적으로 나타난다. 예를 들어, 우리는 그가 "구약에서 계시는 실제로 계시에 대한 기대 또는 기대된 계시다"라고 말하는 것을 발견한다(I/2; 71). 또 다른 구절에서는 이렇게 말한다. "구약 언약은 이와 같이 특별히 정의된 하나님의 계시이며, 그렇게 정의되는 한 이는 예수 그리스도의 계시에 대한 기대다"(I/2; p. 83). 어떤 계시를 기대한다는 것은 그 계시를 증언하는 게 아니다. 나는 왜 바르트가 예언자들을 사도들과 나란히 **증인**이라는 단일한 범주 아래 밀어 넣기로 결정했는지 잘 모르겠다.

넷째, 바르트는 지혜 문학을 포함해 성서의 모든 것은 이야기의 한 부분으로 읽어야 하며, 그 이야기는 단일한 스토리라인, 즉 구속의 스토리라인―먼저 하나님의 계시가 일어나기를 기대하는 이스라엘의 이야기, 그다음 그 계시가 일어난 이야기, 마지막으로 교회가 그 일어남을 기억하는 이야기―을 지닌다는 논쟁의 소지가 있는 주장에 전념했다.[6] 바르트는 성서가 통일된 신학이나 세계관에 의해서가 아니라, 모든 부분이 이런저런 식으로 예수 그리스도를 가리킨다는 사실에 의해 통일된다고 주장한다. "성서를 처음부터 끝까지 구절구절 이해한다는 것은 그 안에 있는 모든 것이, 그 비가시적-가시적 중심인 이것[Deus dixit(하나님이 말씀하신다)]과 어떻게 관계되는지를 이해하는 것이다"(I/1; p. 116).

이 주장에는 논쟁의 여지가 있다. 나는 데이비드 켈시가 그의 권위 있는 책『기이한 존재』에서 제시한 대안적 견해에 끌린다. 즉 우리는 성서에서 어떻게 삼위일체 하나님이 하나님 아닌 모든 것과 관계되는지에 관한 세 가지 독립적이지만 상호 작용하는 스토리라인을 발견한다는 견해다. 그 세 가지는 창조와 보존의 스토리라인, 구속의 스토리라인, 완성의 스토리라인이다.[7]

바르트가 교회 선포에 대해 말한 내용으로 넘어가기 전에 한 가지 설명이 더 필요하다. 바르트는 성서가 하나님의 말씀이 아니라

6   "기대"(expectation)와 "기억"(recollectioin)은 바르트가 쓴 말이다. I/2, §14를 보라.

7   David Kelsey, *Eccentric Existence: A Theological Anthropology* (Louisville: Westminster John Knox Press, 2009).

는 자신의 주장을 강조한다. 예수 그리스도가, 예수 그리스도만이 하나님의 말씀, 하나님의 발언이다. 만일 예언자들과 사도들이 하나님을 대신하여 말하도록 위임받았다면 그들의 발언을 담은 보고에서 우리는 예언자들이 말을 건넸던 이들에게 하나님이 하신 말씀을 알아볼 것이다. 그러나 그들은 대리자가 아니었다. 그들은 하나님이 하신 말씀에 대한 증인일 뿐이었다. 그리고 하나님은 예수 그리스도 안에서만 말씀하신다. 하나님은 어떤 인간을 통해 말씀하시는데, 하나님이 그 인간일 경우에만 그리하신다.

그러나 바르트는 성서와 하나님 말씀의 관계에 대해, 성서가 그리스도이신 하나님 말씀을 목격했고 증언한 사람들의 기록이라는 주장 이상의 것을 말하려고 한다. 그는 성서가 시시때때로, 여기저기서 "하나님 말씀이 된다"고 말한다. 성서는 "하나님이 성서를 자신의 말씀이 되도록 하신 만큼, 하나님께서 성서를 통해 말씀하신 만큼" 하나님 말씀이 된다. 성서는 "이 사건 안에서 하나님 말씀이 된다. 그리고 '성서는 하나님 말씀이다'라는 진술에서 작은 단어 '이다'는 성서가 이러한 되어 감 가운데 있음을 가리킨다." 이 작은 단어 '이다'는 동일성을 가리키는 게 아니다. 성서는 하나님의 말씀과 동일하지 않다. 시시때때로, 여기저기서 하나님의 말씀이 되는지는 "하나님의 결정이지 우리의 결정이 아니다"(I/1; pp. 109-110)

바르트가 시시때때로, 여기저기서 하나님이 성서를 통해 우리에게 말씀하신다고 말할 때, 그러한 말씀 사건에서 성서가 하나님 말씀이 된다고 말할 때 그가 함의하는 바는 무엇인가? 또 다른 구절에서 바르트는 시시때때로, 여기저기서 성서 자체에 대해, 성서가 우리에게 말한다고 이야기한다. "하나님 말씀의 현전 자체, 즉 실재하고 현전하는 말씀하심과 그것을 듣는 것은 일상적 의미에서 그 책의 존재와 동일하지 않다. 그러나 이 현전에서는 그 책 안에서 그리고 그 책과 함께 어떤 일이 발생하는데, 그 책이 실제로 이 일의 가능성을 제공하지만, 그 책의 존재로는 그 일의 현실성을 예상하거나 대체할 수 없다. 자유로운 신적 결정이 내려진다. 그때 성서, 구체적인 이런저런 성서의 맥락 안에 있는 성서, 즉 이러저러한 구체적인 분량으로 우리에게 다가오는 성서가 하나님의 손에 도구로 취해져 사용되는 일이 발생한다. 즉 성서는 신적 계시에 대한 진정한 증언으로서 우리에게 말하고 들리며, 따라서 하나님 말씀으로서 현전한다"(I/2; p. 530).

내 제안은, 바르트가 시시때때로, 여기저기서 성서가 우리에게 말한다고 말할 때와 하나님이 시시때때로 성서를 통해 우리에게 말씀하신다고 말할 때 그 의미가 같다는 것이다. 그리고 그가 의미한 바는 다음 구절에서 분명해진다. "계시, 성서, 선포를 통해 하나님 말씀을 알게 된 사람들에게, 하나님 말씀의 진리가 그들 자신의 것이 되고 그들이 그 진리에 대한 책임 있는 증인이 되는 방식으로 하나님 말씀은 진리가 될 수 있으며 그렇게 되어야 한다"(I.1; p. 214). 그들은 "자신의 실존 안에서, 즉 자기 결정의 총체 안에서 하나님 말씀에 의해 결정"되어야 한다(I/1; p. 214). 계시에 대한 그들의 관계는 "인정의 관계"가 되어야 한다(I/1; p. 214). 성서를 "들어서 그 약속을 파악하고 받아들인 사람은 믿는다. 그리고 예언자들과 사도들의 말 안에서 우리 죄인들과 함께하시는 임마누엘의 약속을 이렇게 파악하고 받아들이는 것, 이것이 교회의 믿음이다"(I/1; p. 108; 참조. I/1; pp. 160, 214, 230). "예언자와 사도의 말씀의 약속을 믿는 믿음, 또는 더 잘 말하자면 그 내용에 의한 성서의 자기-부과는 … 사건 …이며, 오로지 사건으로 이해되어야 한다. 이 사건 안에서 성서는 하나님의 말씀이다"(I/1; p. 109).

요컨대, 바르트가 시시때때로, 여기저기서 하나님이 성서를 통해 우리에게 말씀하신다고 말할 때, 그는 하나님이 예수 그리스도 안에서 이미 말씀하신 것 외에 다른 무언가를 우리에게 말씀하시는 경우를 의미하지 않는다. 그는, 때때로 성서를 읽을 때 하나님께서 성서가 증언하는 이, 즉 하나님 말씀이신 예수 그리스도를 믿는 믿음을 우리에게 불러일으키신다는 의미로 말한 것이다. 그리고 때때로 성서가 하나님 말씀이 **된다**고 말할 때도 같은 의미로 말한 것이다.

설교된 하나님의 말씀

이제 우리는 마침내, 바르트가 말한 '세 번째 형태'의 하나님의 말씀, 즉, 교회에서 설교되는 하나님의 말씀을 다룰 수 있다. 오늘날 설교자는 고대의 예언자들과 사도들을 계승한 위치에 있다. 그들은 모두 예수 그리스도를 제시하거나 가리킨다. 우리가 보았듯, 계승을 가능하게 하는 것은 "예전에 인간의 입술로 선포된 것을 담고 있는" 성서다(I/1; p. 201). "하나님과 [증인인] 이 특정 사람들 사이에서 유일무이한 일이 발생했기 때문에, 그리고 그들이 기록한 것 내지 그들에 의해 기록된 것 안에서 그들은 그 유일무이한 사건의 살아 있는 문서로서 우리를 대면하기 때문에, 교회는 오로지 이런 이유로 하나님과 사람의 사건에 대해 무엇이든 말할 수 있다"(I/2; p. 486).

그러나 오늘날 설교자는 예언자들 및 사도들과 함께 "우선 단일한 부류로 … 처음에는 예레미야와 바울이, 같은 연속선상의 끝에는 현대의 복음 설교자들"(I/1; p. 102)이 세워져야 하지만, 이 연속선 안에서 오늘날 설교자의 역할은 예언자 및 사도의 역할과 결정적으로 다르다. 예언자들과 사도들의 역할은 일차적이다. 그들은 계시의 목격자였다. 설교자의 역할은 이차적이다. 설교자가 예수 그리스도를 제시하는 것은 목격자들의 증언에 의존하며 증언의 지배를 받는다.

"그리스도교 설교는 예수 그리스도의 이름으로 하나님에 대해 말하는 것이다. 이는 다른 모든 것처럼 인간의 활동이다"(I/2; p. 758). 설교는 예언자들과 사도들의 증언에 기초하여, 하나님의 말씀을 뒤돌아 가리키는 동시에 미래에 도래할 하나님의 말씀을 가리킨다. 이 기능 중 전자에서 설교는 반복이다. "설교 수행은 하나님 자신의 말씀일 수 없으며, 오직 그분 약속의 반복, '보라, 내가 항상 너희와 함께하겠다!'는 약속의 반복일 뿐이다"(I/1; pp. 58-59).

그러나 진정한 설교에서는 하나님 말씀이신 예수 그리스도를 기억하고 그분의 미래를 가리키는 인간의 활동보다 더 많은 일이 일어난다. 또한 발생하는 일은 "하나님 말씀의 자기선포"다(I/2; p. 759). 설교자들은 "온 인류 가운데 하나님 말씀을 선포하는 하나님 자신의 일에 참여하도록 초대받는다"(I/2; p. 757). "이 설교가 순전히 인간의 생각 및 확신에 대한 선포에 그치지 않고, 예수 그리스도 자신의 존재와 마찬가지로, 설교의 기초가 되고 설교를 살아 있게 하는 예언자들과 사도들의 증언과 마찬가지로 설교가 하나님 자신의 선포가 되는 방식으로, 하나님은 그리스도교 교회의 설교에 그분의 영원한 말씀과 더불어 그분 자신을 맡기신다"(I/2; pp. 745-746). "교회가 하나님에 대해 말할 때, 하나님 자신이 자신에 대해 말씀하실 그리고 말씀하시는" 일은 기계적으로 따라오는 일이 아니다(I/2; p. 759). "하나님에 대한 인간의 이야기가 우리를 위한 것일 때 인간의 이야기일 뿐만 아니라 우선적으로 그리고 결정적으로 하나님 자신의 발언이다." 이는 기적이다(I/1; p. 93).

"현실적 선포의 기적은 모든 제약과 모든 문제를 지닌 채 선포하고 있는 인간의 의지와 행위가 제거된다는 사실에 있지 않다. 자연의 현실에서 어떤 식으론가 사라짐이 발생하고 틈이 생긴다는 사실에 있지 않다. 어떤 식으론가 이 틈으로 있는 그대로의 신적 현실이 들어온다는 사실에 있지 않다"(I/1; p. 94). 그렇다. 기적은 설교자가 하는 인간의 말을 수단으로 하여 "하나님이 그분 자신에 대해 말씀하신다"는 사실에 있다(I/1; p. 95). "교회가 하나님에 대해 말할 때, 하나님 자신은 그분 자신에 대해 말씀하실 것이고 말씀하신다"(I/2; p. 759). 이 마지막 문장은 설교자의 말이 순전히 하나님이 말씀하시는 계기인 것처럼 들린다. 바르트는 분명 설교자의 말이 계기일 뿐만 아니라 "도구"(그가 가끔 설교를 지칭하는 말)라는 견해를 가지고 있다.

나는 비르트가 설교자의 발화를 수단으로 하는 하나님의 자기선포에 대해 말할 때 그가 염두에 둔 바가 무엇이었는지를 어디서 설명했는지 모르겠다. 하지만, 나는 그가 하나님이 성서를 통해 우리에게 말씀하신다는 말로 의미한 바와 같은 것을 의미하는 게 거의 확실하다고 생각한다. 그가 의미한 바는 하나님이 예수 그리스도 안에서 이미 말씀하신 바와 다른 새로운 것을 말씀하신다는 게 아니다. 그는 하나님이 설교자의 발화를 사용하셔서 설교자가 가리키는 이, 즉 예수 그리스도, 하나님 말씀을 믿는 믿음을 우리 안에 불러일으키신다는 것을 의미하고 있다. 그가 성서에 대해 "이는 계속해서 하나님 말씀이 되어야 한다"고 말한 것을 떠올려 보라. 그는 교회의 선포에 대해서도 같은 말을 한다. 이 역시 "계속해서 하나님 말씀이 되어야 한다"(I/1; p. 117). 하나님 말씀이 된다는 것은 청중이 "자신의 실존 안에서, 즉 자기 결정의 총체 안에서, 하나님 말씀[즉, 예수 그리스도]에 의해 결정"된다는 것이다(I/2; p. 214).

누가 옳은가—칼뱅인가 바르트인가?

우리가 논의의 어느 지점에 있는지 검토해 보자. 나는 거의 모든 그리스도교 전례 상연에서 사람들이 그들에게 하는 말을 많이 들음을 관찰했다. 그런 다음 내가 탐구하고 싶었던 생각이 전례 신학자들 사이에서 흔히 볼 수 있는 생각이었다고 말했다. 즉 사람들이 이렇게 듣는 일은 대부분 어떤 인간의 말을 듣는 것이기도 하지만 하나님이 그들에게 말씀하셨거나 말씀하시는 바를 듣는 일이라고 전례 신학자들은 생각한다. 하나님은 전례의 상연에서 사람들에게 말씀하시는 분으로 암시적으로 이해된다. 이번 장에서 내가 제기한 문제는 이런 하나님 이해를 어떻게 신학적으로 뚜렷하게 표현하느냐였다.

나는 칼뱅이 목회자는 교회 선포에서 하나님의 이름으로 말하고, 하나님을 대신하여 말한다고 주장했음을 지적했다. 목회자는 하나님의 대사, 대행자, 대리자다. 나는 칼뱅이 이 생각을 어디서 발전시켰는지 알지 못한다. 성찬례를 논하는 과정에서 칼뱅은 설교에서 하나님이 설교자의 말을 통해 회중에게 말씀하시는 것보다 더 많은 일이 일어난다고 말한다. 칼뱅이 말하길, 그리스도께서는 자신을 회중에게 **주신다**. 설교의 이 추가적 차원에 대한 논의는 다음 장을 위해 아껴 두겠다.

나는 교회 선포에 대한 칼뱅의 이해에 주목한 다음, 20세기 전례 신학자 J.-J. 폰 알멘에게서 교회 선포에 대한 매우 다른 이해를 찾아 살폈다. 폰 알멘은 스위스 개혁교회에 속한 목회자로, 칼뱅이 창립자 중 한 사람인 전통 위에 서 있음에도 칼뱅과 매우 다르게 이해했다. 폰 알멘은 목회자가 하나님을 대신하거나 하나님의 이름으로 말한다기보다 하나님 말씀, 그리스도이신 하나님 말씀을 선포한다고 기술한다. 폰 알멘은 그가 다루는 주제가 신학이 아니라 전례라는 이유로 이 생각을 발전시키기를 거부했다. 하지만 하나님 말씀에 대한 그의 이해가 칼 바르트의 신학에 의해 형성되었다는 점에는 의심의 여지가 없다. 폰 알멘과 장 칼뱅 사이에는 칼 바르트가 있다. 그래서 우리는 말씀하시는 하나님에 대한 바르트의 이해를 알아내기 위해 바르트에게로 눈을 돌렸다.

체계가 방대하고 복잡한 바르트의 제안과 그 신학적 대담함은 비범하다. 이제 골자만 남긴 바르트 견해는 이렇다. 예수 그리스도는 하나님 말씀이고, 예수 그리스도 안에서 말해진 말씀 외에 다른 하나님 말씀은 없다. 교회 선포에서 설교자는 성서에 기초하여 회중에게 하나님 말씀, 즉 예수 그리스도를 제시한다. 설교자는 하나님을 **대신해** 말하지 않는다. 역으로 말하면, 하나님은 설교자의 발화를 **통해** 말씀하시지 않는다. 그 누구도 하나님을 대신해 말하지 않는다. 나사렛 예수의 발화에서 하나님은 말씀하셨다. 그러나 예수께서는 하나님을 대신해 말씀하시지 않았다. 예수님은 하나님이셨다. 말씀하시는 하나님과 관련된 설교자의 행위는 순전히 제시적이며, 순전히 지시적이다. 설교자는 예수 그리스도, 하나님 말씀을 가리킨다.

그러나 의도대로 간다면, 설교자가 예수 그리스도, 하나님 말씀을 선포할 때 다른 어떤 일이 일어난다. 기적은 설교자의 발화를 수단으로 그분 자신을 선포하시는 하나님 말씀에서 일어난다. 바르트는 신적 자기선포라는 말로 의미하는 바를 설명하지 않지만, 거의 확실히 그가 의미한 바는 성령께서 하나님 말씀을 제시하는 설교자의 선포를 사용해 회중에게 예수 그리스도, 하나님 말씀을 믿는 믿음을 불러일으키신다는 것이다. 바르트는 이러한 사건을 가리켜 설교가 하나님 말씀이 "된다"라고 말한다(I/1; pp. 109, 118을 보라).

이제, 이런 견해에서 하나님은 전례의 상연을 통해 문자 그대로 말씀하시는(즉, 발화수반행위를 수행하시는) 게 아니며, 우리는 하나님이 말씀하시는 것을 문자 그대로 듣는 게 아니라는 점에 주목하라. 누군가에게 무언가를 **일으키기** 위해 누군가의 말을 사용하는 것은 말하는 게 아니다. 즉, 발화수반행위를 수행하는 게 아니다. 5장에서 논한 말하기를 떠올려 보라. '비가 내린다'라는 말을 언명함으로써 나는 비가 내리고 있다고 주장할 수 있다. '비가 내린다'라고 언명하는 행위는 비가 내린다고 주장하는 행위와 동일시되어서는 안 되는데, 각각은 다른 하나를 수행하지 않고도 수행될 수 있기 때문이다. 언어행위 이론에서 전자는 표준적으로 **발화**행위로 불리며 후자는 **발화수반**행위로 불린다. 발화행위를 수행**함으로써** 발화수반행위를 수행한다. 그러나 그 관계는 인과가 아니다. 발화행위는 발화수반행위를 일으키지 않는다. 그 관계는 인과가 아닌 **간주로서의** 연결이다. 발화행위 수행은 발화수반행위 수행**으로 간주된다.** '비가 내린다'라는 말을 언명하는 것은 비가 내린다고 주장하는 것으로 간주된다. 하나님이 설교자의 말을 수단으로 하여 청중에게 믿음을 일으키시는 것과 하나님이 설교자의 발화를 통해 청중에게 말씀하시며 어떤 발화수반행위를 수행하시는 것은 같지 않다.[8]

내가 볼 때 이는 하나님이 설교자가 말한 것을 통해 문자 그대로 말씀하시는 게 아니라는 바르트주의 견해와 대조되는 특성이긴 하지만, 그 자체로 결정적인 특성은 아님을 인정한다. 아마도 전례의 상연에서 하나님이 어떤 발화수반행위도 수행하지 않는다고 주장하는 데는 합당한 이유가 있을 것이다. 요컨대, 질문은 여전히 열려 있다. 누가 옳은가, 칼뱅인가 바르트인가?

처음부터 고려해야 할 쟁점은 하나님을 대신해 말하는 인간이라는 발상이 개념적으로 정합성 있는지 여부다. 이는 가능한 일인가? 나는 그렇다고 주장한다. 나의 책 『신적 담화』(*Divine Discourse*)에서 나는 내가 "이중 행위자 담화"(double-agent discourse)라고 부르는 현상, 즉 한 사람이 다른 사람을 대신해 말하는 현상을 상당히 길게 탐구했다. 표준적인 언어행위 이론에서는 이중 행위자 담화에 대한 논의를 찾아볼 수 없지만, 이 현상은 흔히 볼 수 있다. 이를테면 대사는 국가 원수를 대신해 말하고 변호사는 고객을 대신해 말

---

8   언어행위 이론에 익숙한 사람들은 하나님이 설교자의 말을 수단 삼아 청중들의 믿음에 영향을 미치는 것이 J. L. 오스틴이 말하는 **발화매개 효과**(*perlocutionary effect*)의 예인지 궁금해할 것이다. 어떤 발화수반(또는 발화)행위의 발화매개 효과는 그 행위에 의해 야기된 변화다. 바르트의 견해에서, 청중에게 믿음을 일으키는 것은 설교자의 발화가 아니라, 그 언어 행위를 수단으로 사용하는 성령님이다.

한다. 이중 행위자 담화의 일반적 현상을 탐구한 후, 나는 계속해서 인간이 하나님을 대신해 말한다는 개념을 발전시켰고, 그다음에는 상관개념인 하나님이 인간의 발화를 통해 말씀하신다는 개념을 발전시켰다. 나는 이 개념이 이따금 일어난다는 주장을 옹호하지 않았다. 나는 이것이 일어날 수 있다는 주장을 옹호하는 것으로 만족했다. 전례적 선포에 대한 칼뱅주의의 해석은 개념적으로 정합적이지 않다는 이유로 배제될 수 없다.

말씀하시는 분인 하나님에 대한 바르트의 신학 전체를 형성하는 신학적 확신은, 하나님의 발화는 하나님이 예수 그리스도의 인격과 말 안에서 말씀하신 것에 국한된다는 것이며, 이 확신의 함축적 의미는 나사렛 예수를 제외하고는 아무도 하나님을 대신해 말할 수 없다는 것이다. 나사렛 예수는 당연히 하나님이시다. 앞서 설명하면서, 나는 바르트가 그런 확신을 뒷받침하기 위해 제시한 근거를 전혀 언급하지 않았다. 그가 아무런 이유도, 적어도 내가 발견할 수 있는 어떤 이유도 제시하지 않았기 때문에 그런 것이다. 그 확신은 그의 논의에서 의심의 여지가 없고 따라서 변호할 필요도 없는 전제로서 기능한다. 인간이 하나님을 대신해 말하는 것을 하나님이 허락하신다면 하나님의 자유가 침해될 것으로 사료된다는 취지의 모호한 암시가 여기저기에 있다. 그러나 그 모호한 암시는 결코 명료히 진술되고 발전되지 않는다. 적어도 나는 어떻게 그것들이 그럴듯하게 발전할 수 있을지 모르겠다.

나는 이런 주장들, 하나님이 하시는 말씀은 하나님이 예수 그리스도 안에서 하시는 말씀에 국한된다는 것과 어떤 인간도 하나님을 대신해 말할 수 없다는 것은 성서의 지지를 받지 못한다고 생각한다. 성서에서 예언자들은 지속적으로 하나님을 대신해, 하나님의 이름으로 말하고 있는 것으로 나타난다. 예언자 아모스는 이스라엘을 둘러싼 나라들에 대한 심판의 말씀을 여섯 차례 이상 선포하며, 매번 "여호와께서 이와 같이 말씀하시되"라는 구절로 매우 구체적인 심판의 말을 시작한다. 그다음 그는 방향을 바꿔서 이스라엘과 유다에 대한 심판의 말을 선포하는데, 각 경우에도 "여호와께서 이와 같이 말씀하시되"라는 구절로 심판의 말을 시작한다. 예언자는 단순히 하나님이 말씀하실 때 쓰는 도구가 아니라 하나님을 대신해, 하나님의 이름으로 말하는 것으로 나타나며, 따라서 하나님은 예언자가 선포한 심판의 말을 통해 나라들과 이스라엘과 유다에 심판을 선언하시는 것이다. 심판의 **말**은 예언자에 의해 말해진다. 그러나 예언자가 그 말을 언명하는 것을 통해 하나님이 심판을 선언하시는 것이다. 나라들과 이스라엘과 유다를 심판하시는 분은 예언자가 아니라 하나님이시다.

우리는 바르트라면 어떻게 반응할지 안다. 예언자는 하나님을 대신해 말하는 게 아니다. 역으로 말하면, 하나님은 예언자가 심판의 말을 전달하는 것을 통해 나라들과 이스라엘과 유다에 대해 심판을—내가 덧붙이자면, 매우 구체적인 심판을—선언하시는 게 아니다. 오히려 예언자는 예수 그리스도, 하나님 말씀을 가리키고 있었던 것이다.

이러한 반응에 대해 두 가지 의견을 말하겠다. 첫째, 나는 예언자들이 메시아, 곧 하나님 말씀, 예수 그리스도인 메시아를 가리키는 것 외에 아무것도 하지 않았다는 주장은 매우 타당하지 않다고 생각한다. 물론 아모스 및 다른 예언자들의 예언적 말은 메시아의 도래에 관한 종말론적 기대의 맥락에서 한 것이 사실이다. 그러나 아모스 및 다른 예언자들이 이야기한 심판의 내용은 저 종말론적 맥락과 동일시될 수 없다. 아모스서 첫 장의 13절을 읽어 보자.

> 여호와께서 이와 같이 말씀하시되
> "암몬 자손의 서너 가지 죄로 말미암아
>   내가 그 벌을 돌이키지 아니하리니
> 이는 그들이 자기 지경을 넓히고자 하여
>   길르앗의 아이 밴 여인의 배를 갈랐음이니라."

나는 하나님이 암몬인들에게 선언하신 이 매우 구체적인 심판이 성육신 안에서 하나님이 모든 인류에게 하신 말씀과 어떻게 동일시될 수 있을지 모르겠다. 물론 하나님이 예수 그리스도 안에서 모든 인류에게 말씀하신 바와 연결되지만 동일하지는 않다. 나는 바르트의 해석이 예언적 선포의 구체적인 특수성을 근본적으로 환원해 버린 것이라고 본다.

둘째, 바르트는 "여호와께서 이와 같이 말씀하시되"라는 예언자의 말을 진지하게 받아들이지 않는다. 예언자들은 하나님을 대신해서 말하는 것이 아니라 하나님이 그들 안에 심으신 확신을 청중에게 전달하는 것으로 해석되곤 했다. 이런 해석에서, 예언자들이 선포한 심판의 말은 '하나님께서 내게 전하신 바를 너희에게 전달하겠다'라고 운을 떼며 시작되는 듯한 말로 이해되어야 한다. 이는 바르트의 해석과 실질상 다르지 않다. 바르트의 해석에 따르면, 예언자는 하나님이 예수 그리스도 안에서 말씀하신다는 것을 그가 믿도록 하나님이 이끄신 바를 청중에게 전달하는 것이다.

어떤 경우에는 예언자들이 그들의 청중에게 하나님이 말씀하신 바를 전달했다. 그 경우에 그들은 신적 발화의 보고자로, 선전자로 기능했다. 그러나 이것이 "여호와께서 이와 같이 말씀하시되"라는 아모스의 담대한 말을 읽는 자연스러운 방식은 아니다. 그 말을 듣는 이들은 하나님이 아모스에게 먼저 말씀하신 바에 대한 보고를 들은 게 아니다. 그들은 그때 거기서 그들에게 심판을 선언하시는 하나님의 말씀을 들은 것이다.

물론 성서에서 예언자들이―내 생각에는 사도들도―하나님을 대신해 하나님의 이름으로 말하는 것으로 나타난다는 사실이 우리가 같은 선상에서 교회 선포를 이해해야 함을 의미하지는 않는다. 이는 열린 질문으로 남아 있다. 인간이 하나님을 대신해 말한다는 현상은 예언자들과 사도들에게만 국한된 것일까? 이 질문을 다음과 같이 말해 보자. 바르트는 오늘날의 설교자가 예언자 및 사도와 같은 선상에 있는 것으로 이해되어야 한다고 주장한다. 그들이 예수 그리스도, 하나님 말씀을 가리켰듯이, 오늘날 설교자들도 예수 그리스도, 하나님 말씀을 가리킨다. 우리는 예언자들과 사도들이 예수 그리스도를 가리켰을 뿐만 아니라 하나님을 대신해 말했다는 입장이라고 가정해 보자. 그럼에도 우리가 교회 선포에 대한 바르트의 견해, 즉 오늘날 설교자는 예수 그리스도를 가리키지만 하나님을 대신해 말하지는 않는다는 견해를 받아들여야 하는가? 우리가 이런 식의 예언과 선포 사이의 불일치를 받아들여야 하는가?

내가 보기에 기본 쟁점은 다음과 같다. 바르트는 한 구절에서, 교회 선포는 설교자가 고안한 새로운 말이 아니라 "신적 약속의 반복"이라고 주장한 후 이렇게 덧붙인다. 이 반복은 "단순히 성서를 읽는 것이나 성서 증언의 실제 문구를 반복하고 달리 표현하는 것으로 구성될 수 없다. 이는 오로지 반복의 전제일 수만 있다"(I/1; p. 59). 설교자는 "교회에 주어진 약속을 자기 시대 사람들이 이해할 수 있게 자신의 말로 할 준비가 되어 있어야 한다"(I/1; p. 59). 선포는 "전체 성서 맥락에서의 특정 본문과 변화하는 순간의 특정 상황 사이의 중간 공간"을 차지한다(I/1; p. 79).

지금까지는 문제가 없다. 설교자는 하나님의 약속이 회중에게 전달되는 방식대로 예수 그리스도를 제시해야 한다. 이는 설교자에게 성서를 단순히 인용할 뿐만 아니라 듣는 사람들의 언어로 '번역'할 것을 요구한다. 그러나 바르트는 계속해서 다음과 같이 말한다. "하나님이 사람에게 어디서 언제 말씀하시든, 그 내용은 가장 구체적(concretissimum)이다. 하나님은 항상 각 사람에게 구체적으로 말씀하시고, 그 사람에게 적용되는, 오로지 그 사람에게만 적용되는 말씀을 하신다. 그러므로 하나님의 발언의 진정한 내용 또는 하나님에 대해 [말하는 사람]의 진정한 뜻은 어떤 의미에서도 일반적 진리로 해석되거나 재생산되어서는 안 된다"(I/1; p. 140).[9]

설교자는 하나님이 예수 그리스도 안에서 인류 일반에 말씀하신 '일반 진리', 즉, "하나님이 우리와 함께하신다"라는 말을 청중이 이해할 수 있는 말로 제시하는 것 이상을 해야 한다. 설교자는 그 일반 진리를 설교자 앞에 있는 특정한 사람들의 구체적인 상황에 **적용**해야 한다. 설교자가 그렇게 하는 것을 도구 삼아, 하나님은 같은 것을 하신다. 하나님은 구체적인 사람들에게 구체적인 것을 말씀하시며, 그 구체적인 것은 예수 그리스도 안에서 하나님이 말씀하신 바를 적용하는 구조를 지닌다.

바르트가 하나님은 각 사람에게 구체적인 것을 말씀하신다고 한 것이 엄밀하게 표현한 것이라면, 그가 느슨하게 말한 것으로 해석하지 않는다면, 이는 하나님의 말씀하심에 대해 그가 말한 나머지 내용과 맞지 않는다. 하나님이 특정인에게 어떻게 하나님의 말씀이 그의 구체적 상황에 적용되는지 말씀하신다면, 하나님은 그때 그곳에서 새로운 것을 말씀하시는 것이다. 하나님이 새로운 구체적인 것을 말씀하시는 사건은 명백히 성육신 사건과 동일하지 않으며, 그 내용도 하나님이 성육신에서 말씀하신 일반적인 것과 동일하지

9　내가 〔하나님에 대해〕 "말하는 사람"(person speaking)이라고 쓴 부분의 원래 문구는 〔하나님의〕 "말하는 사람"(speaking person)이다. "하나님의 말하는 사람"(the speaking person of God)이라는 말은 여기서 의미가 성립하지 않는다. 나는 "speaking"과 "person"의 위치가 바뀌었다고 본다.

않다. 특정 상황에 어떤 일반적인 것을 적용한 것은 그 일반적인 것 자체와 구별된다.

여기서 쟁점은 다음과 같다. 설교자가 성서를 반복하고 요약할 때, 성서 기자들이 말한 바를 회중이 이해할 수 있는 말로 표현한다면, 우리는 설교자가 예언자들과 사도들을 통해 하나님이 말씀하신 바를 제시하고 있다고 해석할 수 있다. 그러나 설교자가 예언자들과 사도들의 말을 반복하고 요약하는 것 이상을 한다고 가정해 보자. 설교자가 그들이 말한 바를 자기 앞에 있는 사람들의 삶에 적용한다고 가정해 보자. 설교자는 이러한 '그 이상의 일'을 하면서 새로운 무언가를 말하는 것이다.

회중은 이러한 '그 이상의 일'을 이제 설교자가 순전히 자기 의견을 표현하는 것으로 간주해야 하는가? 경우에 따라 진지하게 받아들일 수도 있고 그렇지 않을 수도 있는 순전히 설교자의 의견 표명으로 간주해야 하는가? 아니면 하나님께서 설교자의 발화를 통해 말씀하시는 것으로 간주해야 하는가? 회중은 설교자가 무엇을 말하든 전부 하나님이 말씀하시는 것으로 간주할 필요는 없다—사실 그래서는 **안 된다**. 칼뱅은 주저하지 않고 설교자의 오류 가능성을 지적한다. 그런데도 그들은 설교자가 말하는 것을 통해 하나님이 그들에게 구체적으로 말씀하시는 것에 귀 기울여야 하는가?

전례에 참여하는 수많은 사람은 성서에서 명시적으로 말한 것 '그 이상의 것'을 설교자가 말할 때 그저 설교자가 자기 의견을 표현하는 것으로 간주한다. 설교자가 성서를 그들의 삶에 적용하면서

하는 말에 짜증이 난 사람들은 설교자에게 복음을 전하는 일에만 전념하고 설교자의 개인 의견을 넣지 말라고 말한다. 이런 반응이 납득이 가는 설교가 아주 많음을 인정해야 한다!

이 시점에서 내 견해는, 바르트에 반대하기 위해 바르트를 사용해야 한다는 것이다. 하나님이 그리스도 안에서 모든 인류에게 말씀하신 것, 즉, "하나님이 우리와 함께하신다" 외에는 하나님이 어떤 것도 말씀하시지 않았다고 주장하는 바르트에 맞서서, 우리는 "하나님은 항상 각 [인간]에게 구체적으로 말씀하시고, [그 사람]에게 적용되는, 오로지 [그 사람]에게만 적용되는 말씀을 하신다"라고 말한 바르트를 활용해야 한다. 이 마지막 언급이 바르트의 글에서 거의 무심결에 나타났음을 인정하자. 저자가 부주의하게 쓴 내용은 종종 저자가 도입하려는 큰 도식에 틈과 균열이 있음을 드러낸다.

이 책의 앞 장에서 나는 그리스도교 전례에 암시된 하나님 이해는, 우리가 전례 상연에서 하나님께 말을 건넬 때 우리에게 귀 기울이시는 분이라고 주장했다. 우리가 시공간에서 범한 우리의 구체적인 죄를 고백할 때, 하나님께서 목회자가 하는 죄 사함의 말을 통해 그 구체적인 죄가 용서받았다고 선포하시는 게 아니라 "하나님이 우리와 함께하신다"라는 일반적인 말만 발표하시는데, 이를 두고서 하나님께서 우리에게 귀 기울이신다고 한다면 정말 이상할 것 같다. 하나님은 우리가 전례를 상연하는 지금 우리에게 귀 기울이실 뿐만 아니라, 우리의 전례 상연을 통해서 지금 우리에게 말씀하신다. 전례는 하나님과 하나님의 백성이 서로 말을 건네는 말 건넴의 장이다.

　더할 나위 없이 위대하고 탁월하신 하나님은 우리가 전례를 상연하면서 하나님께 하는 말을 들으심으로써 그분 자신을 낮추시고 우리를 높여 주신다. 동일한 하나님은 우리가 전례를 상연할 때 그저 인간일 뿐인 존재가 표현하는 것에 찬성하심으로써 그분 자신을 낮추시고 우리를 높여 주신다. 그리하여 인간이 말하는 것은 하나님께서 지금 여기서 우리에게 무언가를 말씀하시는 것으로 간주된다.

9

성찬례에 암시된 하나님 이해

4장에서 우리는 전례에 가장 널리 퍼져 있는 두 유형의 행위가 하나님께 말하는 사람들의 행위와 하나님의 말씀을 듣는 사람들의 행위라는 사실에 주목했다. 앞 장에서 나는 후자의 일부는 하나님께서 어떤 사람의 말을 통해 사람들에게 하시는 말씀―인간이 말하는 것을 하나님이 말씀하시는 것으로 **간주한다**―을 그들이 듣는 행위로 이해해야 한다고 주장했다. 따라서 전례의 상연은 하나님과 인간이 서로 말을 건네는 자리이며, 두 당사자 모두는 화자이자 청자로서 역할 한다. 이는 앞선 다섯 장에서 우리가 다룬 주제였다.

말하기와 듣기가 그리스도교 전례에서 두드러진 행위이자 구석구석 스며 있는 행위이긴 하지만, 우리는 그것들이 전례 행위 전체를 구성한다고 생각하려는 유혹을 물리쳐야 한다. 전례에서 우리는 노래하고, 눈을 감으며, 손깍지를 끼고, 손을 들며, 침묵하고, 무릎을 꿇으며, 절하고, 일어서며, 나아가고, 물을 뿌리며, 물에 잠기고, 서로에게 평화를 전하며, 바구니에 돈을 넣고, 초를 켜며, 빵을 먹고 포도주를 마시며, 일부 전례 전통에서는 침을 뱉는다. 이 행위 중 일부는 우리가 수행하는 언어 행위, 즉 발화수반행위로 이해될 수 있다. 하지만 나는 이것들 모두를 그렇게 해석하는 것은 그럴듯하지 않다고 판단한다. 이제 나는 이 점을, 즉 전례 행위가 언어 행위를 넘어선다는 점을 전개해 보고자 한다. 이를 위해 전례의 정점 중 하나, 아니면 참으로 그 정점인, 개신교에서는 종종 주의 만찬이라고 부르는 성찬례의 상연에 내재된 하나님 이해를 살펴볼 것이다.

나는 수차례 전례 신학 프로젝트에 대해 말하면서 우리가 어떤 전례 행위에서 무슨 일이 일어나는지 분별하는 일이 쉽고 간단하다고 말해서는 안 된다고, 아울러 전례 행위에 암시된 하나님 이해를 명시화하고 그 이해를 신학적으로 정교하게 표현하려고 할 때 어렵고 논쟁적인 작업이 시작된다고 강조했다. 이는 특히 성찬례에서 그러하다. 여기서 특히 우리는 현재 진행 중인 일에 대한 대안적이고 논쟁적인 이해에 직면해 있다. 우리의 성찬례 상연에서 무슨 일이 일어나는지 분석한 이후에는 신학적 논쟁이 일어나지 않으나, 분석 자체는 논쟁적인 신학적 주장에 의해 형성된다.

분명 여기는 수 세기에 걸쳐 발전해 온 성찬례에 대한 주요 대안적 분석을 제시하고 그중 하나를 찬성하는 논거를 펼치는 곳이 아니다. 이를 위해서는 최소한 책 한 권이 필요할 것이다. 그 대신 내가 할 일은 하나의 분석을 선택해 제시하고 그 분석에 내재된 하나님 이해를 끌어내는 것이다. 나는 개혁파 전통의 일원이기에, 내가 제시할 분석은 개혁파 전통의 '아버지', 즉 장 칼뱅의 분석이다. 내가 판단하기로, 성찬례에 대한 다른 어떤 주요 분석보다도 칼뱅의 분석이 그가 실제로 생각하고 썼던 것을 모호하게 만들어 버린 통상적 설명에 시달려 왔다고 생각한다.

기념으로서의 성찬례

모든 전통적 성찬례 전례는 하나님께 찬양과 감사의 기도를 드리는 맥락에서—그런 이유로 '성찬례'(Eucharist)라는 용어는 감사를 뜻하는 그리스어 '에우카리스티아'(*eucharistia*)에서 왔다—하나님이 하신 일에 대한 서사로 시작한다. 그 모든 전례에서 찬양과 감사의 이 서사적 기도는 예수께서 제자들과 함께하신 마지막 만찬에서 빵과 포도주를 두고 하신 말씀에 대한 보고로 절정에 도달한다. 각기 다른 예전에서는 예수께서 말씀하신 것을 조금씩 다른 말로 표현하는데, 그 모든 말은 세 공관복음 및 바울의 고린도전서에서 발견되는 조금씩 다른 서술에서 가져온 것이다. 다음은 바울이 예수께서 행하신 일과 하신 말씀을 전하는 방식이며, 이는 우리가 가진 가장 초기의 보고라는 것이 학자들의 일치된 견해다.

> 내가 여러분에게 전해 준 것은 주님으로부터 전해 받은 것입니다. 곧 주 예수께서 잡히시던 밤에, 빵을 드시어서 감사를 드리신 다음에, 떼시고 말씀하셨습니다. "이것은 너희를 위하는 내 몸이다. 이것을 행하여 나를 기억하여라." 식후에, 잔도 이와 같이 하시고

서, 말씀하셨습니다. "이 잔은 내 피로 세운 새 언약이다. 너희가 마실 때마다 이것을 행하여, 나를 기억하여라." (고전 11:23-25)[1]

다음은 『성공회 기도서』(2형식)에서 예수께서 행하신 일과 하신 말씀을 전하는 방식이다.

고난과 죽음에 넘겨지신 밤에, 우리 주 예수 그리스도께서는 빵을 드시고, 감사를 드리신 후에, 떼어 제자들에게 주시며 말씀하셨습니다. "이것은 너희들을 위하여 주는 내 몸이니 나를 기억하여 이 예를 행하여라."

식후에 그분께서는 포도주 잔을 드시고, 감사를 드리신 후에, 제자들에게 주시며 말씀하셨습니다. "이것은 내 피로 맺는 새로운 계약의 잔이니 마실 때마다 나를 기억하여 이 예를 행하여라." (pp. 362-363)

다음은 정교회 전례에서 예수께서 행하신 일과 하신 말씀을 전하는 방식이다.

예수께서 넘겨지시던—더 정확히 말해, 세상의 생명을 위해 자신을 내어 주시던—밤에 예수께서는 당신의 거룩하고 순결하며 흠

---

[1]   여기 NRSV에서 "기억하여"(in remembrance of)라고 번역된 그리스어는 *eis an-amnēsin*이다. 나는 '기념하여'(as a memorial of)라는 번역을 선호한다.

없는 손으로 빵을 드셔서, 감사를 드리고, 축복하시며, 축성하시고, 떼어서, 제자들과 사도들에게 주시며 말씀하셨습니다. "받아서 먹으라. 이것은 너희를 위해, 죄를 사하기 위해 찢어진 내 몸이다." 이와 같이 예수께서는 식후에 잔을 주시며 말씀하셨습니다. "너희를 위한 이 잔을 마시라. 이것은 새 언약의 피, 나의 피, 너희와 많은 사람의 죄를 사하기 위해 흘린 나의 피다." (pp. 47-49)

바울은 예수께서 빵을 언급하실 때와 포도주를 언급하실 때 모두, 제자들이 이를 행함으로써 그분을 기념해야(*eis anamnēsin*) 한다고 말씀하셨다고 전한다. 즉, 기념하기 위해 우리 주님의 마지막 식사를 재연하는 것이다.[2] 위 인용 구절에서 보듯이, 성공회 전례에서는 정교회를 제외한 다른 모든 전통 전례와 마찬가지로 이러한 기념 행위에 대한 언급을 채택한다. 우리는 예수님을 기념하는 성찬례를 상연한다.

따라서 성찬례에 대해 완전하고 충분하게 분석한다면 성찬례가 기념 식사라는 점이 그 핵심 분석 요소 중 하나여야 한다. 그리고

---

2 누가는 예수께서 빵에 대해서만 "이를 행하여 나를 기념하라"고 말씀하셨다고 전한다. 마태와 마가는 그분이 빵이나 포도주에 대해 말씀하신 것을 전하지 않는다. 물론 예수님의 다락방 식사는 그 자체가 기념하는 식사는 아니었다. 예수님이 아직 살아 계셨기 때문이다. 예수께서는 "일을 행하여 나를 기념하라"고 말씀하심으로써 그분의 마지막 식사의 재연을 내다보셨다(혹은 그리스도인 사이에서 예수님의 마지막 식사를 재연하는 관습이 비교적 일찍 시작되었다는 사실에 비추어 볼 때, 아마도 기념에 대한 언급은 이것이 예수께서 바라신 일이었다는 확신을 표현하고자 누가와 바울이 삽입한 내용이었을 것이다).

기념으로 무언가를 하는 것은 말하는 일도 듣는 일도 아니므로, 성찬례의 이러한 측면을 탐구하고 그 안에 암시된 하나님 이해를 명시화한다면 논의가 더 진전될 것이다. 그러나 칼뱅은 성찬례의 이러한 차원을 크게 강조하지 않는다. 이는 그의 분석에서 중심 내용이 아니다. 그래서 이참에 나는 이 차원에 대해 더 말하기보다는 칼뱅의 분석에서 중심에 있는 문제에 집중하기를 제안한다.[3]

너희를 위하는 내 몸과 피니라

바울은 예수께서 "이것은 너희를 위하는 내 몸이다"라고 말씀하셨다고 전한다. 그는 예수께서 포도주에 대해 '너희를 위하는'이라는 문구를 사용하셨다고 전하지 않는다. 마태와 마가는 예수께서 포도주에 대해서는 '너희를 위하는'이라는 문구를 사용하셨지만 빵에 대해서는 그리하지 않으셨다고 전한다. 누가는 예수께서 포도주와 빵 둘 다에 대해 '너희를 위하는'이라는 문구를 사용하셨다고 전한다. 전통 전례에서는 모두 빵과 포도주 둘 다에 대해 '너희를 위하는'이라는 문구를 어떤 식으론가 사용한다.

여기서 우리의 목적과 관련된 점은 다음과 같다. 성찬례에 대한

---

3   나는 *Christian Philosophy*, ed. Thomas V. Flint (Notre Dame: Notre Dame University Press, 1990)에 쓴 논문에서 기념으로서의 성찬례라는 개념을 길게 논했다. 이후에 이번 장에서 칼뱅의 성찬례 분석에 관한 인용 문헌은 달리 언급하지 않는 한 모두 *Institutes* (trans. Ford Lewis Battles [Philadelphia: Westminster Press, 1960])이다.

대다수 전통적 해석에서는 "이것은 내 몸이다"(this is my body) 뒤에 마침표가 있고 "이것은 내 피다"(this is my blood) 뒤에 또 다른 마침표가 있는 것처럼 예수께서 하신 말씀을 다룬다. 이 해석은 실제 현전, 실체변화 등에 대한 논쟁을 일으키는 데 기여했다. 칼뱅의 해석에 따르면, '너희를 위하는' 뒤에 마침표가 온다. "이것은 **너희를 위하는** 내 몸이다"(This is my body *for you*). "이것은 **너희를 위하는** 내 피다"(This is my blood *for you*). 이 해석은 칼뱅의 성찬례 분석 전체에서 중추가 된다. 그는 "성례전의 가장 강력한 힘, 거의 모든 힘은 '너희를 위하여 주는', '너희를 위하여 흘리는'이라는 말에 있다"라고 말한다(*Institutes* IV.xvii.3; p. 1362).

칼뱅의 해석에 동일하게 중요한 것은, 예수께서 제자들을 가리키면서 자신의 몸과 피가 "너희를 위한" 것이라고 단지 선언만 하시지 않았다는 사실이다. 그분은 제자들에게 받아서 먹고 마시라고 권하셨다. 그리고 제자들은 실제로 받아서 먹고 마셨다. 칼뱅이 그리스도의 말을 간결하게 달리 표현한 내용을 인용하면 이렇다. "받아서 먹고 마셔라. 이것은 너희를 위하여 주는 내 몸이다. 이것은 죄 용서를 위해 흘리는 내 피다"(IV.xvii.3; p. 1362). 약간 과장해서 말하자면 칼뱅의 성찬례 분석 전체가, 성찬례는 그 지시하는(signify) 것을 일으킨다는 성례전의 전통적 정의에 대한 수용과 더불어 이 초기의 해석과 강조에 의해 형성되었다.

사제나 목사는 예수께서 제자들과 마지막 만찬을 나누며 빵과 포도주에 대해 하신 말씀을 전하고 난 후, '그리스도의 몸, 하늘의 빵' 같은 말을 하면서 회중들에게 빵을 내어놓는다. 그리고 '그리스도의 피, 구원의 잔' 같은 말을 하면서 포도주를 내어놓는다. 그다음 회중은 빵을 먹고 포도주를 마신다. 칼뱅에게 성찬례에서 핵심 지시 현상은 이 행위들이다. 즉 빵과 포도주 그 자체가 아니라 집전자가 회중에게 빵과 포도주를 내어놓는 행위 및 회중이 빵과 포도주를 받아 삼키는 행위다. 칼뱅은 빵이 그리스도의 몸을 지시(표상, 대신)하고 포도주가 그리스도의 피를 지시(표상, 대신)한다고 확언한다. 그러나 빵과 포도주는 그 자체로 독립적인 지시 기능을 지니지 않는다. 집전자가 빵과 포도주를 내어놓는 행위가 지시하는 기능이고 회중이 빵과 포도주를 먹는 행위가 지시하는 기능이라는 맥락에서 빵과 포도주는 지시 기능을 지닌다.

그리스도는 자신을 내어놓으시고 우리는 나누어 받는다

성찬례에서 기본적인 지시 현상이 집전자가 빵과 포도주를 내어놓는 행위와 회중이 빵을 먹고 포도주를 마시는 행위라면, 지시되는 대상도 마찬가지로 분명 행위일 것이다. 그 지시된 행동이란 무엇인가? 지금까지 칼뱅이 말한 바를 생각해 보면, 그가 말하고 있는 것 외에 다른 것을 말했으리라고 보기는 어렵다. 집전자가 받는 자에게 빵과 포도주를 내어놓는 행위는 그리스도께서 그분의 몸과 피를 받는 자에게 내어놓는 것을 지시(표상)하며, 받는 자들이 빵과 포도주를 받아 삼키는 행위는 그리스도의 몸과 피를 받아 함께 나누어 받는 것(partaking)을 지시(표상)한다.

이제 칼뱅이 성례전을 그것이 지시하는 것을 일으킨다고 이해하는 전통을 따른다는 점을 떠올려 보자. "하나님은 목사가 외적 행위로 표상하고 증명하는 것을 내적으로 성취하신다"(*Institutes* IV.xiv.17; p. 1293). 따라서 집전자가 빵과 포도주를 내어놓는 행위는 그리스도께서 자신의 몸과 피를 우리를 위해 내어놓으셨음을 우리가 단지 "이해하고 상상하는 것"(IV.xxvii.11; p. 1379)을 지시하지 않는다. 집전자가 회중에게 빵과 피를 내어놓는 것을 통해 그리스도께서는 실제로 그분의 몸과 피를 회중에게 내어놓으신다. "우리 주님께서는 만찬에서 당신이 그 만찬으로 지시하신 것을 우리에게 주시며, 따라서 우리는 실제로 예수님의 몸과 피를 받는다."[4]

마찬가지로, 회중이 빵을 먹고 포도주를 마시는 행위는 단지 그들이 그리스도께서 내어놓으신 사실을 받아들이고 있음을 지시하지 않는다. 먹고 마심으로써, "그들은 실제로 그리스도의 몸과 피를 받아들인다." 칼뱅은 말하길, "어떤 사람들은 그리스도의 살을 먹고 그분의 피를 마시는 것을 한마디로 단지 그리스도를 믿는 것일 뿐이라고 정의한다." 칼뱅은 이에 반대한다. "내가 보기에 그리

---

4   Calvin, "Short Treatise on the Lord's Supper," in *Calvin: Theological Treatises*, trans. J. K. S. Reid (Philadelphia: Westminster John Knox Press, 1954), p. 163. 때때로 칼뱅은 위 인용문에서처럼 하나님이나 그리스도께서 지시 행위를 수행하신다고 말한다. 이는 분명 그의 생각을 불분명하게 표현한 것이다. 지시 행위를 수행하는 것은 집전자와 회중의 행위다.

스도는 우리에게 그분의 살을 먹으라고 권하신 그 고귀한 설교에서 더 분명하고 더 고상한 것을 가르치고자 하셨다[요 6:26 이하]. 그것은 그분을 참되게 나누어 받음으로써 우리가 소생된다는 것이다. 그러므로 누구라도 우리가 예수님께 받는 생명을 단지 지식으로 받는다고 생각해서는 안 되기에 예수님께서는 이 나누어 받음을 '먹음'과 '마심'이라는 단어로 지칭하셨다. 몸을 먹이기에 충분한 것은 빵을 보는 일이 아니라 먹는 일이므로, 영혼이 그리스도의 능력으로 영적 생명에까지 소생되려면 참되게 그리고 깊이 그리스도를 함께 나누어 받는 자가 되어야 한다"(IV.xvii.5; p. 1365). 어떤 사람에게 신앙이 있다는 것은 그리스도께서 성찬례에서 그 사람에게 자신의 몸과 피를 내어놓으시는 조건은 아니지만, 진정으로 그리스도의 몸과 피를 **받아들이기** 위한 조건이다.

이 책의 이전 몇 장에서 나는 한 행위를 다른 행위로 간주한다는—다른 것을 **일으키는** 게 아니라 다른 것으로 **간주한다**는—개념을 사용했다. "오늘은 습하다"라는 영어 문장을 단호하게 내뱉음으로써 오늘이 습하다고 주장할 수 있다. 그럴 때, 영어 문장을 내뱉는 행위는 오늘은 습하다고 주장하는 행위로 **간주된다**. 그리고 이전 장에서 나는 이중 행위자 담화 현상에 주목했다. 때때로 사람은 자신을 대신하는 다른 사람이 말하는 것을 통해 무언가를 말한다. 이 경우, 전자가 할 말을 후자가 말한 것으로 **간주된다**.

이전 장에서는 한 행위가 다른 행위로 간주되는 현상이 말하기에만 국한되지 않는다는 점을 이야기하지 않았다. 예를 하나 들면,

누군가에게 등을 돌리는 행위는 그 사람을 모욕하는 행위로 간주될 수 있다. 아울러 이중 행위자 담화가 일반적으로 이중 행위자 행위의 한 종류일 뿐이라는 사실도 이야기하지 않았다. 이를테면 내 변호사가 종이에 자신의 이름으로 서명하는 행위는 내가 집을 사는 일로 간주될 수 있다.

　나는 한 행위가 다른 행위로 간주된다는 일반적 개념과 이중 행위자 행위라는 일반적 개념이 성찬례 행위에 대한 칼뱅의 분석을 정형화하는 데 도움이 된다고 제안한다. 회중에게 빵과 포도주를 내어놓는 집전자의 행위는 그리스도께서 회중이 함께 나누어 받도록 그분의 몸과 피를 내어놓으시는 것으로 **간주된다**. 집전자의 행동은 단순히 그리스도께서 그분의 몸과 피를 내어놓으신 일을 상징하거나 그저 그리스도께서 내어놓으실 계기를 제공하는 것이 아니다. 그리스도께서 내어놓기 위한 수단도 아니다. 수단을 인과 관계의 측면에서 생각한다면 말이다. 집전자의 행동은 그리스도께서 그분의 몸과 피를 우리가 함께 나누어 받도록 내어놓으시는 일로 **간주된다**. 이것이 성찬례에서 그리스도께서 그분의 몸과 피를 우리가 받도록 내어놓으시는 방식이다. 마찬가지로 우리가 빵을 받아 먹고 잔을 받아 마시는 행위는 우리가 그리스도께서 내어놓으신다는 점을 받아들이고 그리스도의 몸과 피를 우리 자신 안으로 취하는 것 내지 받아들이는 것으로 **간주된다**. 이것이 성찬례에서 그리스도께서 그분 자신을 우리가 함께 받도록 내어놓으신다는 것을 우리가 이해하는 방식이다. 우리가 빵과 포도주를 함께 나누어 받는 것은 그리스도를 함께 나누어 받는 것으로 간주된다.

내가 말하는 바는, 칼뱅에게 성찬례에서 핵심 지시 현상은 흔히 생각하는 것과는 달리 빵과 포도주 자체가 아니라 회중에게 빵과 포도주를 내어놓는 집전자의 행위와 회중이 받아서 먹고 마시는 행위라는 것이다. 그러나 이러한 지시 행위의 맥락에서 빵과 포도주는 없어서는 안 될 역할을 한다. 그리고 단지 없어서는 안 될 역할을 하는 것만은 아니다. 예수께서 발화하신 문장 전체가 "이것은 **너희를 위하는** 내 몸이다"와 "이것은 **너희를 위하는** 내 피다"임을 주목하고 명심하는 것이 칼뱅에게 근본적으로 중요하지만, 그럼에도 예수께서 빵을 가리켜 "이것은 내 몸이다"라고 말씀하셨고 포도주를 가리켜 "이것은 내 피이다"라고 말씀하셨다는 사실은 여전하다. 그렇다면 이 두 문장에서 '-이다'의 힘은 무엇인가? 그리고 더 일반적으로, 성찬례 행위에서 빵과 포도주가 하는 역할은 무엇인가?

집전자가 예수님의 말씀을 반복하는 것은 전통적으로 축성하는 말로 이해되어 왔다. 집전자는 이 평범한 빵과 이 평범한 포도주를 이 특별한 성례전에 사용하도록 축성한다. 그리고 전통적 가톨릭교회에서는 집전자가 이 축성의 말을 발화할 때 하나님께서 빵을 그리스도의 몸으로, 포도주를 그리스도의 피로 실체변화시키시므로 (transubstantiate), 회중이 먹고 있는 빵은 빵이 아니며 회중이 마시고 있는 포도주는 포도주가 아니다.

칼뱅의 견해는 빵은 그리스도의 몸을 **지시하며** 포도주는 그분의 피를 **지시한다**는 것이다. 이 해석을 뒷받침하기 위해 칼뱅은 계사

'-이다'가 동일성을 표현하지 않고 '지시하다'와 동의어로 기능하는 성구를 상당수 인용한다(*Institutes* IV.xvii.21; 1385). 이 해석에서 집전자가 축성하는 말을 언명하는 것은 빵과 포도주에 **지시 역할을 부여하는 것**으로 이해되어야 한다. "이 빵이 그리스도의 몸을 대신하게(지시하게) 하라", "이 포도주가 그리스도의 피를 대신하게(지시하게) 하라." 그러므로 집전자가 축성된 빵을 회중에게 내어놓을 때 그 빵은 그리스도의 몸을 대신하고(stand for) 집전자가 빵을 내어놓는 행위는 그리스도께서 자기 몸을 내어놓으시는 행위로 간주되며, 집전자가 회중에게 축성된 포도주를 내어놓을 때 그 포도주는 그리스도의 피를 대신하고 집전자가 포도주를 내어놓는 행위는 그리스도께서 자기 피를 내어놓으시는 행위로 간주된다.

칼뱅은 그리스도의 말씀에 있는 '-이다'를 동일성의 '-이다'로 해석하는 데 반대하는 흥미로운 논증을 제시한다. 칼뱅이 성례전에 대해, 지시된 것을 일으킨다는 전통적 이해를 받아들인다는 점을 떠올려 보라. 이제 빵이 실체변화하여 그리스도의 몸이 되고 포도주는 그분의 피가 된다면, 더 이상 빵도 없고 포도주도 없다. 그러나 빵도 포도주도 없다면 지시 역할을 하는 것도 더 이상 없다. 실체변화(성변화, 화체설) 교리는, 지시된 것을 일으킨다는 성례전에 대한 전통적 이해와 양립할 수 없다. 그리스도의 몸이라고 주장하는 것은 빵으로 **보이며** 그리스도의 피라고 주장하는 것은 포도주로 **보이는** 게 사실이다. 그러나 이것들은 단지 겉모습일 뿐이다. 빵도 없고 포도주도 없으며, 따라서 기표(signifiers)도 없다. "그리스도의 의도는 자신의 살이 양식임을 외적 상징으로 증거하는 것이었다. 만일 그분이 참된 빵이 아니라 빵의 텅 빈 외형만을 제시하셨다면, 우리를 보이는 것에서 보이지 않는 것으로 인도하는 데 필요한 유비나 비교가 어디 있겠는가? … 그러므로 이러한 지시 방식으로 지상의 표징이 천상의 사물에 상응하지 않는다면 성례전의 본성이 제거된다"(IV.xvii.14; p. 1376).

이 마지막 문장에서 '상응하다'라는 말은 칼뱅의 분석에 관한 중요한 추가 요점으로 이어진다. 종종 우리가 한 사물에 다른 사물을 지시하거나 대신하는 기능을 부여할 때, 우리가 부여하는 일은 자의적이거나 거의 그러하다. 우리는 다른 수많은 것에 이러한 지시 기능을 부여할 수도 있었다. 칼뱅은 빵에 그리스도의 몸을 대신하는 기능이 부여되고 포도주에 그분의 피를 대신하는 기능이 부여되는 일이 순전히 자의적이라는 생각을 거부한다. 칼뱅은 그리스도의 선언에서 계사의 의미에 대한 자신의 해석을 옹호하는 맥락에서 이렇게 말한다. "상징은 본질상 그것이 지시하는 사물과 다르지만(후자는 영적이고 천상적인 것인 반면 전자는 물질적이고 가시적이다) 여전히 그것은 축성된 텅 빈 증표로서 표상할 사물을 상징할 뿐만 아니라 참으로 사물을 보여 주기 때문이다"(IV.xvii.21; p. 1385). 칼뱅은 아우구스티누스에게 호소하며 그를 인용한다. "만일 성례전이 그것이 관계하는 사물과 어떤 유사성이 없다면, 성례전은 전혀 성례전이 아닐 것이다. 더욱이, 성례전은 종종 이 유사성으로 인해 사물 자체의 이름을 취한다"(IV.xvii.21; p. 1386). "그러므로 외적 상징의 참 실체가 그리스도의 살에 상응하지 않는 한, 만찬에서 그리스도의 살이 우리에게 참된 양식이 된다는 것은 참되고 적절한 약속이 되지 못함을 확실히 해야 한다"(Ⅳ.xvii.15; p. 1378).

따라서 칼뱅이 그리스도의 몸과 피를 나누어 받는 것을 설명하려 할 때, 그는 독립적으로 도달한 나누어 받음 이론 내지 참여 이론을 적용하지 않는다. 그 대신 그는 빵을 먹고 포도주를 마시는 것이 그리스도의 몸과 피를 나누어 받음을 지시하는 게 결코 자의적이지 않다는 논지의 인도를 받아 고찰한다. 지시하는 행위는 지시되는 행위를 **서술, 묘사**한다. 그래서 칼뱅은 먼저 우리 삶에서 빵을 먹고 포도주를 마시는 일의 기능을 숙고한 다음, 그리스도의 몸과 피를 나누어 받는 것이 무엇인지 이해하기 위해 그가 "표징의 유비"(Ⅳ.xvii.10; p. 1370)라 부르는 것을 이용한다. 그는 빵을 먹고 포도주를 마시는 일을 그리스도의 몸과 피를 나누어 받는 것을 이해하기 위한 **모델**로 쓴다. "빵과 포도주가 육체의 생명을 유지하여 지탱하는 것과 같은 방식으로, 우리의 영혼은 그리스도의 살과 피를 공급받는다"(Ⅳ.xvii.10; p. 1370). 혹은 같은 생각을 다른 말로 표현하자면, 칼뱅은 그리스도의 몸과 피를 나누어 받는 것이 무엇인지에 대한 이해를 얻고자 **마치 …처럼 ~도 그렇다**는 유추를 사용한다. "마치 빵을 음식으로 취할 때 빵이 몸에 활력을 주는 것처럼, 그분을 참으로 나누어 받음으로써, 그분의 생명도 우리 안으로 들어와 우리의 것이 된다"(Ⅳ.xvii.5; p. 1365).

우리는 일종의 유비를 통해 성찬례에 제시된 물질적인 것들로부터 영적인 것으로 인도받는다. 따라서 그리스도의 몸에 대한 상징으로 빵을 받을 때 우리는 즉시 이 비교를 파악해야 한다. 빵이 우리 몸의 생명에 영양을 공급하고 생명을 지탱하며 유지하는 것처럼 그리스도의 몸은 우리 영혼에 활력과 생기를 주는 유일한 음식이다. 포도주가 피에 대한 상징으로 제시되는 것으로 볼 때 우리는 포도주가 몸에 주는 유익을 숙고해야 하며, 따라서 동일한 유익이 그리스도의 피로 말미암아 우리에게 영적으로 전달됨을 깨달아야 한다. 이 유익은 영양을 공급하고, 새롭게 하며, 강하게 하고, 기쁘게 하는 것이다. 지극히 거룩한 몸을 주시고 피를 흘리심으로써 우리가 어떤 가치를 받았는지 충분히 숙고한다면, 우리는 그런 유비를 따라 빵과 포도주의 특성이—우리에게 전달될 때—그러한 것들을 표현하기에 탁월하게 적합함을 분명히 인식할 것이다. (IV.xvii.3; p. 1363)

이 구절에서 칼뱅은 포도주를 마시는 것의 '유익'을 말함으로써, 포도주를 나누어 받는 것(마시는 것)과 그렇게 함으로써 얻는 유익을 암묵적으로 구별한다. 마찬가지로 그는 그리스도의 피를 나누어 받는 것의 '유익'을 말함으로써, 그리스도의 피를 나누어 받는 것과 그렇게 함으로써 얻는 유익을 암묵적으로 대조한다. 그는 다른 구절에서도 동일한 구별을 사용한다. 대조가 강하게 그려지지는 않긴 하지만, 나는 이것이 칼뱅의 사상을 이해하는 데 중요하다고 생각한다.

빵을 먹고 포도주를 마시는 행위를 함으로써 우리는 그리스도를 우리 안으로 받는다. 또는 받아들인다. 우리는 그리스도를 나누어 받는다. 그렇게 그리스도를 나누어 받으면, 그리스도를 우리 안으로 받아들이면, 성령의 능력으로 말미암아 그리스도께서는 우리의 칭의, 성화, 영화를 위해 우리 안에 거하시며 일하신다. 그것이 유익이다.[5] 다음은 칼뱅이 그리스도를 우리 자신 안으로 받아들이는 것의 유익과 그리스도께서 지금 우리 안에 거하시며 일하시는 것의 유익을 설명하는 여러 구절 중 하나다. 이 구절은 역설을 즐긴다.

이것은 그분의 측량할 수 없는 자비로 우리와 이루신 놀라운 교환이다. 즉, 그분은 우리와 함께 사람의 아들이 되셔서 우리가 그분과 함께 하나님의 아들이 되게 하셨다. 땅으로 내려오심으로써 우리를 위해 하늘로 올라갈 길을 준비하셨다. 우리의 필멸성을 취하심으로써 우리에게 그분의 불멸성을 부여하셨다. 우리의 약함을 받아들이심으로써 그분의 힘으로 우리를 강하게 하셨다. 우리

---

5   내 논문 "John Calvin's Theology of the Eucharist," in *A Companion to the Eucharist in the Reformation*, ed. Lee Palmer Wandel (Leiden: Brill, 2013)에서는, 칼뱅에게는 그리스도를 나누어 받는 것이 우리 안에 거하시는 그리스도의 유익을 누리는 것과 같다고 주장했다. 이제는 그 부분이 내 실수라고 생각한다. 그러나 말해 두어야 할 것은, 칼뱅은 우리가 나누어 받는 것과 그럼으로써 얻는 유익을 충분히 명확하게 구분하지 않았으며 그 문제에서 일관성이 있지도 않았다는 것이다. 예를 들어, 그는 한 곳에서 "우리가 그리스도의 살과 피를 나누어 받게 되는 것은 [성령의] 불가해한 능력을 통해서"라고 말한다(*Institutes* IV.xvii.23; p. 1405). 나는 이 언급이 우리가 나누어 받는 것 자체보다는 나누어 받는 것의 유익인, 그리스도께서 우리 안에서 일하심에 더 적합하다고 생각한다.

의 가난을 그분 자신이 받으시고 그분의 부유함을 우리에게로 옮기셨다. (우리를 억누르는) 우리 죄의 무게를 그분 자신이 지시고 그분의 의를 우리에게 입히셨다. (IV.xvii.2; p. 1362)

왜 그리스도의 몸과 피를 강조하는가?

때때로 그리스도와의 연합이 칼뱅의 성찬례 신학의 핵심이라고 일컬어진다. 이는 틀린 말은 아니지만 불완전하고 오해의 소지가 있다. 칼뱅은 때때로 신앙을 가진 사람이 성찬례에서 빵을 먹고 포도주를 마실 때 그리스도와 연합한다고 말한다. 그러나 그는 훨씬 더 자주 사람이 **그리스도의 몸과 피를 나누어 받는다**고 말한다. 빵과 포도주가 상징하는 그리스도의 몸과 피를 언급하는 일은 칼뱅에게 필수다. 그는 말하길, 그리스도와의 친교가 "살과 피에 대한 언급은 생략한 채, 성령을 나누어 받는 것으로만"(IV.xvii.7; p. 1367) 이루어진다고 주장하는 사람들이 있다. 칼뱅은 이를 거부한다.

칼뱅의 그리스도론의 기본 요소이자 그의 성찬례 신학의 기본 전제는 승천하신 그리스도께서 인간 본성을 지니신다는 것, 더 구체적으로는 인간의 몸—영화된, 하지만 여전히 인간인—을 지니신다는 것이다(IV.xvii.26). 승천은 예수 그리스도는 사라지고 남은 것은 삼위일체의 두 번째 위격뿐이었음을 의미하지 않는다. 그리스도께서는 "육신을 벗지 않으셨다"(IV.xvii.29; p. 1399). 승천하신 그리스도는 여전히 **예수** 그리스도다. 칼뱅이 거의 항상 그리스도의 살과 피를 나누어 받음에 대해 말하는 것은 우리가 **살과 피이신 예수 그리스도**를 나누어 받는다는 것을 우리 앞에 두고자 함이었다. '그리스도의 살과 피'는 살과 피이신 예수 그리스도를 나타내는 제유법으로 이해되어야 한다. 우리는 예전에 그리고 여전히 몸을 입으신 예수 그리스도를 나누어 받는다.

칼뱅이 그리스도의 살과 피를 나누어 받는 것에 대해 말해야 한다고 주장하는 또 다른 이유가 있다. 그리스도께서 우리를 위해 그리고 우리 안에서 행하시는 많은 행위는 그분이 피를 흘리시고 육체적으로 죽으셨기에 일어나는 유익이다. 그러므로 "예수 그리스도와 친교 하는 이유가 그분이 죽으심으로써 우리를 위해 마련하신 모든 선물에서 관계할 것이나 분깃을 갖기 위해서라면, 그것은 단지 그분의 영을 나누어 받는 문제만이 아니다. 우리의 죗값을 만족시키고자 성부 하나님께 완전히 순종하신 그분의 인성을 나누어 받는 것도 필요하다. 둘 다 맞는 말이긴 하지만, 하나가 다른 하나 없이 있을 수 없다. 그분이 우리에게 자신을 주신 것은 우리가 그분 전체를 소유하도록 주신 것이기 때문이다."[6]

---

6   "Short Treatise," pp. 146-147.

성찬례 상연은 그리스도께서 약속을 보증하시는 것이다

칼뱅은 내가 이제까지 제시한 것보다 성찬례에 대해 더 많은 것을 말했지만, 이것이 그의 분석의 핵심이다. 그가 제시하는 다른 점들은 이 분석을 구체화하거나 성찬례 행위의 더 지엽적인 차원에 주목하는 것이다. 그러나 우리는 칼뱅 분석의 핵심이 함의하는 하나님 이해를 논하러 가기 전에, 그가 잘 다루어서 개혁파 신앙고백이 성찬례에 대해 말하는 내용에서 두드러지게 된 점을 살펴보아야 한다.

칼뱅은 집전자가 회중에게 빵과 포도주를 내어놓는 행위를 통해, 그리스도께서 우리가 함께 나누어 받도록 정말로 그분 자신을 우리에게 내어놓으신다는 사실을 그리스도께서 **보증**(확정, 비준)하신다고 주장한다. "그분의 살과 피를 거룩하게 나누어 받는 것, 이를 통해 그리스도께서 자신의 생명을 우리에게 뼈와 골수에까지 스며들듯이 부어 주시고, 또한 이를 그리스도께서 만찬 중에 — 헛되고 텅 빈 표징을 제시하심으로써가 아니라, 그분께서 약속하신 것을 성취하기 위한 그분의 성령의 효력을 거기서 나타내심으로써 — 증거하고 보증하신다"(IV.xvii.10; p. 1370).[7]

---

[7]   참조. 하이델베르크 요리문답 75문: "그리스도께서 십자가 위에서 이루신 단번의 희생과 그분이 주시는 모든 유익을 당신이 나누어 받는다는 사실이 거룩한 만찬에서 어떻게 나타나 보증됩니까?" 벨기에 신앙고백서 33조: "우리는 은혜로우신 하나님이 우리의 연약함과 허약함을 헤아리셔서 우리를 위해 성례전을 제정하셨음을, 그로써 그분의 약속을 우리에게 보증하시고 우리를 향한 하나님의 선한 뜻과 은혜를 맹세하시며 또한 우리의 신앙에 양분을 공급하셔서 신앙을 굳건하게 하심을 믿습니다."

여기서 칼뱅이 염두에 두고 있는 것을 완전히 이해하려면, 성찬례가 성서 및 설교와 닮은 방식과 다른 방식 둘 다에 대한 칼뱅의 이해를 설명하는 그림을 가져와야 한다. 아주 일반적으로 말해서, 그리스도께서 성서와 설교 둘 모두에서 그분 자신을 우리에게 내놓으신다는 점에서 성찬례는 성서 및 설교와 같다. "성례전이 하나님의 말씀과 동일한 직무—우리에게 그리스도를, 그리고 그분 안에서 천상의 은혜의 보화를 내어놓고 제시하는 일—를 수행한다는 것은 확정된 원리로 간주되어야 한다"(IV.xiv.17; p. 1292). 성례전이 다른 점은, "그리스도를 우리에게 내놓고 제시하기 위해" 틀에 박힌 언어를 사용하는 대신 성례전이 지시하는 바를 "우리 눈앞에 둔다"는 것이다(IV.xiv.10; p. 1286). 성례전은 그 지시하는 바를 그림으로 제시한다. 성례전의 상징은 그것이 상징하는 바를 "진정으로 나타낸다"(IV.xvii.21; p. 1385). "상징을 보여 줌으로써 사물 자체가 보여진다"(IV.xvii.10; p. 1371). 보여지는 것은 그리스도께서 그분 자신을 우리에게 내놓으신다는 것이다. 그리고 그분께서는 어떤 일반적 방법으로 자신을 제시하시는 게 아니라, **우리가 그분을 나누어 받도록** 그분 자신을 우리에게 내어놓으신다.

몸을 입은 피조물이자 종종 신앙이 약한 우리 인간에게, 이 그림은 그리스도께서 참으로 자신을 내어놓으심을 "우리에게 더욱 분명하게 하는"(IV.xiv.3; p. 1278), 그리고 그리스도께서 내어놓으심의 본질을 우리에게 더욱 분명하게 하는 기능을 한다. 그것은 우리 마음의 '둔함'과 우리 신앙의 '약함'에 말을 건넨다(IV.xiv.3; p. 1278). "사방에서 받쳐지지 않고 모든 수단으로 지지되지 않으면, 우리의 신앙은 작고 연약하기 때문에 떨며 흔들리고 휘청거리다가 결국 무너진다. 여기서 우리의 자비로운 주님은 그분의 무한한 친절하심에 따라 우리의 능력에 맞게 그분 자신을 맞추신다. 우리는 항상 땅을 기어 다니고 육신을 고수하며 영적인 것은 전혀 생각조차 하지 않기 때문에 그분은 자신을 낮추셔서 이 지상의 요소로써 우리를 자신에게로 인도하시고 육신을 가진 우리 앞에 영적 축복의 거울을 두신다"(IV.xiv.3; p. 1278). "무엇이든 명확한 것일수록 신앙을 뒷받침하는 데 더 적합하다. 그런데 성례전은 가장 명확한 약속을 가져다준다. 성례전은 이렇게 말 이상의 특성을 가지고 있다. 사생화를 그린 것처럼 우리에게 약속을 나타내기 때문이다"(IV.xiv.5; p. 1280).

집전자가 빵과 포도주를 회중에게 내어놓는 것을 통해 그리스도께서 회중이 나누어 받도록 자신을 회중에게 참으로 내어놓으심을 확정하고 보증하신다는 칼뱅의 생각을 처음 접하면, 이 확정 혹은 보증하는 행위가 그분께서 자신을 내어놓으시는 일에 추가된 행위라고 생각할 수 있다. 그러나 그 구절을 자세히 읽어 보면 그것은 칼뱅이 생각한 방식이 아님을 아주 분명히 알 수 있다. 집전자의 행위는 그리스도의 행위를 두 행위—우리가 나누어 받도록 그분께서 자신을 내어놓으시는 행위와 그분이 참으로 그렇게 하심을 보증하는 행위—로 간주하지 않는다. 보증은 별개의 행위라기보다는, 말하자면 내어놓는 행위에 부사처럼 붙는 수식어다. 그리스도께서는 집전자가 수행하는 행위의 그림적인 성격과 기능을 통해 **보증하거**

나 확정하는 방식으로 우리가 그분 자신을 나누어 받도록 내어놓으신다.[8]

이전 장에서 나는 성서를 읽고 설교할 때 일어나는 일에 대한 칼뱅의 분석에 대해 말했던 것에 내용을 추가하겠다고 언급했다. 거기서 나는, 성서를 읽고 설교하는 일에 대한 칼뱅의 이해를 따라, 하나님이 읽기와 설교를 통해 지금 여기서 우리에게 말씀하신다고 주장했다. 읽기와 설교는 하나님이 지금 여기서 우리에게 무언가를 말씀하시는 것으로 간주된다. 나는 이 전례 행위에 대한 칼뱅주의적 해석을 지지했다.

성찬례를 성서 읽기 및 설교와 비교한 칼뱅의 성찬례 분석에서 분명해지는 것이 있다. 칼뱅은 성서 읽기 및 설교에서, 그 행위를 통해 하나님이 지금 여기서 약속과 명령의 형태로 우리에게 무엇인가를 말씀하시는 것—그에 대한 적절한 응답은 신앙과 순종이다—보다 더 많은 어떤 일이 일어난다고 주장한다는 것이다. 그 '더 많은' 일은 그리스도께서 자신을 우리에게 내어놓으신다는 것—우리 안에 거하시려고 내어놓으신다는 것—이다. 그리스도께서는 성찬례에서도 그렇게 하신다. 하지만 성찬례에서 자신을 내어놓으시는 일은 확정적으로 보증하는 방식으로 이루어진다는 점에서 다르다.

개혁파 전통에서 설교와 성찬례는 둘 다 선포하는 방식이며, 선포

---

8 내 논문 "John Calvin's Theology of the Eucharist"에서는, 칼뱅이 그리스도의 보증이나 확정을 그리스도께서 우리가 나누어 받도록 그분이 자신을 내어놓으신 행위와 구별되는 행위로 이해한다는 것을 당연하게 여겼다. 이제는 나도 그 점을 잘못 이해하고 있었다고 생각한다.

가 설교에서는 말로, 성찬례에서는 그림으로 표현된다고들 흔히 말한다. 바르트는 이러한 전통을 따른다. 칼뱅이 여기서 성찬례에 대해 하나님이 자신의 약속에 서명하여 보증하셨다는 것 외에 다른 말을 하지 않았다면 이는 칼뱅의 견해에 대한 그럴듯한 해석일 것이다. 그러나 성찬례가 그저 그림의 방식으로 된 대안적 선포라는 생각은 칼뱅의 견해와 거리가 멀다는 게 이제는 분명해졌을 것이다. 성찬례에서 그리스도께서는 우리가 나누어 받도록 자신을 내어놓으신다. 이를 예수 그리스도를 선포하는 일과 동일시해서는 안 된다.

성찬례에서는 설교와 성찬례의 차이를 낳는 또 다른 일이 일어난다. 칼뱅에게 성찬례는 그리스도께서 우리가 나누어 받도록 자신을 내어놓으시는 것으로는 완성되지 않는다. 성찬례는 우리가 실제로 그리스도를 나누어 받을 때, 우리가 빵을 먹고 포도주를 마심으로써 그리스도를 우리 안으로 받아들일 때, 그럼으로써 성령의 능력으로 그리스도께서 우리의 칭의, 성화, 영화를 위해 우리 안에 거하시며 일하실 때 비로소 완성된다. 우리가 빵과 포도주를 섭취함으로써, 그리스도께서 내어놓으신 일을 받아들이는 것이 단지 믿는 것의 문제가 아니라는 게 분명해진다. 앞서 언급한 구절을 반복하자면, 우리가 그리스도께 받는 생명은 "단지 지식으로 받는 게" 아니다. "몸을 먹이기에 충분한 것은 빵을 보는 일이 아니라 빵을 먹는 일이므로, 영혼이 그리스도의 능력으로 영적 생명에까지 소생되려면 참되게 그리고 깊이 그리스도를 함께 나누어 받는 자가 되어야 한다."

예수 그리스도를 나누어 받는 것과 그 유익에 관한 칼뱅의 가르침은 동방정교회에서 통용되는 신화(神化, theosis) 교리를 떠올리게 한다. 이 교리를 정형화한 방식은 다양하다. 어떤 신학자들은 신화가 신이 되는 것으로 구성된다고 말한다. 다른 신학자들은 신화가 하나님과 같이 되는 것으로 구성된다고 말한다. 또 다른 신학자들은 신화가 신적 본성을 나누어 받는 것으로 구성된다고 말한다.[9] 통상 이레나이우스의 문장이 인용된다. "말씀이 사람이 되었다면, 이는 사람이 신이 되게 하려 함이다"(『이단 반박』 제5권, 서문). 이 마지막 버전에 대한 특히 놀라운 진술은 예상치 못한 곳, 바로 C. S. 루이스의 『순전한 기독교』에서 발견된다. 여기서 루이스는 이렇게 말한다.

"너희도 온전하라"라는 명령은 이상주의적 허풍이 아닙니다. 불가능한 일을 하라는 명령도 아닙니다. 그분께서는 우리를 그 명령에 순종할 수 있는 피조물로 만드실 겁니다. 그분께서는 (성서에서) 우리를 "신들"이라고 말씀하셨고, 하신 말씀을 지키실 겁니다. 그분이 하시게끔 둔다면—우리가 그분을 막고자 하면 막을 수 있기 때문에—그분께서는 우리 중 가장 연약한 사람과 더러운 사람을 신이나 여신으로, 우리가 지금은 상상할 수 없는 그런 에너

---

9   『가톨릭 교회 교리서』(Catholic Catechism, 1995) 460항에서는 "말씀이 육신이 되셔서 우리를 신적 본성을 함께 취하는 자가 되게 하신다"고 말한다. 신화에 대한 일반적인 논의와 인용구에 대한 참고 문헌은 위키피디아의 "Divinization (Christian)" 항목을 보라.

지와 기쁨과 지혜와 사랑으로 고동치는 눈부시고 빛나며 불멸하는 피조물로, 하나님 자신의 무한한 능력과 즐거움과 선함을 완벽하게(물론 더 작은 규모지만) 반영하는 밝고 흠 없는 거울로 만드실 겁니다. 그 과정은 길고 부분적으로는 매우 고통스럽겠지만 그것은 우리가 겪어야 할 일입니다. 말 그대로입니다. 그분은 뜻하신 그대로 말씀하셨습니다.[10]

칼뱅의 가르침은 다양하게 정형화된 신화 교리들과 명백히 비슷하긴 하지만, 우리가 성찬례에서 나누어 받는 것이 그분의 신적 본성이 아니라 예전에 그리고 여전히 육신을 입으신 예수 그리스도라고 주장한다는 점에서 대부분의 신화 교리와 다르다.

암시된 하나님 이해

지금까지의 성찬례 논의를 통해 우리는 전례 신학 형성의 첫 번째 단계, 즉 전례의 일부분에서 일어나는 일을 분석하는 단계에 관여했다. 그러나 다른 곳에서와 마찬가지로 우리의 분석은 불가피하게 두 번째 단계와 겹친다. 두 번째 단계에서 우리는 전례에 암시된 하나님 이해를 명시화한다. 칼뱅의 분석에는 성찬례에 암시된 하나님

---

10   C. S. Lewis, *Mere Christianity* (New York: Macmillan, 1954), p. 160. 『순전한 기독교』(홍성사).

이해에 대한 많은 부분이 이미 명시화되어 있다. 따라서 이번 장의 나머지 부분에서 내가 주로 할 일은 우리가 이미 배운 내용 중 일부를 강조하고 이를 다양한 각도에서 살펴보는 것이다.

그러나 그 전에, 내가 제시한 성찬례 분석, 즉 칼뱅의 분석에 논쟁의 여지가 있음을 내가 충분히 인식하고 있다는 점을 다시 한번 말해야 할지도 모르겠다. 누군가는 전통적 가톨릭 분석을 선호할 텐데, 이에 따르면 가장 중요한 일은 빵과 포도주를 내어놓고 섭취하는 것보다 그 요소들을 축성하는 것이다. 상당수의 개신교인은 츠빙글리의 분석을 보다 선호할 텐데, 이에 따르면 성찬례는 우리 쪽에서 찬양하고 감사하는 제사에 불과하다. 지금은 이러저러한 대안에 반대하면서 칼뱅의 분석을 옹호할 때가 아니다. 또한 당연히 성찬례에서 일어나는 일에 대해 아무런 견해도 취하지 않지만 그럼에도 성찬례에서 일어나는 일에 대한 칼뱅의 '높은' 견해를 믿기는 불가능하다고 생각하는 사람도 있을 것이다. 물론 성찬례에 암시된 하나님 이해는 성찬례에서 일어나는 일을 어떻게 분석하느냐에 따라 달라질 것이다.

나는 그리스도교 전례의 상연이 하나님과 하나님의 백성이 서로 말을 건네는 자리라고 주장해 왔다. 이전에 명시적으로 말하지 않은 점은, 서로 말을 건네는 일은 상호 사랑의 정신으로 할 때 사람들 사이에서 친교의 형태가 된다는 것이다. 그리스도교 전례의 상연은 하나님과 하나님의 백성 사이에서 **친교**가 일어나는 자리다.

하나님과 하나님의 백성 사이의 전례적 친교는 성찬례에서 최고의 형태에 이른다. 빵을 먹고 포도주를 마심으로써 우리는 그리스도를 우리 안으로 받아들이며, 그럼으로써 그리스도는 우리 안에 거하시며 일하신다. 이는 서로 말을 건네는 데서 일어나는 친교를 훨씬 뛰어넘는 친교의 형태다. 실제로 인간의 상호 작용에는 이와 밀접한 유사점이 없다. 우리는 하나님과 백성이 서로 말을 건네는 일을 논할 때 우리 인간이 서로 관계하는 방식에서 밀접한 유사점을 적시할 수 있었고, 그러한 유사점을 이용하여 전례에서 일어나는 일을 조명할 수 있었다. 성찬례 상연에서 일어나는 친교의 형태는 우리 인간이 서로 관계하는 방식과 밀접한 유사점이 없다. 그리스도께서 우리에게 남기신 유사점은 빵과 포도주를 섭취하는 것과의 유사점이다. 더할 나위 없이 탁월하신 하나님은 우리에게 귀기울이시고 우리의 말을 들으시며 우리에게 말씀하시기 위해 몸을 굽히실 뿐만 아니라, 성령의 활동을 통해 예수 그리스도의 인격으로 우리 안에 거하시며 일하시기 위해 몸을 굽히신다. 서로 말하고 들을 때는 대화자 사이에 일정한 거리가 남아 있다. 성찬례에서 일어나는 친교에서는 모든 거리가 사라진다.

이와 다르지만 관련된 점이 있는데, 다음과 같다. 하나님께 말을 건네는 행위들은 일반적으로 그리스도론적인 것이 아니다. 그 내용은 그리스도론적일 수 있으며 종종 그렇다. 그러나 그것들이 단지 하나님께 말을 건네는 사례이기 때문에 그리스도론적인 것은 아니다. 반면 성찬례 행위는 칼뱅의 분석에 의하면 본유적으로 그리스도론적이다. 그리스도께서는 우리가 나누어 받도록 자신을 내어놓으시고, 우리는 그 내어놓으심을 받아들인다. 성찬례에 암시된 신학은 본유적으로 그리스도론적이다.

나는 이미 칼뱅의 분석에서 성찬례에 암시된 그리스도론의 한 측면에 주목했다. 예수님의 승천은 인간 본성을 벗어 버린 삼위일체의 두 번째 위격을, 따라서 예수 그리스도가 존재하지 않음을 나타내지 않는다는 것이다. 우리가 나누어 받는 것은 예수 그리스도다. 그래서 칼뱅은 우리가 그리스도의 **살과 피**를 나누어 받는다고 주장한다.

그러나 칼뱅의 분석에서 가장 두드러진 그리스도론적 측면은 그리스도께서 성육신, 십자가에 못 박히심, 부활, 승천을 통해 단순히 우리의 구원을 '성취'하시는 게 아니라, 그다음에 그분이 성취하신 것을 신앙으로 붙잡는 일이 우리에게 있다는 것이다. 그리스도께서는 성령의 활동으로 우리를 거룩하게 하시고자 우리 안에 거하시고 일하신다. 칼뱅의 분석에 의하면, 성찬례에 암시된 그리스도론은 요한복음과 바울 서신 중 일부에 표현된 그리스도론이다.

다음은 예수께서 적대자들과 논쟁하시면서 하신 말씀의 일부다.

내가 진실로 진실로 너희에게 이르노니 인자의 살을 먹지 아니하고 인자의 피를 마시지 아니하면 너희 속에 생명이 없느니라. 내 살을 먹고 내 피를 마시는 자는 영생을 가졌고 마지막 날에 내가 그를 다시 살리리니 내 살은 참된 양식이요 내 피는 참된 음료로다. 내 살을 먹고 내 피를 마시는 자는 내 안에 **거하고** 나도 그의

안에 **거하나니**. (요 6:53-56, 강조는 나의 것)

다음은 예수께서 제자들에게 고별 강론에서 하신 말씀의 일부다.

그가 내 안에, 내가 그 안에 **거하면** 사람이 열매를 많이 맺나니 나를 떠나서는 너희가 아무것도 할 수 없음이라. (요 15:5, 강조는 나의 것)

다음은 바울이 로마서에서 한 말이다.

만일 너희 속에 하나님의 영이 거하시면 너희가 육신에 있지 아니하고 영에 있나니 누구든지 그리스도의 영이 없으면 그리스도의 사람이 아니라. 또 그리스도께서 너희 **안에** 계시면 몸은 죄로 말미암아 죽은 것이나 영은 의로운 일을 행함으로 말미암아 살아 있는 것이니라. (롬 8:9-10, 강조는 나의 것)[11]

칼뱅의 분석에 의하면 성찬례에서 우리는 요한과 바울의 그리스도론을 상연한다.

성찬례에 암시된 것에서 시작하는 그리스도론(그리고 성령론)이

---

[11] "의로운 일을 행함"(doing what is right)은 그리스어 *dikaiosune*에 대한 내 번역이다. 개정표준역(RSV)과 신개정표준역(NRSV)에서는 모두 "의"(righteousness)로 번역한다.

전통적 그리스도론들과 어떻게 다른지 자세히 살펴보는 일은 흥미롭고 가치 있을 것이다. 내가 추측하기로는, 이천 년 전 베들레헴에서 일어난 사건에서 시작하지 않고 그리스도께서 현재 신자들 안에 거하시는 데서 시작했기에 그 구성이 상당히 달라질 것이다. 그러나 누군가가 전례적 그리스도론을 실제로 전개해 봐야 확신할 수 있다.

후기

그리스도교 전례를 전습한다는 것은 하나님에 대한 특정한 이해—
전례적 이해라 부른다—를 얻는 일이다. 이러한 이해 중 일부는 자
신이 참여하는 특정한 전례의 상연에 명시되어 있으나, 대부분은
암시적이다. 이 책에서 내 프로젝트는 암시된 것 중 일부를 명시화
하는 것이었다.

역설적인

하나님에 대한 전례적 이해는 놀랍도록 역설적인 것으로 판명된다.
그리스도인들은 하나님을 경배하기 위한 전례를 상연하고자 모인
다. 그리스도인들은 또한 모였을 때의 삶이나 흩어졌을 때의 삶 모
두 하나님께 대한 헌신으로 세워지기를 기대하거나 소망한다. 하지
만 자신들이 하는 방식으로 하나님을 예배함으로써, 헌신으로 세워
지기를 소망하거나 기대한다.

예배는 일반적으로 경배다. 각각의 경우에 예배는 경배의 대상과 그 대상에 대한 예배자의 이해로부터 특정한 윤곽을 얻는다. 나는 그리스도교의 전례적 하나님 경배에서 다음과 같은 것이 두드러진다고 주장했다. 하나님이 측량할 수 없이 크게 영광스러우시기에 하나님을 경외하며 경배하는 것, 하나님이 측량할 수 없이 크게 거룩하시기에 하나님을 경건하게 경배하는 것, 하나님이 측량할 수 없이 크게 우리 즉 하나님의 인간 피조물을 사랑하시기에 하나님께 감사하며 경배하는 것이다.

하나님에 대한 전례적 이해의 역설적 성격이 드러나기 시작한 것은 하나님을 예배하는 일의 규범적 위상을 고려할 때였다. 하나님을 예배하는 일은 일반적으로 인간이, 특히 교회가 하는 좋은 일일 뿐만 아니라 우리가 해야 할 일, 하나님께 마땅히 해야 할 일이다. 그 일을 하지 않으면 하나님께 잘못을 범하는 것이다. 그러나 분명 그것은 우리 인간이 필연적으로, 어쩔 수 없이, 불가피하게 하는 일이 아니다. 하나님은 우리가 자유롭게 하나님을 경배하거나 경배하지 않을 수 있게 창조하셨다. 우리가 하나님께 예배할 의무가 있다는 사실에 더하여 하나님이 우리를 하나님을 예배하거나 예배하지 않을 자유가 있는 존재로 창조하셨다는 사실은, 하나님이 스스로를 우리의 잘못에 취약하게 하셨음을 의미한다.

전례에서 고백 행위를 들여다보면, 하나님이 부당한 대우를 **받기 쉬울** 뿐만 아니라 **실제로** 부당한 대우를 받으셨다는 것이 이 전례 행위에 암시된 하나님 이해임을 알게 된다. 우리는 하나님께 잘못한 것을 하나님께 고백한다. 그리고 우리가 전례에서 우리의 중보 기도와 하나님에 대한 찬미 행위를 들여다보면, 하나님은 부당한 대우를 받기 쉬울 뿐만 아니라 하나님의 나라를 도래하게 하시려는 하나님의 행위가 저항받기 쉽다는 것이 이 전례 행위에 암시된 하나님 이해임을 알게 된다. 물론 우리가 하나님께 잘못하는 것 자체가 하나님 나라를 도래하게 하는 일에 대한 저항이다.

이는 매우 역설적이다. 즉 영광, 거룩함, 사랑에서 측량할 수 없이 탁월하신 하나님께서 하나님 자신이 부당하게 대우받고 저항받기 쉽도록 허용하신다는 것이다. 그러나 역설은 이제 더욱 깊어진다.

사람의 입장에서 보면, 전례에서 가장 두드러지는 행위는 회중이 말하는 일과 회중이 듣는 일이다. 상당수의 전례 행위―예컨대 바구니에 헌금을 넣는 일―는 이 둘에 속하지 않지만, 그럼에도 전례에서 가장 두드러진 두 가지 유형의 행위는 회중이 말하는 일로 구성된 행위와 회중이 듣는 일로 구성된 행위다.

회중에 의한 말하기는 대부분 하나님이 귀를 기울이시리라는 기대와 하나님이 호의적으로 들으시리라는 기대와 소망을 가지고 하나님께 말을 건네는 일로 이루어진다. 그리고 나는 회중이 듣는 일은 대부분 하나님이 어떤 사람의 말을 통해 회중에게 말씀하시는 것을 회중이 듣는 일로 이해해야 한다고 주장했다. 전례의 상연은 하나님과 백성이 서로 말을 건네고 귀 기울이는 자리다.

우리가 이 서로 말 건넴과 귀 기울임에 담긴 규범적 의미를 숙고할 때 이르게 되는 결론은, 하나님은 우리에게 귀 기울이시고 말씀하시기 위해 자신을 낮추시고, 그와 동시에 우리가 하나님께 이야기하도록 우리를 초대하시고 한낱 인간에게 하나님을 대신하여 말할 권한을 주심으로써 우리를 높이신다는 것이다. 놀라운 역설이다. 즉 영광, 거룩함, 사랑이 측량할 수 없이 크신 하나님이 우리와 서로 말을 건네고 귀를 기울일 수 있도록 하나님 자신을 낮추시고 우리를 높이신다는 것이다. 또한 우리가 성찬례를 탐구할 때 배운 것은, 측량할 수 없이 위대하고 탁월하신 하나님이 우리에게 귀 기울이시고 말씀하실 뿐만 아니라 우리의 성화를 위해 우리 안에 거하셔서 일하시려고 자신을 내어놓으심으로써 그리스도 안에서 하나님 자신을 낮추셨다는 것이다. 놀라운 역설이다!

왜 전례 신학을 하는가?

첫 번째 장에서는 '왜 전례 신학이 필요한가?'라는 물음을 제기했다. 요점은 무엇인가? 왜 다른 유형의 신학에 만족하지 않는가? 나는 어떤 실질적인 전례 신학이 손에 잡히기 전까지는 대답을 미루겠다고 말했다. 이제는 할 수 있다. 그러니 답을 제시할 시간이다.

교회는 성서를 해석하고 적용하는 실천을 통해 성서에 제시된 하나님 이해를 전수한다. 교회는 신경, 신앙고백, 교리문답을 암송하고 가르치는 실천을 통해 하나님에 대해 믿는다고 공식적으로 선언한 내용을 전수한다. 교회는 전례를 상연하는 실천을 통해 예배에 암시된 하나님 이해를 전수한다. 이것들은 서로 다르지만 상호 작용하는 교회 전통의 세 가지 차원이다.

교회 전통의 이 세 차원은 교회가 전수하는 모든 것을 망라하지 않는다. 교회는 일상생활에서 어떻게 하나님을 섬기고 하나님께 순종하는지도 전수한다. 이 역시 교회 전통의 차원이다. 그러나 여기서 전례 신학의 중요성을 설명하려는 목적상 이러한 교회 전통의 그 밖의 측면—중요하긴 하지만—을 다루지 않더라도 전혀 문제될 것은 없다.

그리스도인인 우리는 세 차원을 모두 전습하고, 그럼으로써 셋 모두에 의해 형성되고 훈련된다. 세 차원이란, 교회의 성서 해석 전통을 전습하고, 교회가 믿는 것을 선언하는 전통을 전습하며, 그리스도교 전례 전통을 전습하는 것이다. 전습을 통해 각 차원은 고유한 방식으로 우리에게 작용한다. 물론 첫 번째 및 세 번째와 관련하여 우리는 일반적 전통을 전습하기보다는 어떤 특정 버전의 전통을 전습하게 된다. 그리고 두 번째와 관련하여 우리는 보편 교회가 믿는다고 선언하는 바를 전습하기보다는 어떤 특정한 고백 전통을 전습하게 된다. 이 삼중 형태의 교회 전통은 불일치와 논쟁을 포함한다는 점에서 일반적인 전통과 비슷하다.

삼중 형태의 교회 전통은 또한 전통을 전습한 사람들에게 권위를 전달해 준다는 점에서 일반적인 전통과 비슷하다. 교회 전통의 처음 두 차원이 가진 권위의 독특한 특성은 자주 그리고 길게 논의되었다. 하지만 교회 전통의 전례적 차원의 권위의 독특한 특성은 개신교인들에 의해 좀처럼 거의 논의되지 않았다.

교부들에게서 우리에게 내려오는 격언 하나는 "기도의 법은 신앙의 법"(*lex orandi, lex credendi*)이다. 이 말은 아리송한 말이며 각기 다른 해석에 열려 있다. 신학자들이 이 말을 해석하고 사용하는 각기 다른 방식을 조사하는 일은 어느 정도 흥미로울 것이다. 여기서는 이 말이 내가 지금 말한 내용, 즉 교회의 전례 전통이 권위를 가지고 있다는 점을 간명하게 진술한 것으로 해석될 수 있다는 데 주목하겠다.

여기서 저 권위의 특성을 기술하지 않고 앞서 말한 내용을 반복하겠다. 즉 나는 전통 전례가 수없이 많은 그리스도인에 의해 세월의 시험을 견뎌 왔다는 사실에 저 권위가 뿌리를 두고 있다고 본다. 전 세계에서 거의 이천 년이 넘는 기간 동안 교회의 구성원들은 매주일 모여 이 전례를 이러저러하게 상연해 왔다. 어느 지점에서 하나님에 대한 그들의 암시적 혹은 명시적 이해에 심각한 오류가 있었다면, 전례의 그러한 부분은 오래전에 이미 거부되었을 가능성이 매우 크다. 그리스도교 예배자들이 그런 부분은 없어져야 한다고 뼈저리게 느꼈을 것이다.

교회 전통의 세 차원인 성서적 차원, 공의회-신경적 차원, 전례적 차원에 각각 해당하는 신학이 있다. 첫 번째 차원에 해당하는 신학은, 교회가 해석한 성서에 명시되어 있거나 암시되어 있는 하나님 이해를 신학자들이 교회를 대신하여 정교하게 표현한 것이다. 두 번째 차원에 해당하는 신학은, 교회의 공의회적·신경적 선언에 명시되어 있거나 암시되어 있는 하나님 이해를 신학자들이 교회를 대신하여 정교하게 표현한 것이다. 세 번째 차원에 해당하는 신학은, 교회의 예배에 명시되어 있거나 암시되어 있는 하나님 이해를 신학자들이 교회를 대신하여 정교하게 표현한 것이다. 이 가운데 첫 번째는 성서신학이고, 두 번째는 공의회-신경 신학이라 불릴 만한 것이며, 세 번째는 전례 신학이다.

교회는 성서신학과 공의회-신경 신학의 풍부한 유산을 가지고 있다. 이것들 각각에는 분명 고유한 특성이 있다. 전례 신학이 이것들 중 하나와 크게 다르지 않다고 판명된다면, 전례 신학에 신경 쓸 이유는 없을 것이다. 이제 우리가 얻은 전례 신학에 대한 하나의 표본을 보면, 전례 신학이 성서신학 및 공의회-신경 신학과 크게 다르다는 점을 의심할 독자는 없으리라 믿는다. 전례 신학은 다른 형태의 신학들과 모순되지 않는다. 많은 점에서 겹친다. 그러나 고유한 구성이 있다. 전례 신학에서 강조하는 다른 많은 부분은 그림자의 자리에 있다. 전례 신학은 하나님이 귀 기울이시는 분이며 취약하신 분임을 강조한다. 공의회-신경 신학에서는 이 두 가지에 대해 아무 말도 하지 않는다.

이 세 형태의 신학이 서로 크게 다른 모습으로 나타나는 이유를 물을 수 있다. 분명 그 대답은, 이 신학들은 각기 세 가지 상당히 다른 측면에 초점을 맞추기 때문이라는 것이다. 교회가 성서를 해석하는 실천은 교회가 신경을 공식화하고 가르치는 실천과는 상당히 다르다. 그리고 이 둘 모두는 교회가 전례를 상연하고자 모이는 실천과 상당히 다르다. 실천이 다르기 때문에 이 실천들에 암시되어 있고 명시되어 있는 하나님 이해가 다르다.

그렇다면 다시 한번 묻자. 왜 전례 신학을 하는가? 교회의 신학자들이 성서신학과 공의회-신경 신학을 발전시킨 것과 같은 이유 때문이다. 이 셋 모두는 교회가 전달하는 하나님 이해를 정교하게 표현하고, 비판이 필요할 때 비판한다. 성서신학은 성서에 나타난 하나님에 대한 교회의 이해를 정교하게 표현하고, 비판이 필요해 보인다면 비판한다. 공의회-신경 신학은 하나님에 대한 교회의 공의회적·신경적 이해를 정교하게 표현하고, 비판이 필요해 보인다면 비판한다. 전례 신학은 하나님에 대한 교회의 전례적 이해를 정교하게 표현하고, 비판이 필요해 보인다면 비판한다.

지금 식별한 이 세 유형의 신학을 **교회의 성찰 신학**(church-reflexive theology)이라고 부르자. 이는 여기서 교회가 교회 고유의 삼중 신학에 담긴 암시적이고 명시적인 하나님 이해를 정교하게 표현하고 비판한다는 개념이다. 흔히 말하는 **구성**신학(*constructive theology*)은 교회성찰 신학과 구별된다. 구성신학자는 하나님에 대한 자신의 견해를 분명히 표현한다. 구성신학자가 그리스도교 신학자라면 그리스도교의 성서는 물론이고 교회가 공의회와 신경에서 선언한 것에 상당히 비중을 둘 것이다. 내 생각에는 전례에도 그리해야 한다. 그러나 구성신학자의 프로젝트는 교회의 삼중 전통에 담긴 암시적이고 명시적인 신학을 분명히 표현하는 게 아니라 하나님에 대한 자기 자신의 생각을 발전시키는 것이다.

서구에서는 존중받는 학문 분과이기 위한 요건에 부합하려는 관심이 구성신학을 강력하게 형성해 왔다. 아퀴나스의 아리스토텔레스적 사고방식을 고려할 때, 그가 『신학대전』에서 신학이 진정한 학문이라는 점을 확립하는 데 관심을 기울였다는 사실은 놀랍지 않다. 이 글을 쓰는 필자에게는, 칼 바르트가 『교회 교의학』 프롤레고메나에서 신학이 진정한 학문이라는 점을 확립하는 데에도 관심을 기울였다는 사실이 놀랍게 다가왔다.[1]

신학이 진정한 학문(*scientia* or *Wissenschaft*)이 되기 위한 요건에 부합하려는 구성신학자들의 변형된 관심은, 신학이 신에 대해 주장한 내용이 인식론적으로 확실하게 보증되어야 한다는 것 그리고 그렇게 보여야 한다는 것에 대한 관심이다. 그 많은 구성신학의 프롤레고메나가 계시에 관한, 더 일반적으로는 하나님을 아는 방법에 관한 담론이라는 사실을 이것 말고 또 무엇으로 설명할 수 있는가? 『기독교 강요』에서 자신의 프로젝트가 독자들에게 성서 해석 방법에 대한 지침을 제공함으로써 경건을 함양하는 것이라고 말한 칼뱅조차도 우리가 하나님을 아는 방법에 관한 긴 담론으로 시작한다. 전례 신학자라면 이런 식으로 시작할 생각을 하지 않을 것이다. 우리는 그리스도인이 하는 방식으로 하나님을 예배할 수 있을 만큼 우리가 하나님에 대해 알고 있다는 가정하에 전례 상연에 참여한다.

하지만 **형성** 신학(*formation* theology)이라 부를 수 있을 만한 또

---

1   바르트가 『교회 교의학』을 여는 장(section)을 보라.

다른 유형의 신학, 즉 교회의 사상이나 삶에 형성적 영향을 미치는 일을 목표로 하는 신학이 있다. 적어도 칼뱅이 스스로 기술한 바에 따르면 『기독교 강요』에 담은 그의 신학은 형성 신학이었다. 그는 독자들의 경건 형성을 목표로 삼았다. 장 르클레르크의 경이로운 책 『배움에 대한 사랑과 하나님을 향한 열망』에 서술된 성 베네딕투스(St. Benedict)의 신학도 형성 신학으로, 베네딕투스가 지도자였던 수도원 공동체의 삶을 형성하는 일을 목표로 삼았다.[2]

전통적인 철학적 신학에 대한 도전

우리의 논의 과정에서 나타난 전례 신학은 상당수의 전통적인 철학적 신학에 도전을 가한다. 전통적인 철학적 신학은 세상의 현재 모습을 고려할 때 하나님이 어떤 모습이어야 하는지 묻는 것으로 시작한다. 여기에 하나님은 완전하시다―그보다 더 크거나 더 뛰어난 존재가 없다―는 논지를 추가한다. 전통적인 철학적 신학에서는 하나님이 순수 행위(pure act, *actus purus*[순수 현실태])이고, 영원하며, 제약이 없고, 불변하시다는 등의 내용으로 결론짓는다.

전례 신학에서는 우리가 하나님께 말하는 것을 하나님이 들으신다는 사실을 강조한다. 우리가 하나님께 말하는 것을 하나님이 들

---

2   Jean Leclercq, *The Love of Learning and the Desire for God: A Study of Monastic Culture* (New York: Fordham University Press, 1982).

으시는 일은 우리가 말할 때 일어나는 것처럼 보인다. 만약 그렇다면 이는 하나님이 영원하시다는, 시간을 초월하신다는 주장과 충돌하는 것처럼 보인다. 또한 하나님이 불변하시다는 주장과도 충돌하는 것처럼 보인다. 우리가 말할 때 하나님이 우리가 말하는 것을 들으신다면, 하나님이 변화하시는 것처럼 보이게 될 것이다. 마치 당신이 내게 말할 때 내 삶에 변화가 생기는 것처럼 말이다. 그리고 우리가 하나님께 하는 말을 하나님이 들으시는 것이 정말로 하나님의 삶에서 어떤 변화로 여겨진다면, 하나님의 자존성 혹은 무제약성(unconditionedness)에 관한 교리를 포기해야 할 것 같다. 우리가 하나님께 하는 말을 하나님이 들으신다는 것은 하나님 바깥에 어떤 조건(condition)이 있다는 것이다. 즉 우리가 하나님께 무언가를 말하는 행위를 조건으로 한다. 하나님은 순수 행위가 아니다.

이러한 급한 논평은 전례 신학과 하나님의 영원성, 불변성, 자존성 교리의 양립 불가능성을 입증하는 데 한참 모자란다. 양립 불가능성이 입증될 수 있다고 가정하더라도 이를 입증하는 데에는 상당량의 어렵고 신중한 작업이 필요하다. 그리고 양립 불가능성이 입증될 수 있더라도, 철학적 신학자에게는 전례가 하나님에 대해 잘못된 것을 가정하고 있다고 일축할 수 있는 가능성이 항상 열려 있다. 아니면 내가 전례에 암시되어 있다고 주장한 신학이 실제로 암시되어 있지 않다고 주장함으로써 마이모니데스의 발자취를 따르고, 철학적 신학의 결론과 전례에 암시된 것 사이에 양립 불가능성이 없게 되는 마이모니데스식의 대안적 분석을 제시할 수 있는

가능성도 항상 열려 있다.

이러한 논의의 결과가 무엇이든, 우리의 논의에서 나타난 전례 신학은 적어도 전통적인 철학적 신학에 도전을 가한다. 내가 아는 한 이 도전은 철학적 신학에 대해 글을 쓴 사람 중 그 누구도―이 일반화에 나 자신도 포함된다―고려한 적 없는 것이다. 이제 나는 이것을 심각한 결점으로 생각한다.

결론적으로

앞서 언급한 다양한 형태의 신학 가운데 전례 신학은 아마도 '가장 작은 것'일 것이다. 그러나 전례 신학에는 전통이 있고, 이 책이 그 시작은 아니다. 나는 존경받는 전임자로 알렉산더 슈메만과 J.-J. 폰 알멘 두 사람을 언급했지만, 다른 사람을 언급할 수도 있을 것이다.

전례 신학 전통에 익숙한 사람들은 내가 이 전통에 기여하는 바가 아주 특이함을 알 것이다. 나는 귀 기울여 들으시는 분이라는 하나님에 대한 전례적 이해에 여러 장을 할애했다. 반면 내가 아는 한 다른 어떤 전례 신학자도 하나님이 하시는 일의 이러한 측면을 논하지 않았다. 또한 내가 아는 한 어떤 전례 신학자도, 우리의 잘못과 저항에 취약한 분이라는 하나님에 대한 전례적 이해를 논하지 않았다.

내가 발전시켜 제시한 전례 신학이 다른 사람들의 전례 신학과 다른 이유는 무엇인가? 이에 대한 대답은 부분적으로, 독자들도 모두 알다시피 내가 받은 훈련과 나의 전문 분야가 철학인 반면, 슈메만과 폰 알멘 및 그들의 동료들이 받은 훈련과 그들의 전문 분야는 신학이기 때문이다. 이 차이는 결과에서 상당한 차이를 낳을 수밖에 없다.

그러나 이 점이 전체를 설명할 수는 없다. 신학 훈련과 전문성은 귀 기울여 들으시는 분으로 하나님을 논하는 데 방해되지 않는다. 다른 원인이 작용하여 차이가 발생한다. 그게 무엇인가?

부분적으로는 다음과 같이 답변할 수 있을 것이다. 나는 슈메만을 인용하여 전례 신학의 목표는 전례의 신학적 "로고스", 신학적 "의미"를 밝히는 것이라고 말했다. 그는 전례가 "암호로 된" 신학을 담고 있다고 말한다. 전례 신학자의 과업은 그 암호를 "해독하는" 일이다. 나는 슈메만을 다음과 같은 의미로 해석했는데, 바로 전례 신학자의 과업은 전례에 암시된 하나님 이해를 명시화하여 분명하게 표현하는 일이라는 것이다. 그것이 내가 한 일이다.

그러나 실제로 슈메만이 한 일을 보면, 그 대부분은 전례에 **암시된 신학을 명시화하여 분명하게 표현하기**보다는 전례에 **대해 신학적으로 성찰하기**로 더 잘 설명되는 것 같다. 폰 알멘의 신학을 비롯해 내게 친숙한 다른 모든 전례 신학도 마찬가지다. 그것들은 전례**에 대한** 신학(theology of liturgy)이다. 당연히 '전례에 대한 신학'과 '전례에 암시된 신학을 명시화하기' 사이에서 경계에 있는 경우도 있을 것이다. 그러나 나는 대부분의 전례 신학이 후자보다는 전자의 개념에 훨씬 더 잘 들어맞는다고 생각한다. 내 논의의 대부분은 그 반대에 해당한다.

이것이 바로 이 책이 다른 전례 신학과 그렇게 다르다고 판명된 이유에 대한 완전한 대답일까? 전례 신학자들이 하나님을 들으시는 분으로, 하나님을 취약한 분으로 논하지 않는 이유는 부분적으로 그들이 하나님을 순수 행위, 순수 현실태로 생각하는 오랜 전통에 영향을 받았기 때문일까? 물론 듣는 일도 하나의 행위다. 그러나 그것은 '순수' 행위가 아니다. 반응이다.

옮긴이의 말

2023년 봄을 지나는 지금, 도시 곳곳 불의와 불평등에 맞서는 시위 현장 가운데 그리스도인들이 연대하는 여러 장소가 있다. 그리고 그곳에서 예배하는 이들은 그 자리의 시간을 집회나 기도회가 아닌 엄밀히 "현장예배"라고 부른다. 주일 오전 교회 건물 안에서 상연되는 예배와 겉모습은 차이가 나지만, 분명한 질서를 따라 정돈된 무리가 모여 동일한 순서를 매주 반복한다. 도시 문제에 관심을 두고 해결책을 찾아보려 애쓰는 목회자들이 돌아가며 설교하고 성찬을 집례한다. 그들은 교회력에 따라 가운을 입고 스톨을 목에 건다. 항상 자리를 채우는 당사자들과 연대인들은 이미 숙지한 순서대로 자연스럽고 익숙하게 예배에 참여한다. 간혹 새로 찾아오는 이들, 지나가다가 기웃거리는 이들을 안내하기도 한다. 예배하는 공간 앞뒤에는 교회력에 맞춘 색깔의 초들이 점화되고 테이블보가 깔린다.

예배 순서를 더 들여다보자.[1] 우선 예배 시작 전 모인 이들은 그

---

1   옥바라지선교센터가 주관하는 '을지OB베어를 되찾기 위한 현장예배' 중 지난 2022년 11월 23일 예배 순서를 참고하였다.

날 예배에서 부를 찬송을 두어 번 연습하고 예배 순서에 대한 설명을 듣는다. 정해진 시간에 이르면 인도자가 세 번 타종하여 '예배로의 부름'을 상연하고 '기원문'을 읽는다. 이 기원문에는 매일 힘써 모이는 일을 게을리하지 않겠다는 다짐과 하나님이 이 예배에 오시기를 바라는 기원이 담겨 있다. 대개 성서의 말씀을 근거로 작성되지만, 시편으로 대신하기도 한다. 이어 회중과 함께 '모임찬송'을 부른다. 그리고 '죄의 고백'을 한다. 정의를 바라고 연대하겠다는 마음 언저리에 혹시나 탐욕과 불안, 이기심, 편견이 있지 않은지 돌아보고, 주님께 이런 우리를 변혁시켜달라고 간구한다. 타종과 함께 잠시 침묵으로 기도한 후 현장을 지켜 온 분들의 이야기를 '현장의 증언'이라는 순서로 듣는다. 이야기가 끝나면 인도자는 그날의 말씀을 봉독한 후 "이것은 주님의 말씀입니다"라고 선포한다. 회중들이 "주님께 감사드립니다"라고 받고 '말씀의 노래'를 부르는 동안 설교자가 앞으로 나와 설교를 시작한다. 설교 후에는 떼제 찬송인 '키리에 엘레이손' 노래를 인도자와 회중이 번갈아 가며 반복해서 부르고 그 사이사이 '공동기도'를 읽는다. 내용은 중보 기도라고 보면 된다.

이제 성찬례로 이어진다. 대개 설교자인 집례자가 주님의 식탁임을 선포하고 회중을 초청한다. "이 식탁은 주님께서 우리를 위해 마련하신 잔칫상입니다. 이 식탁은 자본과 권력과 폭력으로 골목을 정복하는 힘에게 부역하는 식탁이 아니라, 그리스도의 이름으로 먹고 마시는 식탁입니다. 우리 그리스도께서는 쫓겨난 이들과 연대하시는 주님이십니다. 그러므로 생명과 사랑이 넘치는 이 식탁으로 여러분을 초대합니다." 성찬을 위해 집례자와 회중은 말을 주고받으며 기도한다.

> 집례자: 주께서 여러분과 함께하시기를 빕니다.
> 회중: 또한 목사님과 함께하시기를 빕니다.
> 집례자: 주님을 향하여 마음을 드높이십시오.
> 회중: 주님을 향하여 우리의 마음을 듭니다.
> 집례자: 우리 주 하나님께 감사드립시다.
> 회중: 주 하나님께 감사와 찬양을 드림이 마땅합니다.

> 집례자: 부활의 주님, 세상을 창조하시고 어둠이 가득한 이 땅을 구원하시기 위하여 그리스도를 보내 주셨으니 감사하나이다.
> 다 함께: 주님께서는 가난한 자리로 오셔서 우리와 함께하셨습니다. 그로 인해 죽임을 당하셨지만, 그 죽음에서 부활하셨습니다. 당신의 부활을 따라 우리도 영원한 하루를 살아내고자 합니다.

모두 식탁을 향해 손을 뻗고 집례자의 말을 따라 '성령 임재의 기원'을 한다. "자비로우신 하나님, 이 자리에 성령을 보내셔서 이 빵과 잔을 거룩하게 하소서. 우리는 그리스도의 몸을 나눔으로 하나되고, 그리스도의 보혈을 마심으로 고난에 동참합니다. 이것을 나누는 우리들에게도 성령을 내리셔서 우리를 거룩하게 하소서. 그래서 우리가 누구를 지지하고, 어디와 연대할 것인지를 또렷하게 알게 하시고, 두려움 없이 오로지 당신께서 주시는 용기로 맞서게 하소서." 이어 집례자는 '제정의 말씀'을 따라 제정한다. 주로 고린도전서 11장 23절에서 25절의 말씀을 읊은 다음, 성찬 그릇에 담긴 빵을 들어 쪼개고 포도주 잔을 들어 회중에게 보인다. '성찬 나눔'의 시간, 한 사람 한 사람을 먹이신 주님을 기억하며 주린 이웃을 먹이고 눈물을 닦아 주겠다는 가사의 성찬 노래를 부른다. 집례자가 회중을 돌며 인도자의 도움을 받아 빵과 포도주를 나눠 준다. 성찬이 모두에게 분배되고 먹고 나면 '감사기도'로 성찬례는 마무리된다. 성찬례가 끝나면 '알림과 사귐'의 시간이 뒤따른다. 광고와 현황을 나누고 '끝 노래'를 부른 후 '공동 축도'의 글을 함께 읽는다. "주님께서 우리에게 연대의 은총을 허락하시고, 우리들이 끊어지지 않게 지켜 주시며, 주님께서 우리를 밝은 얼굴로 대하시어, 우리에게 희망의 은혜를 베푸시며, 주님께서 우리를 고이 보시어서, 을지OB베어를 비롯한 모든 아픔의 현장 가운데 정의로운 평화를 주시기를 빕니다. 아멘." 끝을 알리는 타종으로 전체 예배를 마친다.

예배 상연의 사례로 살펴본 위 예배의 순서와 내용은 개인의 욕구와 욕망을 충족하는 데 목적이 있는 것이 아니라 하나님을 예배하는 데 모든 시선이 향해 있다. 하나님께 복을 빌고, 하나님을 찬양하며 감사하고, 하나님께 죄를 고백하고, 중보하고, 하나님의 말씀을 듣고, 성찬례를 올린다. 니콜라스 월터스토프에 따르면 "대본화된 예배 행위의 수행"이므로, 그리스도교 전통에 잇대어 반복적이고 규칙적으로, 또한 공동체적으로 상연되는 이 예배를 "전례적"이라고 할 수 있다. 이 예배에서 사용된 언어와 찬송의 가사, 설교자의 메시지, 그리고 참여자들의 모습은 그들이 이해한 하나님을 또렷하게 보여 주는 동시에, 상연되는 예배의 흐름과 정서는 저변에 깔린 하나님에 대한 이해를 추론해 볼 수 있게끔 한다. 즉 이 예배 공동체는 성서와 그리스도교 전통을 유지하면서 그들의 신학적 확신을 표현하는 전례를 구성했다.

이 책에서 월터스토프는 전례 신학을 기획한다. 그가 의도한 전례 신학은 조직신학이나 성서학이 밝혀낸 하나님을 파악한 후 예배 순서에 반영하는 작업이 아니다. 그리스도교 전례의 의미나 역사를 훑는 작업도 아니다. 예배를 구속사적으로 구성하는 방법론을 고찰하거나 그리스도교 전통별 예배 형식의 차이를 조사하는 작업도 아니다. 설교와 성찬례를 비롯한 성사의 선포를 중요하게 강조하지도 않고 예배의 본질을 촉구하지도 않는다. 월터스토프가 전례 신학이라고 부르는 이 책의 전 과정은 그리스도인들이 여러 모양으로 수행해 온 그리스도교 예배 자체에 암시된 하나님, 예배의 상연을 통해 명시적으로 드러내 온 하나님을 성찰한다. 예배를 시작하는 타종부터 마지막 헤어지는 순간의 타종까지, 지금껏 예배 공동체라고 충분히 불릴 만한 무리가 이해해 온 하나님을 예배 안에서, 특히 집례자와 회중이 주고받는 예배의 언어를 통해 여러 방면으로 포착한다. 거꾸로 말하면, 그리스도교 역사 내내 예배에 참여해 온 이들은, 즉 교회는 하나님을 어떻게 이해했길래 우리가 아는 그러한 전례적 예배 대본을 남긴 것인지의 관계를 밝히는 데 에너지를 쏟는다. "전례 신학은 무엇보다도 전례에 대한 교회의 자기-검토가 아니라 전례 안에 암시되고 명시되는 신학에 대한 교회의 자기-검토다."

월터스토프의 철학적인 엄밀함은 이 기획 내내 두드러진다. 성서와 그리스도교 교리에 신중하게 접근하는 정도에서 나아가, 다양한 언어 이론을 가져오고 발화와 수반 행위의 관계를 설명한 후 예배에서 하나님을 부르는 언어가 표상하는 하나님의 속성 및 우리의 말하는 바의 의미를 밝히는 과정이 특히 그렇다. "교회가 전례를 상연할 때 교회 자체를 스스로 현실화한다"는 러시아 정교회 전례 신학자인 알렉산더 슈메만의 주장과 "전례의 상연이 교회의 현현"이라는 개혁파 전통의 전례 신학자인 J.-J. 폰 알멘의 주장은 월터스토프의 단어들과 논의를 입고 손에 잡히는 전례 신학으로 거듭난다. 이러한 하나님 이해에서 그가 절대적으로 인정하는 영역이 있다는 점도 흥미롭다. 하나님은 예배받으시기에 합당하다. 이는 바로 그렇다. 근거를 요구해야 할 필요나 다른 가능성은 없다. 하나님은 영광, 거룩, 사랑이 더할 나위 없는 분이다. 그런 분을 향한 우리의 예배 태도를 분류할 수 있을 뿐이다. 여기에서는 그가 여러 동료와 더불어 20세기 실증주의에 맞서는 '개혁파 인식론'(Reformed epistemology)을 정립했다는 사실이 떠오르기도 한다. "그리스도인으로서 철학이라는 오래되고 계속 진행 중인 사회적 행위에 참여"[2]

---

2   Nicholas Wolterstorff, *In This World of Wonders: Memoir of a Life in Learning* (Grand Rapids: Eerdmans, 2019). 국역본: 『경이로운 세상에서』, 홍종락 옮김(서울:

하는 것을 본인의 소명으로 여긴 그가 압제 받는 이들, 폭력에 노출된 이들, 빼앗긴 이들과 공감하고 "그들을 변호하는 일에 하나님이 부르신다는 확신"[3]을 느꼈다는 사실도 이 기획에서 엿볼 수 있다. 그의 광범위한 학문적 관심과 저술, 활동이 철학자로서 소명과 종교적 소명은 분리되지 않는 하나의 부르심이었음을 보여 주었듯, "그리스도교 신학자들이 글로 쓰는 하나님과 그리스도인들이 예배하는 하나님은 두 하나님이 아니"라는 그의 주장과 이를 전례 신학으로 확장한 그의 기획은 매우 타당해 보인다.

이 책은 인문학&신학연구소 에라스무스의 김동규, 이민희, 설요한 연구원이 공동으로 작업한 결과이다. 처음부터 4장까지의 번역을 김동규, 5장에서 8장까지의 번역을 이민희, 그 외의 번역과 전체 교정 및 편집을 설요한 연구원이 수고해 주었다. 더불어 다른 연구원들의 관심과 응원이 아니었다면 이 책은 나오지 못했을 것이다. 시간이 지날수록 서로를 신뢰하고 지지하는 연구 공동체의 중요성을 깊이 느낀다. 느슨하지만 단단하고, 서로를 가까이 여기면서도 배려할 줄 아는 이들을 통해 여러 사상을 접할뿐더러 우정을 배운다. 우리가 다채로운 활동을 시도할 수 있도록 묵묵히 지원해 주는 후원자들, 우리의 모임에 찾아와 함께 고민하고 공부하는 참여자들에게도 감사를 전한다. "목소리를 듣고 얼굴을 보는 일"[4]은 우리가

복있는사람, 2020), 137.

3   Ibid., 216.

4   Ibid., 225.

읽는 텍스트의 내용보다 밀도 높은 공감을 형성한다. 우리는 이 공감을 통해 하나님의 소리를 들을 수 있고 세상의 틈새를 발견할 수 있다. 우리 연구소가 고착된 텍스트를 읽는 지식 집단에 머물지 않고, 많은 사고가 교차하는 지점 위에 기꺼이 서서 여러 층위의 언어에 도전하고 사람들에게 대화를 건네는 이유가 바로 이 공간일 것이다. 우리를 담은 이름, 그리스도교 사상가이자 자유인이었던 에라스무스처럼 말이다.

나는 지금까지 여러 나라에서, 문화적 요소의 차이로만 본다면 도무지 소통할 수 없을 것 같은 서로 다른 분위기의 예배를 경험했다. 상연 순서와 참여자들의 모습, 들리는 소리, 보이는 색깔과 심지어 냄새마저 아주 다양하다. 어린 시절에는 장로교인 이른바 비예전적 교회에서 조용하고 경건한 분위기의 예배에 참여했다. 학업과 일을 위해 이십 대부터 삼십 대 초반 시간을 보낸 미국에서는 복음주의 계열 교회에 있었는데, 전자 악기들의 연주를 배경으로 가수보다 뛰어난 실력을 갖춘 인도자를 따라 찬송을 불렀고, 격식 없는 옷차림의 설교자가 선포하는 성서 이야기를 들었으며, 젊은 여성 장로들이 성찬 위원으로 움직이는 것을 보았다. 일을 하는 얼마간 거주했던 유럽의 도시들에서는 장엄하고 무게 있는 예전적 예배에 참여했고, 예배를 구성하고 이끄는 사람들 못지않게 공간 자체에 대한 감각에 압도되기도 했다. 그리고 지금은 서울 한복판의 도시 운동 현장에서 예배한다. 자욱한 미세먼지와 기온 변화를 살갗으로 느끼며 우리를 신기하게 쳐다보거나 고개를 좌우로 흔들면

서 재빠르게 지나치는 행인들을 마주한 채 설교하고 성찬을 나눈
다. 이러한 현장 예배를 준비하기 위해 교회 전통에 근거한 여러 예
배 대본, 기도문과 찬송을 참고한 후 언어를 만들었다. 이를 수없이
검토하고 다듬은 순서를 따라 매주 반복적으로 전례를 수행한다.
임의로 예배하지 않는다는 것이다. 전례 바깥에서 불의와 불평등에
고스란히 노출된 이들의 문제를 하나님은 들으시리라는 기대와 소
망으로 예배한다. 간혹 경찰들이 주변을 서성이고 그리스도교 신앙
을 가지지 않은 이가 한쪽 자리를 차지할 때도 있지만, 예배에서 일
탈하지 않기 위해 애쓴다. 내가 아는 모든 예배는 함부로 말할 수
없는 고민과 노력을 담고 있었다. 긴 시간 경험하고 참여해 온 여러
예배를 전혀 다른 행위로 인식하지 못한 이유는 각자 지향하는 바
가 한 곳으로 수렴되기 때문일 테다. 그리스도인이라면 누구나 상
상할 수 있는 전형적인 예배부터 특수한 예배까지, 중요한 것은 더
할 나위 없이 탁월하신 경외와 경이의 대상이신 분, 공경과 감사의
대상이신 분께 예배한다는 사실이다. 우리는 서로 달라 이해하지
못하고 수용이 어렵더라도, 결국 신앙을 고백하는 순간 이런 우리
를 예배 자리로 기꺼이 초대하는 유일한 분이 계시기 때문이다. "이
것이 그리스도인들이 예배하는 하나님이다."

2023년 3월 15일
다른 역자들을 대신하여 이민희 씀

주제 찾아보기

성구 찾아보기

옮긴이 소개

이민희

대학과 대학원에서 도시계획, 토목공학을 공부하고, 다시 대학원에서 신학을 공부했다. 옮긴 책으로는『다시 읽는 아우구스티누스』(공역),『그리스도교를 다시 묻다』,『담대한 믿음』,『사막의 지혜』(공역),『선교를 이루는 영성』이 있다.

김동규

총신대학교에서 신학을 공부하고, 서강대학교 대학원 철학과에서 폴 리쾨르에 관한 연구로 석사학위를, 장-뤽 마리옹과 리쾨르의 주체 물음을 연구하여 박사학위를 받았다. 또한 벨기에 루뱅[루뱅] 대학교 신학&종교학과에서는 마리옹의 현상학적 계시 이론을 탐구하는 연구로 석사학위를 받았다. 저서로『미술은 철학의 눈이다』(공저, 문학과지성사, 2014),『선물과 신비: 장-뤽 마리옹의 신-담론』(서강대학교출판부, 2015),『우리 시대의 그리스도교 사상가들』(공저, 도서출판 100, 2020) 등이 있으며, 레비나스, 리쾨르, 마리옹 등 여러 철학자의 저술을 번역했다. 현재 서강대 생명문화연구소 연구교수, 인문학&신학연구소 에라스무스의 운영위원, 한국현상학회 대외협력이사로 일하고 있으며, 네덜란드 암스테르담 자유대학교 종교&신학과 박사과정에서 최근 유럽대륙종교철학 분야를 연구하고 있다.

설요한

대학교 학부에서 행정학과 사회학을 공부했다. 현재 한국기독학생회출판부(IVP) 편집부에서 일하고 있으며, 인문학&신학연구소 에라스무스 운영위원으로 활동하고 있다.